Mannheimer Geschichtsblätter

Herausgeber
Prof. Dr. Hermann Wiegand
Prof. Dr. Alfried Wieczorek
Dr. Ulrich Nieß

Vorwort der Herausgeber

Zu neuen Ufern! Allerlei Innovationen und Aufbrüche stellt dieser Band vor, angefangen beim Revolutionär Friedrich Hecker über den Aufbruch der Mannheimer Familie Morgenthau nach Amerika, die später einen wichtigen US-Finanzminister stellen sollte, bis zur wegweisenden Initialzündung für die umfassende, individuelle Mobilität, die die Erfindung des Automobils darstellte.

Ein genauerer Blick zeigt, dass nicht nur Motoren, sondern auch Innovationen von einem zündenden Funken abhängen, der das Schwungrad der Tatkraft in Bewegung setzt. Ideen können Taten hervorbringen, die manchmal eine Wirkung entfalten wie der Stein, der ins Wasser fällt: Die Kreise werden immer größer, allerdings auch schwächer. Ihr völliges Verschwinden zu verhindern und auch Ideen einen Aufbewahrungsort zu schenken, ist eine der Aufgaben der Museen und der Archive. Schließlich sind die dort gesammelten Objekte nicht nur materielle Überreste der Vergangenheit, sondern auch Kristallisationspunkte von Informationen, die ihnen mit immer feineren Methoden entlockt werden.

Dass auch Museen neue Wege der Wissensgewinnung und -vermittlung finden können und sollen, zeigt ein weiterer Beitrag, der „Formen der Zusammenarbeit für die Zukunft" beschreibt.

Die Vergangenheit ist nie ganz vergangen, sie wirkt weiter und drückt sich manchmal an unerwarteter Stelle an die Oberfläche, wie übermalte Buchstaben. Oder wer hätte gedacht, dass Friedrich Hecker wegen des nicht immer ganz konformen Verhaltens in seiner Studentenzeit schon damals der „krasse Hecker" genannt wurde?

Mannheim, im März 2012

Prof. Dr. Hermann Wiegand   Prof. Dr. Alfried Wieczorek   Dr. Ulrich Nieß

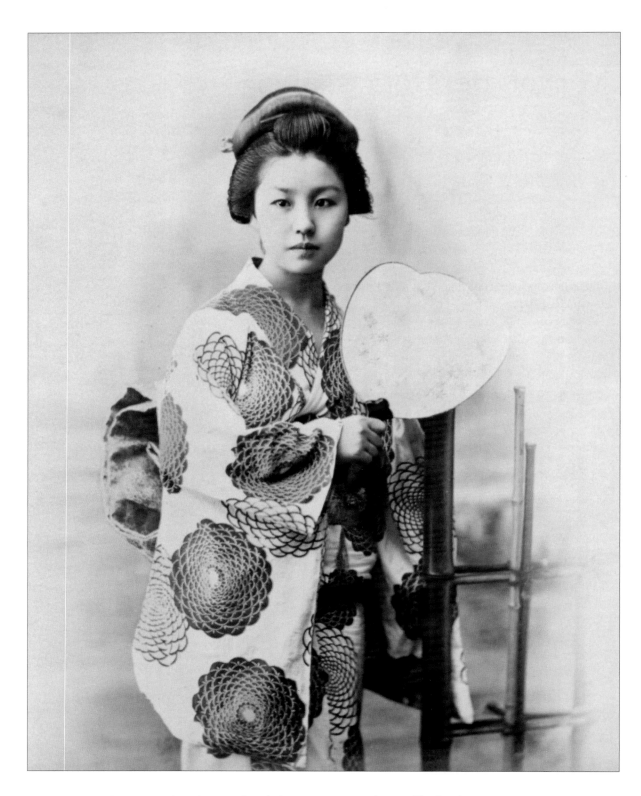

„Junge Frau mit Fächer" (Studioaufnahme, Baron Raimund von Stillfried-Rathenicz, 1870er Jahre) aus der fotohistorischen Ausstellung „Ins Land der Kirschblüte – Japanische Reisefotografien des 19. Jahrhunderts", die noch bis zum 3. Juni 2012 im „Forum Internationale Photographie" der rem präsentiert wird (siehe S. 153). Zur Ausstellung publizierten die Reiss-Engelhorn-Museen einen Katalog gleichen Titels mit wertvollen fotohistorischen Museumsbeständen.

Editorial

MAV-Wissenschaft

ISG-Report

rem-Wissenschaft

Impressum

Ein eigenhändiger lateinischer Lebenslauf des 48er Revolutionärs Friedrich Hecker

Friedrich Hecker
Lithographie
Druck bei C. Knatz
Frankfurt a. Main
rem
Inv.-Nr. G Ed 63s, k

Hermann Wiegand

Ein eigenhändiger lateinischer Lebenslauf des 48er Revolutionärs Friedrich Hecker

Am 28. September 2011 – oder, wie er selbst angenommen hätte, am 30. September – jährte sich zum 200. Mal der Geburtstag Friedrich Heckers (28. September 1811-24. März 1881), des 48er Revolutionärs, der ungeachtet seines frühen Scheiterns (oder vielleicht gerade deshalb) nicht zuletzt auch in Mannheim als Verkörperung[1] der ersten demokratischen Revolution in Baden gilt.[2]

Hecker war seit 1821 Schüler des Mannheimer Lyceums, des heutigen Karl-Friedrich-Gymnasiums, an dem er freilich – wie er selbst in seinem Curriculum Vitae gesteht – nicht das Reifezeugnis erlangte. Er legte – wohl als Externer – am Lyceum in Rastatt, einer katholischen Schule, das Abitur ab.

Von einer recht profunden humanistischen Bildung Heckers legt ein in bis auf wenige Schnitzer in recht eleganter lateinischer Sprache verfasstes Curriculum Vitae Zeugnis ab, mit dem Hecker sich bei der juristischen Fakultät der Universität Heidelberg 1834 um den Doktorgrad bewarb. Es hat sich in den Akten der Juristischen Fakultät der Universität Heidelberg erhalten (Universitätsarchiv Heidelberg, H-II,111/29 Juristische Facultät. Acta P 1834) und ist ein aufschlussreiches Zeugnis für den 23-jährigen Juristen. Er gesteht ein, dass er ein recht undisziplinierter Schüler und Student gewesen sei und trotz guter Vorsätze nicht immer die gewünschten Ziele erreichte. Bemerkenswert ist auch, dass er einräumt, sich den studentischen Lebensformen keineswegs immer entzogen zu haben. In der Tat hat sich Hecker recht rege am Leben der studentischen Korporationen beteiligt und bei Auseinandersetzungen zwischen zwei Verbindungen sogar den eigenen Bruder, der später als Mediziner in Freiburg wirkte, zum Duell gefordert, was ihm den Namen des „krassen Heckers" eintrug. Vielleicht mit seiner humanistischen Vorbildung hängt seine in dem Lebenslauf bekundete Vorliebe für das römische Recht zusammen, das in Baden durch die Einführung des modifizierten Code Napoleon als Zivilgesetzbuch während der Rheinbundzeit ersetzt worden war.[3]

1838 ließ sich Hecker als Rechtsanwalt in Mannheim nieder, wurde 1842 in die zweite badische Kammer gewählt, wo er als Sprecher der entschiedenen Opposition auftrat und am 12. September 1847 bei der „Offenburger Versammlung" mitwirkte. Seine vergeblichen Bemühungen um eine „demokratisch" orientierte Weiterführung der Revolution im Frühjahr 1848 und besonders der gescheiterte „Heckerzug" im April 1848 trieben ihn ins amerikanische Exil, wo er bei der Formierung der neuen republikanischen Partei eine gewisse Rolle spielte und sich als Farmer bei Summerfield niederließ, wo er sich nicht zuletzt um den Weinbau kümmerte.[4] Auf einer Deutschlandreise im Mai 1873 machte er auch in Mannheim Station, wo er die Gräber seiner Angehörigen besuchen wollte. Am 24. März 1881 verstarb er in St. Louis.

Im Folgenden wird der Lebenslauf Heckers nach dem Manuskript im Universitätsarchiv Heidelberg genauer als bisher ediert und mit einer den Sinn erschließenden Übertragung für die des Lateinischen wenig oder nicht Kundigen zugänglich gemacht. Damit sei an den „Mannheimer" Revolutionär erinnert, der zu den prägenden frühen Gestalten der deutschen Demokratie gehört. Der Text folgt dem Wortlaut der Handschrift, offensichtliche Verschreibungen sind stillschweigend korrigiert. In Klammern ist die Zeilenzählung des Originals wiedergegeben. Die römischen Ziffern geben die Blätter des Originals wieder.

Curriculum Vitae

Viri excellentissimi clarissimi doctissimi!

Scripturus curriculum vitae meae quadam commoveor verecundia, ne rebus exiguis ingenio vestro oneri sim.

(I,5) Iubetis vero viri excellentissimi doctissimi: parebo.

Natus sum pridie calendas octobris anno domini 1811 Eichtershemii, oppidulo magni ducatus Badarum, ubi puer (I,10) primordium vitae suae in regione a natura satis ubere exornata egit, vitae rusticae et naturae amicus.

Novem annos natus laribus dixi "valete", ut Manhemii indoles a natura unicuique (I,15) concessas excolam.

Ein eigenhändiger lateinischer Lebenslauf des 48er Revolutionärs Friedrich Hecker

Haud dicere possum me initio diligentem fuisse discipulum et praeceptoribus obtemperantia et moribus satisfacientem; nam nimia securitas, urbis mihi usque ad (II,20) hoc tempus ignotae, amoenitudinis, petulantia pueris innata et consuetudo condiscipulorum plurium, saepius me in carcerem quam ad praemia vocarunt. Mox vero magis magisque studiis, (II,25) praecipue poetarum, historicorum, et rhetoricae artis innixus, parum de diligentia mea exigua questum est; quin et praemia tuli, magis vero de petulanter gestis puniebar.

(II,30) Postea sum studiosorum litterarum academiae vicinae imitatus mores, tandem scholae portas effugi et examine in Lyceo Rastattiensi feliciter superato academiae nostrae clarissimae Heidelbergensis civis (II,35) factus sum.

Quaenam in academia egi nostra, optime scitis viri excellentissimi, doctissimi, sed paucis tamen confitendus sum (!sic) ea quae fortasse latuere.

(III,40) Initio magis inter pocula et arma quam inter libros et studia inveniebar; attamen collegia mea frequentabam.

In iurisprudentiam a consiliario ab intimis aulico Dr. Roßhirt[5] introduciebar.

(III,45) Gratia novitatis me paululum abstraxit a genio temporis vitam studiosorum tunc dominante et optimo consilio litteris plane me dare mihi proposui. Utinam numquam labassem!

(III,50) Sed ut fieri solet, si ingredimur scientiam, iam paene doctos nos putamus, ita et mihi. Nam cum aliquid scire iam putarem, studium languebat et illecebrae vitae studiosorum litterarum maiores (III,55) errant proposito.

Nunquam vero omnis finis vitae meae in academia ex oculis mihi evanuit, sed prout res incidit, mox maiore mox minore diligentia in litteras incubui.

(IV,60) Maxime delectabar studio iuris criminalis, germanici, publici, processus et feudalis et historiae iuris; philosophiam tractavi ex amore.

Jus civile Pandectarum multo minus mihi (IV,65) gratum fuit, quia nunquam fere aliquid inveni de qûis non lis inter Iuris consultos exorta esset, quo factum est ut magis magisque cresceret cupido perlustrandi omnia, et iratus recessi considerans molem (V,70) scriptorum, tempus meum et iuventutem laetam.

Nunquam contentus eram mecum surgens a studio Pandectarum, saepe mecum litigavi, ita ut per longum tempus stadium (V,75) ego iuris mihi non modo non gratum, sed etiam molestum esset.

Accessit ad hoc, ut nonnumquam mihi querenti de studio difficillimo responsum esset: cur tantam operam iuri impenderem romano, (V,80) quod in patria nostra haud amplius vigeret.

Erronea mihi visa est sententia; nam quamquam novus codex receptus est in patria nostra, tamen principia iuris aeterna in iure romano (V,85) explicata in omni legislatione inveniuntur vel saltem ad eam cognoscendam vel sublevandam utilia et necessaria sunt.

Attamen ejusmodi dicta lenimentum erant (V,90) irae meae in locis arduis.

Quinque semestribus elapsis, academiam Monachensem visitabam. Cum cognovissem eam nullo modo aequiparari posse nostrae Ruperto-Carolinae, (VI,95) quin et nullam salutem studiis meis esse in collegiis, excepto modo procedendi civili apud Dr. Baier[6], domi plus quam in auditoriis in litteras incubui.

Foris vero studio atrium picturae et artis plasticae sub auspiciis amicorum (VI,100) artificum, haud ipse artis gnarus, me dedi et amoenum quamquam haud magnum pro omni vitae tempore, thesaurum collegi. Etiam iter feci in montes alpinos (VI,105) Tyrolensium, admirationis sanctae plenus, nivea capita, corona rosea Rhododendi cincta ascendens.

Vidi gentem vigoris et roboris plenam, servatam e corruption et infirmitate (VI,110) simplicibus moribus, fide indebilitata, veros et dignos nepotes parentum validorum. Reversus in patriam e terra Bavarica mihi ex variis causis, quas silentio praetermittam haud conveniente de novo iura et (VII,115) privilegia civitatis academiae nostrae mihi comparavi.

Praeparavi me ad examen publicum, morbo malefico per longum tempus oppressus, quibus utrisque superatis nunc (VII,120) spei plenus aditurus sum tribunal vestrum, viri excellentissimi doctissimi, gradum Doctoris iuris utriusque acquisiturus. Utinam finis bonus coronet opus!

Übersetzung

Ihr vortrefflichen und hochberühmten gelehrten Männer!

Im Begriff, meinen Lebenslauf zu schreiben, bewegt mich eine gewisse Scham, dass ich mit geringen Dingen Euren Geist belaste.

Hermann Wiegand

Ihr hießt mich aber, vortreffliche und hochgelehrte Herren, (I,5) euch zu willfahren.

Ich bin am Vortage der Kalenden des Oktobers im Jahre des Herrn 1811 in Eichtersheim,[7] einem Städtchen des Großherzogtums Baden, geboren, wo der Knabe die Anfangszeit (I,10) seines Lebens in einer von der Natur sehr begünstigten Gegend als ein Freund des ländlichen Lebens und der Natur verbrachte.

Im Alter von neun Jahren sagte ich der Heimat „Lebewohl", um in Mannheim die mir von der Natur verliehenen Gaben auszubilden (I,15).

Ich kann nicht behaupten, dass ich anfänglich ein sorgfältiger Schüler gewesen sei und meinen Lehrern an Folgsamkeit und Sitten Genüge getan hätte; denn die allzu große Sicherheit der Annehmlichkeit[8] einer mir bis zu diesem Zeitpunkt unbekannten Stadt (II,20), die den Knaben innewohnende Frechheit und der Umgang mit mehreren Mitschülern brachten mich öfter in den Karzer als zu Belobigungen.

Bald aber konzentrierte ich mich mehr und mehr auf die Studien, besonders der Dichter (II,25), der Historiker und der Rhetorik; es wurde nur noch ganz wenig über meine mangelnde Sorgfalt geklagt, und dies brachte mir Preise ein, mehr aber wurde ich wegen Taten bestraft, die ich frecher Weise begangen hatte.

(II,30) Später entfloh ich endlich den Toren der Schule, indem ich die Gewohnheiten der Studenten der Wissenschaften der benachbarten Hochschule nachahmte, legte das Examen im Lyzeum zu Rastatt glücklich ab und wurde akademischer Bürger unserer außerordentlich berühmten Heidelberger Hochschule (II,35).

Was ich auf unserer Hochschule geleistet habe, wisst Ihr herausragende und sehr gelehrte Männer am besten, aber dennoch muss man vielleicht von mir gestehen, was verborgen ist.

(III,40) Am Anfang wurde ich mehr bei Trinkgelagen und Waffen als mit den Büchern und bei den Studien gefunden, besuchte aber doch auch meine Kollegien.

In die Rechtswissenschaft wurde ich von dem Geheimen Hofrat Dr. Roßhirt eingeführt.

(III,45) Die Annehmlichkeit der Neuheit zog mich ein wenig von dem Zeitgeist ab, der damals das Leben der Studenten bestimmte, und ich nahm mir gänzlich vor, in bester Absicht mich den Wissenschaften widmen.

Wäre ich doch nie ins Wanken geraten!

(III,50) Aber wie es zu geschehen pflegt, dass wir uns schon beinahe für gelehrt halten, wenn wir die Wissenschaft auch nur begonnen haben, erlahmte mein Eifer, als ich schon glaubte, etwas zu wissen, und die Verlockungen des Studentenlebens waren stärker als mein Vorsatz (IV,55).

Niemals aber kam mir der Endzweck meines Lebens auf der Hochschule ganz und gar aus den Augen, wie es die Sache so ergab, verlegte ich mich bald mit größerer, bald mit geringerer Sorgfalt auf die Wissenschaften.

(IV,60) Am meisten Freude hatte ich am Studium des Kriminalrechts, des deutschen Rechts, des Öffentlichen Rechts, des Prozess- und Feudalrechts und der Rechtsgeschichte; um die Philosophie kümmerte ich mich aus Neigung.

Das Zivilrecht der Pandekten war mir weniger angenehm (IV,65), da ich so ziemlich niemals etwas fand, worum nicht ein Streit unter den Rechtsgelehrten entstanden war, und so kam es, dass mehr und mehr meine Lust wuchs, alles zu durchstreifen, und zornerfüllt zog ich mich dann zurück, dabei die Masse der Schriften, meine Zeit und meine frohe Jugend bedenkend (V,70).

Niemals war ich zufrieden mit mir, wenn ich mich vom Studium der Pandekten erhob, und während eines langen Zeitraums war mir das Studium dieses Rechts nicht nur nicht angenehm (V,75), sondern sogar lästig.

Hinzu kam, dass mir, als ich bisweilen über dieses sehr schwierige Studium klagte, geantwortet wurde, warum ich so viele Mühe auf das Römische Recht verwendete (V,80), das in unserem Vaterland nicht mehr länger in Blüte stehe.

Diese Meinung erschien mir irrig; denn obwohl ein neuer Codex in unserem Vaterland angenommen worden ist, werden dennoch die ewigen Prinzipien des Rechts, die im Römischen Recht dargelegt werden (V,85), in jeder Gesetzgebung gefunden, oder sind doch nützlich und notwendig, um sie zu erkennen und zu stützen.

Dennoch waren Sprüche dieser Art ein Besänftigungsmittel für meinen Zorn (VI,90) an besonders schwierigen Stellen.

Nach Ablauf von fünf Semestern besuchte ich die bayerische Hochschule in München.

Ein eigenhändiger lateinischer Lebenslauf des 48er Revolutionärs Friedrich Hecker

Da ich erkennen musste, dass sie auf keine Weise mit unserer Ruperto – Carola verglichen werden könne und dass ich sogar keinerlei Gewinn (VI,95) aus den Kollegien davontrüge, mit Ausnahme des Zivilprozessrechts bei Dr. Baier, verlegte ich mich auf die Wissenschaften mehr zu Hause als in den Auditorien.

Außerhalb meiner Studienstunden aber widmete ich mich dem Studium der Malkunst und der Bildhauerei (VI,100) unter Anleitung kunstbeflissener Freunde, obwohl ich selbst der Kunst unkundig war, und sammelte einen angenehmen, obgleich nicht sehr großen Schatz für meine ganze Lebenszeit.

Ich begab mich auch auf eine Reise in die Tiroler Alpen (VII,105) und bestieg voll ehrfürchtiger Bewunderung ihre schneeweißen Gipfel, die von rosenfarbenen Rhododendrenkränzen umgeben waren.

Ich sah ein Volk voller Kraft und Stärke, das vor Korruption und Kleinmut bewahrt worden war, von einfachen Sitten (VII,110) und ungeschwächter Treue, wahre und würdige Enkel starker Väter.

Aus Bayern in mein Vaterland aus verschiedenen Gründen zurückkehrend, die ich mit vielleicht unpassendem Schweigen übergehen will, verschaffte ich mir von neuem die Rechte und Privilegien (VII,115) der Bürgerschaft unserer Hochschule. Ich bereitete mich auf das öffentliche Examen vor, und nachdem ich lange durch eine üble Krankheit beeinträchtigt worden war, will ich nun, nachdem ich beides überwunden habe, voller Hoffnung (VII,120) vor Eurem Gerichtshof, Ihr Exzellenzen und hochgelehrten Männer, erscheinen, um den Grad eines Doktors beider Rechte zu erwerben.

Möge ein gutes Ende das Werk krönen!

1   Zu Hecker vgl. u. a. A. Lück: Friedrich Hecker. Rolle, Programm und politische Möglichkeiten eines Führers der radikal-demokratischen Bewegung von 1847/48 in Baden, Diss. FU Berlin 1979; W. Haaß: Friedrich Hecker 1811-1881. Leben und Wirken, Eichtersheim 1981; Ders.: Betrachtungen über Friedrich Hecker: anläßlich des 150. Jahrestages der Revolution von 1848, Bad Friedrichshall 1998; Ders.: "Ja, er lebet noch!" Zwischen Mythos und Vermarktung: Friedrich Hecker zum 200. Geburtstag, Angelbachtal 2011; S. Freitag: Friedrich Hecker. Biographie eines Republikaners, Stuttgart 1998 (=Transatlantische Studien. Bd. 10); Dies.: Friedrich Hecker. Der republikanische Souverän, in: Dies. (Hrsg.): Die 48er. Lebensbilder aus der deutschen Revolution 1848/49, München 1998, S. 45-61; A. G. Frei (Hrsg.): Friedrich Hecker in den USA. Eine deutsch-amerikanische Spurensicherung, Konstanz 1993; K. Hochstuhl: Friedrich Hecker. Revolutionär und Demokrat, Stuttgart 2011; H. Hauß: 200. Geburtstag: Friedrich Hecker zwischen Biographie und Kult, in: Badische Heimat, September 3/2011, S. 353-358; H. J. Hirsch: Friedrich Hecker. Fragezeichen in den Lebenslinien eines Volkshelden, in: Badische Heimat, Dezember 4/2011, S. 671-682.

2   Vgl: zuletzt F. Engehausen: Kleine Geschichte der Revolution 1848/49 in Baden, Leinfelden-Echterdingen 2010, dort wichtige ältere Literatur. Über den „Heckerkult" vgl. S. 89f.

3   Vgl. etwa F. Engehausen: Kleine Geschichte des Großherzogtums Baden 1806-1918, Leinfelden-Echterdingen 2005, S. 26.

4   Sein einschlägiger Briefwechsel mit dem südbadischen Weingutbesitzer Blankenhorn wurde vor kurzem ediert: Adolph Blankenhorn / Friedrich Hecker: Briefwechsel 1872 – 1880, herausgegeben von Isolde Döbele-Carlesso, Carlesso Verlag, Brackenheim 2007.

5   Gemeint ist Konrad Eugen Franz Rosshirt, Jurist, geboren zu Oberscheinfeld bei Bamberg am 26. August 1793, † Heidelberg am 4. Juni 1873. Ebenda Professor der Rechte 1818-1871. Verfasste zahlreiche Arbeiten zum römischen Zivilrecht.

6   Gemeint ist wohl Hieronymus (von) Bayer (1793-1876), als Professor in Landshut und München ein in der ersten Hälfte des 19. Jahrhunderts sehr erfolgreicher Rechtslehrer der Münchner Universität.

7   Die Gemeinde Angelbachtal pflegt Heckers Andenken sehr intensiv, u. a. 2011 auch mit einer Ausstellung im Rathaus. Dazu erschien von W. Haaß: Gedanken über Friedrich Hecker, Angelbachtal 1998, vgl. auch seine in Anm. 1 genannten Arbeiten., vor allem 2011.

8   Die von Hecker selbst stammende Interpunktion legt freilich nahe, statt amoenitudinis ‚amoenitudines' zu lesen. Dann wäre zu übersetzen: „die Sicherheit einer mir bis dahin unbekannten Stadt und ihre Annehmlichkeiten".

Sebastian Parzer

Der Zigarrenfabrikant Lazarus Morgenthau (1815-1897)

Der Mannheimer Unternehmer war der Großvater des bekannten US-Finanzministers.

Der Name der Familie Morgenthau ist heute vor allem durch den im Auftrag des amerikanischen Finanzministers Henry Morgenthau (1891-1967) während des Zweiten Weltkriegs für die Nachkriegszeit entwickelten „Morgenthau-Plan" bekannt, der in seinen wichtigsten Bestimmungen eine Verkleinerung und Zerstückelung Deutschlands sowie dessen Umwandlung in einen Agrarstaat empfahl. Einer breiten Öffentlichkeit eher unbekannt ist, dass der Vater des Ministers, Henry Morgenthau senior, in Mannheim geboren wurde, wo sein Großvater Lazarus sich Mitte des 19. Jahrhunderts einige Jahre erfolgreich als Zigarrenfabrikant betätigte.

Jugend und Eheschließung

Lazarus Morgenthau wurde am 15. August 1815 als Sohn des Vorsängers und Schächters Moses (Mosche) Morgenthau und seiner Frau Brunhilda (Breule) geborene Lebrecht in Kleinwallstadt in Bayern in ärmlichen Verhältnissen geboren.[1] Der schlecht bezahlte Beruf des Vaters hatte einen häufigen Ortswechsel zur Folge. Ab 1832 lebte die Familie schließlich für mehrere Jahre in Hürben bei Krumbach, wo Lazarus den Beruf des Schneiders erlernte. Nach seiner Lehre, die er bereits nach neun Monaten mit der Gesellenprobe erfolgreich abschloss, spezialisierte er sich auf die Herstellung von Krawatten.[2] Er bot seine Ware überregional zum Kauf an und zog anfänglich von Haus zu Haus. Schnell verlegte er sich dann auf den Verkauf auf Märkten und Messen, wo er gute Geschäfte machte.[3] Im November 1843 heiratete der Schneider die Hürbener Kaufmannstochter Babette Guggenheim. Nach der Eheschließung siedelte das Paar in die damals bayrische Rheinpfalz über und ließ sich zunächst in Speyer nieder.[4] Kurze Zeit später erwarb Lazarus Morgenthau in Ludwigshafen das Bürgerrecht. In den kommenden Jahren stellte sich fast jährlich Nachwuchs ein und so erblickten insgesamt 14 Kinder des Ehepaares das Licht der Welt.

Als pfälzischer Zigarrenfabrikant

1844 eröffnete Lazarus Morgenthau in Ludwigshafen ein „Kleidermagazin" und eine „Wattenfabrik"; später betrieb er dort ein Kaffeehaus (Abb. 1 und 2).[5] In den späten vierziger Jahren des 19. Jahrhunderts zog die junge Familie dann nach Mannheim. Offenbar hatten Morgenthau wirtschaftliche Schwierigkeiten, in die er möglicherweise durch die 1848er Revolution geraten war, zum Gang über den Rhein veranlasst.[6] 1849 erscheint Lazarus Morgenthau mit der Anschrift M 1, 10 erstmals im Adressbuch der Stadt Mannheim.[7] In der Publikation wurde er in den ersten Jahren ohne Berufsbezeichnung geführt, so dass unklar bleibt, welcher Tätigkeit er nun in der Quadratestadt nachging. In einem 1849 ausgestellten Reisepass wurde er als „Tabaksdebitions mit Cigarren und Waaren Commissär" bezeichnet.[8] Zusammen mit seinem Bruder Bernhard begründete er dann in der ersten Hälfte der 1850er Jahre die Zigarrenfabrik „Gebrüder Morgenthau". Ab der Ausgabe für das Jahr 1852 wurde Lazarus Morgen-

Abb. 1 (links) und Abb. 2 (rechts) Für seine Ludwigshafener Geschäfte warb Lazarus Morgenthau auch in der Mannheimer Zeitung. Mannheimer Journal 29. April und 22. August 1847

Der Zigarrenfabrikant Lazarus Morgenthau (1815-1897)

Abb. 3 (oben)
Lazarus Morgenthau als
junger Unternehmer
rem

Abb. 4 (rechts oben) und
Abb. 5 (rechts unten)
Zu Beginn der zweiten
Hälfte des 19. Jahrhun-
derts war die Firma
„Gebrüder Morgenthau"
ein bedeutender Arbeit-
geber des Rhein-Neckar-
Raums.
Aus: Mannheimer Journal,
25. April und 13. Oktober
1854

thau (Abb. 3) im Mannheimer Adressbuch mit dem Zusatz „Zigarrenfabrikant" versehen.[9] Die pfälzische Tabakindustrie, die anfänglich eher von regionaler Bedeutung war, hatte seit den vierziger Jahren des 19. Jahrhunderts einen raschen Aufschwung genommen. Tabak und Zigarren wurden in jenen Jahren in großem Umfang nach England, Spanien und in die Vereinigten Staaten exportiert.[10] Morgenthau hatte mit der Herstellung von Zigarren allerdings bereits vor dem Erhalt der offiziellen Betriebsgenehmigung begonnen und musste die Produktion im Dezember 1853 vorübergehend wieder einstellen.[11] Im folgenden Frühjahr scheint sein Unternehmen aber wieder in Betrieb gewesen zu sein, denn er suchte per Anzeige in der Lokalzeitung zahlreiche Mitarbeiter.[12] Im Sommer 1854 wurden ihm schließlich die nötigen Genehmigungen erteilt.[13] Die Gründung seiner Zigarrenfabrik nahm Lazarus Morgenthau zum Anlass, sich endgültig in der Quadratestadt niederzulassen. Nachdem er in den Jahren 1855/56 kurzzeitig in S 1, 8 gewohnt hatte,[14] kaufte er im Oktober 1856 für 24.000 Gulden das Anwesen A 2, 4.[15] Im folgenden Jahr erwarb

der Fabrikant in Mannheim auch das Bürgerrecht.[16] Das Morgenthau'sche Unternehmen entwickelte sich offenbar äußerst günstig. 1854 bestanden schon Nebenbetriebe in Sandhofen und Heppenheim (Abb. 4 und 5).[17] Im Jahre 1857 besaßen die Brüder dann Fabriken an den Standorten Mannheim, Heppenheim und Lorsch.[18] Kurze Zeit nach ihrer Gründung beteiligte sich die Firma 1854 bereits an der „Ersten Allgemeinen Deutschen Industrieausstellung" in München.[19] Lazarus Morgenthau scheute sich auch nicht, mit seinem Betrieb in Mannheim am öffentlichen Leben teilzunehmen. Als Großherzog Friedrich I. von Baden nach seiner in Berlin erfolgten Hochzeit mit Luise von Preußen Ende September 1856 in Mannheim wieder badischen Boden betrat, beteiligte sich Morgenthau mit seiner gesamten Belegschaft in Höhe von zweihundert Personen, für die er eigens Kostüme fertigen ließ, an einem aus diesem Anlass in der Quadratestadt veranstalteten Festumzug.[20] Im Gegenzug besuchte der Großherzog in Begleitung seiner Frau im Mai 1860 den Mannheimer Zigarrenfabrikanten.[21] An diesem Tag war dessen Haus mit einer weißen Fahne geschmückt, die eine grüne Tabakstaude und die goldenen Initialen „G M" (Gebrüder Morgenthau) zierte.[22] Nur wenige Wochen später ereignete sich ein weiterer Glanzpunkt in der Geschichte der jungen Firma, als die Morgenthaus im Juli 1860 eine Filiale in New York

Sebastian Parzer

eröffneten (Abb. 6).[23] Mitte der 1860er Jahre haben die Brüder ihr Unternehmen dann aber offenbar geteilt. Denn die Tabakfabrik erscheint in der Folgezeit mit dem Firmennamen „L. Morgenthau" in den Quellen,[24] während Bernhard Morgenthau unter seinem Namen in Mannheim in D 4, 8 als Zigarrenhändler tätig wurde (Abb. 7).[25]

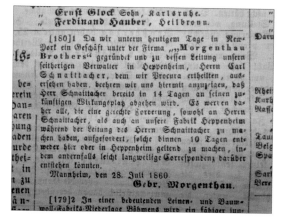

Sozial und karitativ engagiert

Als Fabrikanten zeigten sich die Morgenthaus stets um ihre Mitarbeiter bemüht. 1857 erließen sie eine fortschrittliche Fabrikordnung für ihre drei Produktionsorte.[26] Um den Sparsinn in der Arbeiterschaft zu wecken, wurde ein Teil des Lohns auf einem Sparkonto gut geschrieben. An den Geburtstagen des Großherzogs und seiner Gemahlin fanden Verlosungen unter der Belegschaft statt. Über die aus Anlass des 33. Geburtstags des badischen Monarchen im September 1859 in der Mannheimer Fabrik veranstaltete Tombola, bei der insgesamt 14 Beschäftige Geldpreise gewannen, berichtete sogar das „Mannheimer Journal".[27] Als der Landesherr im folgenden Jahr die Morgenthau'sche Fabrik besuchte, entband Morgenthau seine Beschäftigten für einen Nachmittag bei voller Bezahlung von ihrer Arbeitspflicht und schenkte ihnen zusätzlich zweihundert Gulden.[28] Außerdem bestand in den 1860er Jahren für die Arbeiter der Morgenthau'schen Fabriken bereits eine eigene Krankenversicherung.[29]

In Mannheim trat Lazarus Morgenthau wiederholt auch als Mäzen in Erscheinung. Im Herbst 1860 spendete er zehn Gulden zugunsten der örtlichen Armen.[30] 1862 schenkte er der örtlichen Freireligiösen Gemeinde Bänke und Stühle und stiftete

im selben Jahr der Mannheimer Synagoge einen kostbaren Talar.[31] Aus Anlass des ersten Badischen Landesschießens, das im Herbst 1863 in der Quadratestadt stattfand, erscheint er mit einer Spende von tausend Zigarren in den Listen der Preissteller.[32] Doch er vergaß auch seinen früheren Wohnort auf der anderen Rheinseite nicht. Trotz seines Umzugs in die ehemalige kurpfälzische Residenzstadt tätigte Lazarus Morgenthau seine größten Dotationen in Ludwigshafen. 1860 finanzierte er dort der katholischen Ludwigskirche ein Seitenportal und stiftete 1862 zwei Glocken für die evangelische Lutherkirche, die zu Ehren des Stifters dessen eigenen Namen und den Namen seiner Frau Babette erhielten.[33]

Morgenthaus Fichtennadelzigarren

Die pfälzische Tabakindustrie erfuhr einen empfindlichen Rückschlag, als ab dem Jahr 1861 neue Einfuhrzölle den Export von Tabak und Zigarren in die Vereinigten Staaten erschwerten.[34] Als Reaktion auf die Krise im Tabakhandel versuchte sich Lazarus Morgenthau offenbar ein zweites Standbein zu schaffen, denn er erscheint ab 1864 als Mannheimer Generalagent einer Feuer- und einer Lebensversicherung.[35] Morgenthau sah sich aber auch innerhalb der Tabakindustrie nach neuen Geschäftsfeldern um. Er entwickelte eine nikotin-

Abb. 6
Im Sommer 1860 eröffnete das Morgenthau'sche Unternehmen sogar eine Filiale in New York
Aus: Mannheimer Journal, 30. Juli 1860.

Abb. 7
In D 4, 8 betrieb Bruder Bernhard Morgenthau Mitte der 1860er Jahre für kurze Zeit ein Zigarrengeschäft.

Der Zigarrenfabrikant Lazarus Morgenthau (1815-1897)

lose Fichtennadelzigarre, die auch Menschen mit Lungenerkrankungen das Rauchen ermöglichen sollte. Im Juni 1864 meldete er seine Erfindung zunächst in Baden zum Patent an (Abb. 8).[36] In den folgenden Monaten bemühte sich Morgenthau darum, seine Fichtennadelzigarre in weiteren deutschen Ländern schützen zu lassen. Schließlich wurde die von ihm entwickelte Zigarre in Bayern, Württemberg, Coburg-Gotha, Sachsen-Weimar, Sachsen-Meiningen, Schwarzburg-Sondershausen, Reuß jüngere und ältere Linie, Lippe-Detmold, im Herzogtum Braunschweig, in Hessen-Nassau und der Freien Stadt Frankfurt durch entsprechende Patentschriften geschützt.[37]

Doch Morgenthaus Entwicklung rief auch Konkurrenten auf den Plan. Balthasar Göringer, Pächter eines Kiefernnadelbades in Wolfach im Kinzigtal, warf ihm geistigen Diebstahl vor und legte Beschwerde beim badischen Handelsministerium in Karlsruhe ein.[38] Schließlich einigte sich Morgenthau mit Göringer und zahlte ihm eine Entschädigung. Beide wurden im Anschluss sogar Geschäftspartner, denn Morgenthau übernahm im Spätsommer 1864 die Hälfte des Göringer'schen Kiefernnadelbads in Wolfach. Zudem erwarb er das bei Wolfach gelegene vormalige Hetzendorfische Gut, das künftig als Produktionsstätte für die Fichtennadelzigarren dienen sollte.[39] Aber Morgenthaus Pläne gingen noch weiter. Im Oktober 1864 ersteigerte er für 23.600 Gulden die Gaststätte „Fürstenberger Hof" im nahen Haslach, um darin eine weitere Fichtennadelzigarrenfabrik und ein Fichtennadelbad zu eröffnen. Allerdings untersagte die Großherzogliche Amortationskasse als Hypothekengläubigerin den Verkauf des Anwesens.[40] Auch beließ es Morgenthau nicht nur bei der Produktion von Fichtennadelzigarren. Er erfand

einen Fichtennadelbrustzucker, der als Heilmittel gegen Husten und Heiserkeit in den Handel kam.[41] Für Frankreich konnte er für das Produkt sogar ein Herstellungsmonopol erwerben.[42] Zur Vermarktung des Brustzuckers bediente er sich einer für die damalige Zeit außergewöhnlichen Werbemethode. Mit einem Empfehlungsschreiben des in jener Zeit sehr bekannten Wiener Hofopernsängers Theodor Wachtel warb er im Spätjahr 1864 in einer großen Anzeige im „Mannheimer Journal" für das neue Produkt.[43]

Der Gang nach Amerika

Die von Lazarus Morgenthau entwickelte Fichtennadelzigarre scheint sich wirtschaftlich aber als Fehlschlag erwiesen zu haben, weshalb er sich dazu entschloss, einen Neuanfang in der Fremde zu wagen. Zunächst beabsichtigte er, zu Beginn des Jahres 1865 nach London zu gehen, um dort eine weitere Filiale seines Unternehmens zu leiten, während sein ältester Sohn Max mit der Führung der Mannheimer Fabrik betraut werden sollte.[44] Trotz dieser Pläne war er auch in Mannheim noch unternehmerisch aktiv. In diversen Anzeigen bot der Zigarrenfabrikant in den Lokalzeitungen nun auch einen „Fichtennadel-Brustsyrup" sowie einen „Fichtennadel-Extract" an, der als Badezusatz oder zum Einreiben verwendet werden konnte.[45] Zudem richtete Lazarus Morgenthau in der Quadratestadt zwei Fichtennadelbadeanstalten ein, die ab Anfang Mai 1865 in den Gaststätten „Badner Hof" und „Rheinlust" betrieben wurden.[46] Allerdings überstiegen die unterschiedlichsten wirtschaftlichen Betätigungen offenbar seine finanziellen Möglichkeiten, denn er lieh sich im selben Jahr beim Bankhaus W. H. Ladenburg und Söhne 13.000 Gulden.[47] Zudem gab es Missstimmigkeiten mit seinem Geschäftspartner Balthasar Göringer, weshalb Morgenthau vor dem Kreis- und Hofgericht in Offenburg Klage auf Teilung der Gemeinschaft erhob.[48]

Gegen Ende des Jahres begann der Unternehmer dann damit, seine Zelte in Mannheim abzubrechen. Am 27. Dezember 1865 ließ er sein Wohnhaus in A 2, 4, das aus 18 Zimmern, geräumigen Magazinen, Kellern und Speichern bestand, öffentlich versteigern. Vor der Versteigerung wurde der Wert des 87 Quadratruten und 47 Quadratschuh badischen Maßes großen Anwesens nun auf 58.000 Gulden

Abb. 8
Anzeige, mit der Lazarus Morgenthau für die von ihm 1864 zum Patent angemeldete Fichtennadelzigarre warb.
Aus: Mannheimer Journal, 30. Juli 1864.

Sebastian Parzer

geschätzt.[49] Doch fand das Gebäude zunächst keinen Käufer.[50] Im folgenden Jahr wanderte Lazarus Morgenthau schließlich in die Vereinigten Staaten aus. Anfang April 1866 machte er seine Absicht in der Lokalzeitung bekannt und forderte mögliche Gläubiger auf, binnen acht Tagen ihre Forderungen anzuzeigen.[51] Am 11. Mai ließ er dann Teile seiner Möbel und seines Hausrats versteigern.[52] Dabei wurde der gehobene Lebensstandard deutlich, den der Fabrikant in Mannheim genossen hatte. Unter den angebotenen Gegenständen befanden sich unter anderem „2 Ofenschirme, (...) 6 Stück Steinkohlehäfen, 2 marmorne Platten für Conditor, 1 feines Zuckersieb, (...) 1 Sopha und 3 Rohrstühle, 1 ovaler Tisch, (....) 12 Bretterstühle, 1 Pfeiler-Commode, 2 Spiegel, Goldrahmen, 1 Konsol mit Spiegel, 3 2thürige Kleiderschränke, (...) 1 Blech- und 3 Holz Badwannen, 1 Weinhütte und sonstiger Hausrath". Wenige Tage nach der Versteigerung verabschiedeten sich die Morgenthaus per Zeitungsanzeige von ihren Freunden und Bekannten.[53] Am 3. Juni 1866 traf die Familie dann mit dem Dampfer „Hermann" des Norddeutschen Lloyds von Bremen kommend in New York ein.[54] Die drei ältesten Kinder waren im Januar 1866 bereits als Vorhut vorausgegangen.[55]

In der neuen Welt

Lazarus Morgenthau ließ sich in New York nieder, wo er zunächst als Weinimporteur arbeitete. Später war er dann im Immobilienhandel tätig.[56] Daneben wurde Morgenthau aber auch wieder erfinderisch aktiv und meldete im August 1877 eine Maschine zur Herstellung von gummierten Etiketten und Briefmarken zum Patent an (Abb. 9).[57] Im Alter von siebzig Jahren zog er sich schließlich aus dem Geschäftsleben zurück.[58] Obwohl Lazarus Morgenthau 1874 die amerikanische Staatsbürgerschaft erworben hatte,[59] blieb er sein ganzes Leben seiner alten Heimat verbunden. Als 1888 der jüngste Sohn des Großherzogs Prinz Ludwig Wilhelm von Baden im Alter von nur 22 Jahren starb, sandte Morgenthau dem badischen Monarchen eine Beileidsdepesche.[60] Zu seinen Eigenarten im Alter gehörte, dass er die Veröffentlichung seines Bildes ablehnte. Einem Reporter der „New York Times" gegenüber äußerte er sich diesbezüglich folgendermaßen:

"I am not in business. I have no pictures to sell, no patent soap to boom, neither I have poisoned my

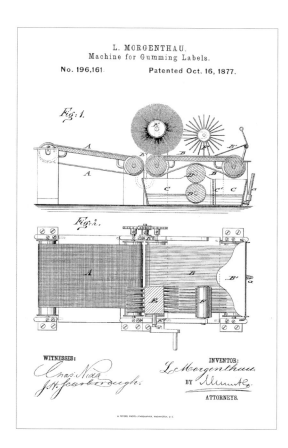

Abb. 9
Skizze der von Lazarus Morgenthau entwickelten und 1877 patentierten Maschine zur Herstellung von gummierten Etiketten (US Patent and Trademark Office Patents 1790-1909, Patentnummer 196,161)

family nor squandered a large fortune. Why, then should I have my picture in the papers?"[61]

Auch in seiner neuen Heimat war Lazarus Morgenthau karitativ engagiert. 1870 kreierte er das „Golden Book of Life", mit dem er Geld für das New Yorker Mount Sinai Hospital und ein örtliches Waisenhaus sammelte.[62] Weitere Bücher für andere soziale Einrichtungen folgten. 1874 stiftete er dann einen Fond zur Unterstützung jüdischer Waisenmädchen.[63] 1896 gründete er eine weitere Stiftung, die mittellosen deutschstämmigen Waisenmädchen ohne Berücksichtigung ihres Glaubens bei ihrer Hochzeit eine Aussteuer in Höhe von hundert Dollar zukommen ließ.[64] Ihr Beirat setzte sich aus hundert Juden und hundert Christen zusammen. Eine Bedingung für die Auszahlung des Geldes war, dass die Eheschließungen in seinem Wohnhaus erfolgten, dem er den Namen „Temple of Humanity" gab.[65] Doch übernahm er sich mit dem Projekt finanziell und bereits im Sommer 1897 wurde gegen die Stiftung die Zwangsvollstreckung betrieben.[66] Kurze Zeit später starb Lazarus Morgenthau am 31. August 1897, zwei Wochen nach seinem 82. Geburtstag im Mount Sinai Hospital.[67] Wenige Tage danach

Der Zigarrenfabrikant Lazarus Morgenthau (1815-1897)

wurde er in einer Familiengruft auf dem Salem Fields Cemetery im Stadtteil Brooklyn beigesetzt. Zahlreiche Freunde und Verwandte nahmen an der in Deutsch und Hebräisch gehaltenen Trauerfeier teil.[68]

Die Kinder Henry und Julius

Von den 14 Kindern des Ehepaars Morgenthau gelangen den Söhnen Heinrich (1856-1946) und Julius Caesar (1858-1929) außergewöhnliche Karrieren. Heinrich wurde am 26. April 1856 in Mannheim geboren.[69] Ab 1864 besuchte er bis zur Auswanderung der Familie zwei Jahre das Mannheimer Lyzeum.[70] Nach dem Studium an der renommierten Columbia Law School betätigte er sich – nun unter dem Namen Henry Morgenthau – in New York als Immobilienhändler. Als Mitglied der Demokratischen Partei war er ein enger Gefolgsmann von Woodrow Wilson, dessen Präsidentschaftswahlkampf er 1912 aktiv unterstützte. Von Wilson wurde er im folgenden Jahr als amerikanischer Botschafter ins Osmanische Reich gesandt. Während des Ersten Weltkriegs berichtete Henry Morgenthau senior als einer der ersten Diplomaten der Alliierten über den Völkermord an den Armeniern. 1923 wurde der Jurist Vorsitzender einer Kommission des Völkerbunds, die den Bevölkerungsaustausch zwischen Griechenland und der Türkei nach dem griechisch-türkischen Krieg regelte.[71] Obwohl Henry Morgenthau senior eine kritische Einstellung zu Deutschland nachgesagt wird, fühlte er sich viele Jahre seiner Geburtsstadt Mannheim verbunden. Selbst im damaligen Konstantinopel sollen noch Stiche mit Motiven aus der Quadratestadt seine Räume geziert haben.[72] Im Krisenjahr 1923 unterstützte er großzügig in Mannheim den jüdischen Gesangverein „Liederkanz" und wurde dafür von diesem zum Ehrenmitglied ernannt.[73]

Julius Morgenthau erblickte am 2. August 1858 ebenfalls in Mannheim das Licht der Welt.[74] Zum Studium ging er zurück nach Deutschland, wo er an der Universität Leipzig Archäologie studierte. 1886 promovierte er dort mit einer Arbeit „Über den Zusammenhang der Bilder auf griechischen Vasen". In seine Heimat zurückgekehrt, war Julius Morgenthau zunächst in Chicago im Briefmarkenhandel tätig und leitete schließlich ab 1905 in New York eines der führenden amerikanischen Briefmarkenauktionshäuser.[75]

1 Vgl. L. Morgenthau: Lebens Geschichte von Lazarus Morgenthau aus Hürben bei Krumbach, o. O. und o. J. (New York um 1933), S. 5. Ein Exemplar des Buchs befindet sich in der Bibliothek des Stadtarchivs Mannheim (Sign. 2004 A 356).

2 Vgl. L. Morgenthau, wie Anm. 1, S. 20 und S. 42-44.

3 Vgl. L. Morgenthau, wie Anm. 1, S. 44-48.

4 Vgl. H. Morgenthau III: Mostly Morgenthau – A Family History, New York 1991, S. 26.

5 Mannheimer Journal, 13., 20., 27. und 30. Juni 1844, 27., 28. und 29. April, 2., 11. und 12. Juli sowie 19., 21. und 22. August 1847.

6 Stadtarchiv Mannheim (im Folgenden „StadtA MA" zitiert), Industrie- und Handelskammer, Zug. 35/1966, Nr. 58 (Protokolle der Handelskammer in Mannheim vom Jahre 1853, Nr. 674 [Sitzung vom 17. Oktober 1853]).

7 Mannheimer Adress-Kalender für das Jahr 1849, S. 104.

8 StadtA MA, Kleine Erwerbungen, Nr. 734 (am 11. Oktober 1849 in Speyer ausgestellter Reise-Pass).

9 Mannheimer Adress-Kalender für das Schalt-Jahr 1852, S. 97.

10 Mannheimer Journal, 23. Juli 1856, siehe auch: Mannheimer Journal, 13. Mai 1852.

11 StadtA MA, Industrie- und Handelskammer, Zug. 35/1966, Nr. 58 (Protokolle der Handelskammer in Mannheim vom Jahre 1853, Nr. 813 [Sitzung vom 21. Dezember 1853]).

12 Mannheimer Journal, 21., 22. und 25. April 1854.

13 StadtA MA, Ratsprotokolle 1854, Nr. 975 (Sitzung vom 25. Juli 1854). Ab 1855 wurde das Unternehmen auch im Gewerbeverzeichnis des städtischen Adressbuchs geführt: Mannheimer Adress-Kalender für das Jahr 1855, S. 143.

14 Mannheimer Adress-Kalender für das Schalt-Jahr 1856, S. 92.

15 StadtA MA, Kleine Erwerbungen, Nr. 734 (Kaufvertrag vom 21. Oktober 1856); Mannheimer Journal, 5., 6. und 7. November 1856; Mannheimer Adress-Kalender für das Jahr 1857, S. 85.

Sebastian Parzer

16 StadtA MA, Polizeipräsidium, Zug. –/1962, Familienbogen.

17 Mannheimer Journal, 21., 22. und 25. April sowie 13., 14. und 16. Oktober 1854. Der Nebenbetrieb in Heppenheim war in den ersten Jahren in mehreren Räumen des ehemaligen Kurmainzer Amtshofs untergebracht (Mannheimer Journal, 29. Juli 1864). Als Lazarus Morgenthau 1866 in die Vereinigten Staaten auswanderte, übernahm Isaak Hirsch die Filiale, der bis dahin Morgenthaus Prokurist in Heppenheim gewesen war (vgl. W. Metzendorf: Geschichte und Geschicke der Heppenheimer Juden [=Geschichtsblätter Kreis Bergstraße Sonderband 5], Heppenheim 1982, S. 362).

18 Mannheimer Journal, 5. Oktober 1857.

19 Mannheimer Journal, 27. April 1854. Aus dem Bereich der Tabakindustrie waren auch die Mannheimer Firmen „Gebrüder Mayer" und „Eschelmann und Comp." in München präsent. Die beiden Konkurrenten wurden dort mit einer Ehrenmünze ausgezeichnet. Das Morgenthau'sche Unternehmen, das erst kurze Zeit in der Branche tätig war, blieb dagegen ohne Auszeichnung (Mannheimer Journal, 26. Oktober und 30. November 1854).

20 Mannheimer Journal, 29. September 1856; siehe auch: Mannheimer Generalanzeiger, 17. Mai 1888 (im Rückblick), in: StadtA MA, ZGS, S 1/3844 sowie J. Baroggio: Die Geschichte Mannheims von dessen Entstehung bis 1861, Mannheim 1861, S. 432.

21 Mannheimer Anzeiger, 24. und 25. Mai 1860; Mannheimer Journal, 24. Mai 1860; Mannheimer Generalanzeiger, 17. Mai 1888 (im Rückblick), teilweise in: StadtA MA, ZGS, S 1/3844.

22 Mannheimer Geschichtsblätter 18 (1917), Sp. 103.

23 Mannheimer Journal, 30., 31. Juli und 2. August 1860.

24 So Mannheimer Journal, 25. Juni und 29. Juli 1864.

25 Mannheimer Adress-Kalender für das Jahr 1865, S. 95 und S. 165. Bernhard Morgenthau lebte allerdings nur zwischen 1864 und 1867 in D 4, 8. In den folgenden Jahren wechselte er mehrfach seinen Wohnsitz und ist im Mannheimer Adressbuch bis 1882 verzeichnet. 1883 erscheint im kommunalen Einwohnerverzeichnis dann die Kaufmannswitwe Magdalena Morgenthau.

26 Staatsarchiv Ludwigsburg, E 170 Bü 393; siehe auch Mannheimer Journal, 5. Oktober 1857.

27 Mannheimer Journal, 10. September 1859.

28 Mannheimer Anzeiger, 28. Mai 1860, in: StadtA MA, ZGS, S 1/3844.

29 Vgl. Metzendorf, wie Anm. 17, S. 362.

30 Mannheimer Journal, 21. September 1860.

31 Mannheimer Generalanzeiger, 17. Mai 1888 (im Rückblick), in: StadtA MA, ZGS, S 1/3844.

32 Mannheimer Journal, 24. September 1863.

33 Pfälzisches Landesarchiv Speyer, T 3, Sachakte 688, fol. 89 (undatierte Notiz); Mannheimer Generalanzeiger, 17. Mai 1888 (im Rückblick), in: StadtA MA, ZGS, S 1/3844; siehe auch: W. Breunig: Vom Handelsplatz zum Industriestandort – Gründung und Entwicklung Ludwigshafens 1843 – 1870, in: K. J. Becker/S. Mörz (Hrsg.): Geschichte der Stadt Ludwigshafen am Rhein, Band 1, Ludwigshafen 2003, S. 266-363, hier S. 328 (mit Bild des Portals). Morgenthaus Ludwigshafener Stiftungen haben sich nicht erhalten. Das Portal an der Ludwigskirche fiel den Bomben des Zweiten Weltkriegs zum Opfer. Die Babette-Glocke, die man im letzten Krieg vom Turm nahm, soll 1956 eingeschmolzen worden sein. Die Lazarus-Glocke wurde offenbar schon früher – möglicherweise im Ersten Weltkrieg – zerstört.

34 Mannheimer Journal, 4. Mai 1861; Jahresbericht der Handelskammer Mannheim für 1864, Mannheim 1865, S. 59.

35 Mannheimer Journal, 25. April 1864; Mannheimer Adress-Kalender für das Jahr 1865, S. 49; Jahresbericht der Handelskammer Mannheim für 1864, Mannheim 1865, S. 114.

36 Generallandesarchiv Karlsruhe, G III, Nr. 173; Großherzogliches Badisches Regierungsblatt 1864, S. 272 (Beschluss vom 24. Juni 1864); Mannheimer Journal, 15. und 19. Juli 1864; Mannheimer Geschichtsblätter 17 (1916), Sp. 94.

37 Mannheimer Journal, 2., 13., 26., und 31. August und 16. September 1864.

38 Mannheimer Journal, 13. August 1864. Zur Familie Göringer und zum Wolfacher Kiefernnadelbad siehe: F. Disch: Chronik der Stadt Wolfach, Karlsruhe 1920, S. 96 und S. 125f.

39 Mannheimer Journal, 24. August und 22. September 1864.

40 Mannheimer Journal, 12. Oktober 1864; StadtA MA, Kleine Erwerbungen, Nr. 37, 2 (Carl Aloys Fickler, Chronik der Stadt Mannheim vom Jahr 1864, S. 184f.).

41 Siehe die Werbeanzeigen in: Mannheimer Journal, 10., 12. und 25. Oktober sowie 14., 21. und 28. Dezember 1864.

42 StadtA MA, Kleine Erwerbungen, Nr. 37, 2 (Carl Aloys Fickler, Chronik der Stadt Mannheim vom Jahr 1864, S. 132).

Der Zigarrenfabrikant Lazarus Morgenthau (1815-1897)

43 Mannheimer Journal, 2. November 1864; siehe auch Mannheimer Journal, 8. November 1864. Theodor Wachtel hatte nur wenige Monate zuvor im Juni 1864 drei vielbeachtete Gastauftritte im Mannheimer Nationaltheater gegeben (Mannheimer Journal, 30. Mai, 11., 13. und 16. Juni 1864).

44 StadtA MA, Kleine Erwerbungen, Nr. 734 (Erklärung von Lazarus Morgenthau vom 20. Januar 1865). Der 1847 geborene Max Morgenthau war im März 1864 zum Prokuristen der Firma „L. Morgenthau" bestellt worden (Mannheimer Journal, 25. Juni 1864 [Auszug aus dem Handelsregister]).

45 So Mannheimer Journal, 30. Januar, 1. und 5. Mai sowie 8. Juni 1865.

46 Mannheimer Journal, 29. April und 1. Mai 1865.

47 StadtA MA, Pfandbücher Mannheim, Nr. 49 (1865), Nr. 564 und Nr. 595.

48 Staatsarchiv Freiburg, A 18/1, Nr. 102.

49 Mannheimer Journal, 16. und 23. Dezember 1865.

50 Im städtischen Adressbuch ist Lazarus Morgenthau noch bis 1868 als Eigentümer des Hauses verzeichnet. In diesem Jahr ging die Immobilie an das Bankhaus „W. H. Ladenburg und Söhne" über (Mannheimer Journal, 7. Juli 1868, Mannheimer Adress-Kalender für das Schalt-Jahr 1868, S. 131; Mannheimer Adress-Kalender für das Jahr 1869, S. 133).

51 Mannheimer Journal, 4. und 5. April 1866.

52 Mannheimer Journal, 7., 8. und 10. Mai 1866.

53 Mannheimer Journal, 16. Mai 1866.

54 StadtA MA, Kleine Erwerbungen, Nr. 734 (New York Times, 4. Juni 1866); I. A. Glazier/P. W. Filby (Hg.), Germans to America – Lists of Passengers Arriving at U.S. Ports, Band 17, November 1865 - June 1866, Wilmington 1991, S. 396. Das Schiff hatte seine Reise am 20. Mai 1866 in Bremen begonnen (Mannheimer Journal, 24. Mai 1866).

55 Vgl. H. Morgenthau III, wie Anm. 4, S. 37. Die älteren Kinder von Lazarus und Babette Morgenthau trafen am 15. Februar 1866 mit dem Lloyd-Dampfer „Bremen" in New York ein.

56 New York Times, 1. September 1897.

57 US Patent and Trademark Office Patents 1790-1909, Patentnummer. 196,161 (eingesehen über den Onlinedienst „ancestry. de").

58 New York Times, 21. August 1897.

59 National Archives and Records Administration (NARA), Washington, D.C., Index to Petitions for Naturalizations Filed in Federal State and Local Courts in New York City 1792-1906, M 1674, Rolle 189 (eingesehen über den Onlinedienst „ancestry.de").

60 Mannheimer Generalanzeiger, 17. Mai 1888, in: StadtA MA, ZGS, S 1/3844.

61 New York Times, 13. November 1896.

62 New York Herald, 15. September 1873; Mannheimer Generalanzeiger, 17. Mai 1888 (im Rückblick), in: StadtA MA, ZGS, S 1/3844.

63 New York Times, 13. November 1896.

64 Ebenda.

65 Ebenda.

66 New York Times, 21. August 1897.

67 New York Times, 1. September 1897; StadtA MA, Kleine Erwerbungen, Nr. 734 (undatierter Zeitungsausschnitt).

68 New York Times, 3. September 1897.

69 Mannheimer Journal, 3. Mai 1856 (Auszug aus dem Kirchenbuch).

70 StadtA MA, Karl-Friedrich-Gymnasium, Zug. 44/1977, Nr. 55; StadtA MA, Kleine Erwerbungen, Nr. 734 (Heinrich Morgenthaus Zeugnis für das Schuljahr 1864/65).

71 Art. Morgenthau, Henry, in: Der Große Brockhaus, 15. Auflage, Band 12, Leipzig 1932, S. 750; vgl. A. Becker/T. Brinkmann: Transatlantische Bildungsmigration: Amerikanisch-jüdische Studenten an der Universität Leipzig 1872 bis 1914, in: S. Wendehorst (Hg.): Bausteine einer jüdischen Geschichte der Universität Leipzig (=Leipziger Beiträge zur Jüdischen Geschichte und Kultur 6), Leipzig 2006, S. 61-98, hier S. 91.

72 Der Spiegel 1967, Nr. 51 (11. Dezember 1967), S. 84.

73 Das Goldene Buch des Liederkranzes – Die Chronik eines jüdischen Männergesangsvereins in Mannheim 1856-1938, vorgestellt von S. Schlösser (=Stadtgeschichte digital 4), Mannheim 2004, S. 12 (des ersten Bands der Chronik auf CD-Rom).

74 Mannheimer Journal, 14. August 1858 (Auszug aus dem Kirchenbuch).

75 Vgl. Becker/Brinkmann, wie Anm. 71, S. 90f.

Hans-Erhard Lessing

Carl Benz' letztes und Bertha Benz' erstes Interview
Die angebliche Autobiographie weicht stark davon ab.

Wenn man zum 125. Autojubiläum einmal die Quellenlage zum Mannheimer Autopionier näher betrachtet, erlebt man eine Überraschung. Es gibt unter dem Titel „Carl Benz – Lebensfahrt eines deutschen Erfinders" (Abb. 1) eine Autobiographie, die keine ist.[1]

Denn diese hat in Wirklichkeit der Schwiegersohn und Geographielehrer Dr. Karl Volk (1876-1933, Abb. 2) im fernen Überlingen am Bodensee neben dem Schulbetrieb in Rekordzeit von fünf Monaten getextet – und zwar in der Ich-Form! Generationen von Autoren haben hieraus andächtig den vermeintlichen Originalton Carl Benz zitiert, nicht ahnend, dass sie den Parolen und 1925er Ansichten des Schwiegersohns aufgesessen waren, der lediglich zwei frühere Interviews von Carl Benz aus den „Allgemeinen Automobil-Zeitungen" ausgeschmückt hat. Das lässt sich daran erkennen, dass er daraus Redewendungen übernahm. Doch ansonsten hat er viele Ansichten seines Schwiegervaters verdreht oder ganz ignoriert, wie etwa Benz' kritische Gedanken zu den Autorennen (siehe Abb. 6). Das hätte der prinzipienfeste Benz nie und nimmer mit sich machen lassen! Woraus zu schließen ist, dass Volk aus Zeitnot oder räumlicher Ferne den Text – wenn überhaupt – nur rudimentär mit Benz abgestimmt hat. Der erhaltene Verlagsvertrag wurde ja mit Volk abgeschlossen, nicht etwa mit Benz: „Sollte es dem Verfasser gelingen, dass ein Werk entsteht, das als ‚Lebenserinnerungen von Karl Benz' veröffentlicht werden kann, so überträgt er hiermit im eigenen Namen und zugleich im Namen seines Schwiegervaters das Urheberrecht [...] an den Verlag."

Benz war, einem Schreiben des damaligen Ladenburger Bürgermeisters Koch zufolge, „sowohl körperlich als bis zu einem gewissen Grade auch geistig [...] als gebrochener Mann zu bezeichnen", der sich in sein Tuskulum oberhalb der Garage im Garten zurückzog und von Frau Bertha nur zum Mittagessen gerufen wurde (Abb. 3a und 3b).[2] Da ist es schon denkbar, dass Benz den Söhnen und Schwiegersöhnen gegenüber ins Hintertreffen geriet und auch Volk keine Ferntelephonate mit ihm führte.

Abb. 1
Schutzumschlag der Erstausgabe der „Lebensfahrt"
Leipzig 1925
Pfälzische Landesbibliothek Speyer

Abb. 2
Der „Ghostwriter" Dr. Karl Volk
Foto: Mercedes Benz Archives

Ohnehin hätten wohl beide wegen der horrenden Gebühren keine Ferntelephonate geführt, die seinerzeit nur bei Schicksalsschlägen wie Todesfällen unternommen wurden, selbst wenn sie Telephone besessen hätten.

Umso mehr gewinnen somit die beiden bekannten Benz-Interviews von 1909[3] und 1913[4] an Bedeutung, welche die unmittelbarsten Selbstzeugnisse des Erfinders darstellen und allen Benzbiographien zugrunde liegen. Diese sind zwar auch nicht als Wechselrede, sondern von den Interviewern als durchgehende Erzählung gestaltet worden, aber dieser Schönheitsfehler ist zu verschmerzen. Diese Interviews laden nun dazu ein, in Umkehrung der derzeit grassierenden Plagiatsrecherchen einmal zu vergleichen, wie weit sich der Ghostwriter von seinen verbürgten Vorlagen entfernt hat und unbekümmert eigene Gedanken dem Biographierten unterlegte. Und zudem kann nun aus ihnen künftig der originale Carl Benz zitiert werden.

Carl Benz' letztes und Bertha Benz' erstes Interview

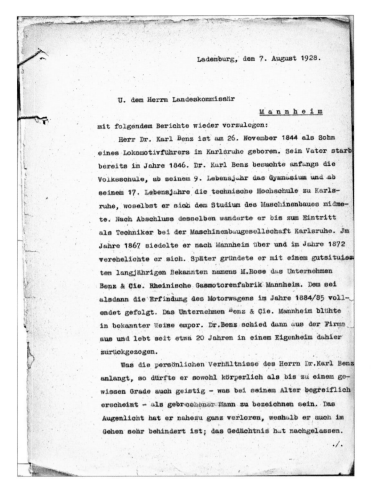

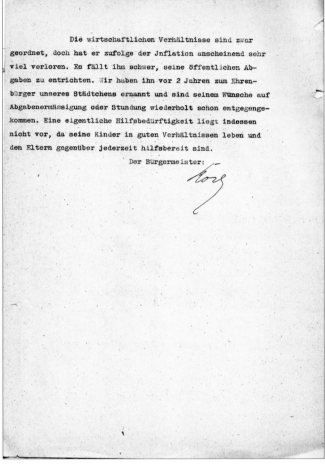

Abb. 3a und 3b
Vorder- und Rückseite
des Briefes des Laden-
burger Bürgermeisters
Koch
1928
Stadtarchiv Ladenburg

Das erste Benz-Interview 1909

Nach 1900 gab es vermehrt Differenzen zwischen Benz & Cie. Mannheim und der Daimler-Motorengesellschaft Cannstatt wegen der Priorität bei der Automobilerfindung, die sogar vor Gericht ausgetragen wurden[5], worüber in der Frankfurter Zeitung laufend berichtet wurde. So nimmt es nicht Wunder, dass der einzige noch lebende Pionier in den Mittelpunkt des Interesses rückte und von der Fachpresse interviewt wurde. Die erste Seite des 1909er Interviews, das wegen der nur noch von Älteren lesbaren Fraktur-Schrifttype hier nicht faksimiliert wird[6], zeigt Abb. 4. Es erschien in der seit 1900 in Wien verlegten „Allgemeinen Automobil-Zeitung". Mitherausgeber Adolf Schmal-Filius (1872-1919, Abb. 5) war aus Wien per Bahn angereist.

Benz' Interview oder besser Bericht erweist ihn als Kronzeugen für die Vaterschaft des Fahrrads beim Automobil[7], worunter auch die Pedal-Tricycles und -Quadricycles der Hochradzeit zu rechnen sind. Er hatte ja nach dem Besuch des Polytechnikums in

Karlsruhe in der dortigen Lokomotivfabrik gearbeitet und seitdem Pläne für eine Straßenlokomotive im Kopf gehabt, gedacht für zahlenden Kollektivverkehr. Im 1909er Interview berichtet nun Benz besonders plastisch, wie er ab 1868 davon abkam (er schreibt „1867 – ich weiß es ganz genau", aber da existierte die Stuttgarter Vélocipèdes-Fabrik noch nicht; Volk hat diese Wendung „ich weiß es ganz genau" dann für seine Silvesterglocken-Legende verwendet):

„Da fiel ein Ereignis in mein Leben, das mein Streben eine Zeitlang in andere Bahnen lenkte, um es dann aber umso mehr zu fördern. Ein Freund hatte sich ein [Kurbel-] Veloziped gekauft… Da hatte ich ja mein Ideal und sogar in vereinfachter Form. Jetzt konnte ich pferdelos über die Landstraße dahineilen und bedurfte nicht einmal des kostspieligen Betriebs einer Kraftmaschine, sondern nur meiner eigenen Kraft. Das heißt, vorläufig konnte ich es noch nicht. Aber nach vierzehn Tagen hatte ich es

Hans-Erhard Lessing

doch erlernt. Wer war stolzer als ich! War das eine Sensation, wenn ich durch Mannheims Straßen pedalierte."

Als Fortsetzung bietet sich die folgende Passage aus dem 1913er Interview an: „Den Gedanken, ein selbst fahrendes Fahrzeug als bequemen Wagen mit Motorantrieb zu erbauen, konnte ich von jetzt ab nicht mehr los werden, da ich pferdelos gefahren war, und mein Geist beschäftigte sich damit fast jeden Tag und Nacht."

Es war also ein Tretkurbelveloziped à la Michaux aus Paris gewesen, seit 1868 auch in Stuttgart von der Ersten Deutschen Vélocipèdes-Fabrik gefertigt, das den Konstrukteur Benz vom Kollektivverkehr per Straßenlokomotive weg und hin zum pferdelosen Individualverkehr und Leichtbau trieb.

Und sein Ruderfreund Wilhelm Walther (Sohn eines Druckereibesitzers) hatte in Mannheim die Vertretung der Stuttgarter Velozipede übernommen, für die er eine Anzeige ins Mannheimer Adressbuch setzte (Abb. 7). Ja, es hatte sich in Mannheim ein eigener Vélocipèdes-Club gebildet, der seine Treffen in der Tageszeitung mit derselben Firmengraphik ankündigte.

Volk war offenbar kein Fahrradfreund, er spricht von „eigenartigem Sport" und spielt das Benz'sche Erweckungserlebnis herunter, so gut es geht. Eine Erklärung könnte sein, dass 1925 das Fahrrad für die Arbeiter erschwinglich geworden war und somit kein Statussymbol des Mittelstands mehr darstellte.

Noch eine weitere Passage soll aus dem 1909er Interview zitiert werden, die im 1913er nicht vorkommt: „Ich baute damals die Type Victoria mit sehr hohen Rädern und zwei Sitzen [...] Der große Wagen fand indes nicht allgemein Anklang, und so baute ich den Benz-Komfortable, ein kleines Dingerl mit etwa 3 1/2 HP-Motor, um 2700 Mark zu haben. Dieses Fahrzeug wurde uns förmlich aus den Händen gerissen."

Dahinter verbirgt sich die schon verzweifelte Suche nach der Zielgruppe, die den Selbstfahrer denn kaufen würde. Das Statussymbol der Reichen war damals das Pferdegespann, und an sie wollte Benz, der selbst nie eins besessen hatte, herankommen, zumal nur sie den ebenso hohen Preis der Benz'schen Selbstfahrer bezahlen konnten. Also war Benz' erster vierrädriger Selbstfahrer mit

Victoria-Kutschenaufbau versehen worden – einem nach der britischen Queen Victoria benannten Kutschentyp. Hier blamiert sich übrigens Volk, indem er behauptet, der Benz-Selbstfahrer hieße so, weil Benz nach Vollendung der Achsschenkellenkung Victoria! (= Sieg!) gerufen habe.

Die damalige Kaufunlust der Deutschen, welche die Benz'sche Selbstfahrer-Produktion beinahe um den Erfolg brachte, erklärt sich einfach dadurch, dass nun aus Coventry der Niederrad-Boom nach Deutschland schwappte. Die immer noch teuren Fahrräder kosteten nur einen Bruchteil der Motorwagen und waren dabei ebenso schnell.

In einer kürzlich als Reprint herausgebrachten Firmenschrift[8] der Benz & Cie. ist zu lesen, dass Kaufmann Karl Brecht sich damit durchsetzte, einen kleinen Selbstfahrer für die Fahrrad-Avantgarde herauszubringen, der zuerst als Benz-Velociped und später mit Kindersitzbank als Benz-Comfortable

Carl Benz' letztes und Bertha Benz' erstes Interview

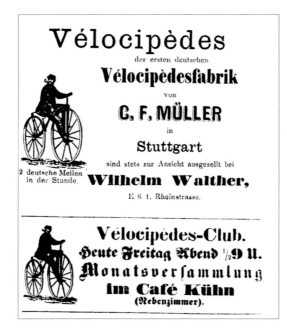

bezeichnet wurde. Ganz offensichtlich konnte sich Benz mit diesem Gedanken nicht so leicht anfreunden – er bevorzugte auch im Ruhestand noch die Benz-Victoria, wie sie Abb. 4 zeigt. Seine abschätzige Bemerkung „ein kleines Ding" („Dingerl" ist österreichisch!) lässt eine gewisse innere Distanz gegenüber dem Benz-Velociped erkennen, die man sich nun leicht erklären kann. Bei der Daimler-Motorengesellschaft lief es übrigens ganz ähnlich. Maybach hatte ein motorisiertes Quadricycle oder Vierrad mit Fahrradanmutung entworfen und in der Neckarsulmer Fahrradfabrik bauen lassen, das damals ebenfalls als „Velociped" beworben wurde. Seit dem Dritten Reich galten plötzlich nicht mehr die historischen Bezeichnungen, sondern die Neologismen „Benz-Velo" und „Daimler-Stahlradwagen". Damit sollte offensichtlich die Fahrradherkunft aus der Automobilgeschichte getilgt werden.[9] Dass „Velo" mehr wie Auto klinge, sollte die damals wenig reiselustigen Deutschen überzeugen, welche die Bedeutung von „Velo" in der Schweiz und Frankreich als Fahrrad noch kaum kannten. Zu seinem Zweitakt-Motor sagt Benz 1909: „Ich konstruierte einen Gasmotor, der für die damaligen Verhältnisse ganz ausgezeichnet funktionierte." Silvesterglocken beim Erstlauf erwähnt er nicht, auch nicht im Interview von 1913.

Das Interview von 1913
Die „Allgemeine Automobil-Zeitung" aus Wien

wurde ab 1904 von dem Schwaben Gustav Braunbeck (1866-1928), zuvor württembergischer Hoflieferant und Fahrradhändler in Stuttgart, in Berlin zu einer eigenen Ausgabe entwickelt – der Beginn seines späteren Motorpresse-Imperiums.

In dieser Berliner Ausgabe erschien 1913 das ausführlichere Benz-Interview (siehe Anhang). Interviewer war der Mannheimer Paul Teickner (1866-194?), wohnhaft in der Rheinvillenstraße 6, der seinerseits von 1900-1919 die Zeitschrift „Der Radtourist und Automobilist" herausgab. Insofern hatte er es nicht weit nach Ladenburg zum 68. Geburtstag von Carl Benz (1844-1929), daher war die Anreise diesmal kein Thema.

Immerhin kommt jetzt die Sprache auch auf Frau Bertha Benz' Unterstützung, und sie selbst kann über ihre Pforzheimfahrt berichten. Über die Entstehung des ersten „Motoren-Velozipeds", wie die Badische Landeszeitung den Benz'schen Prototyp bezeichnete, ist dieses Interview das ausführlichste Selbstzeugnis von Carl Benz. Gelassen berichtet er, dass er die dreiteilige Vorderachse, sprich die Achsschenkellenkung, in einer alten Zeitschrift gefunden habe, wohl an Bollèes Dampfkalesche, von der ein Nachbau 1881 in Berlin fuhr.

Volk schrieb dies flugs zu einer eigenständigen Erfindung des Schwiegervaters um. Komplett unterdrückte er die rennkritischen Bemerkungen auch aus diesem Interview. Ein Vergleich der Texte Satz um Satz muss dem Leser überlassen bleiben.

Die Autobiographie von 1928, die keine ist
Wie teils schon angesprochen, bestehen die Hauptabweichungen in der „Autobiographie" (Abb.1 und Abb. 8) von den Benz-Interviews in Folgendem:
- Benz-Vaters Lok-Unglück wird einem Kollegen angelastet
- Benz' Zweirad-Erfahrung sei „ein eigenartiger Sport" gewesen
- Beim Erstlauf des Gasmotors läuteten Silvesterglocken[10]
- Differential und Achsschenkellenkung seien Benz' Ideen
- Appell: „Gedenke, dass Du ein Deutscher bist" usf.
- Benz' Kritik am Schnellfahren wird ausgeblendet u.v.a.m.

Bei der zweiten Auflage 1936 (Abb. 8) hat der Verlag linientreue Änderungen vorgenommen; Autor

Volk war schon 1933 verstorben. Die Bildtafel mit Benz' jüdischem Geschäftspartner Rosé (Abb. 9) wurde entfernt, dafür Hitlers Telegramm[11] zum 50. Autojubiläum eingefügt (Abb. 10).

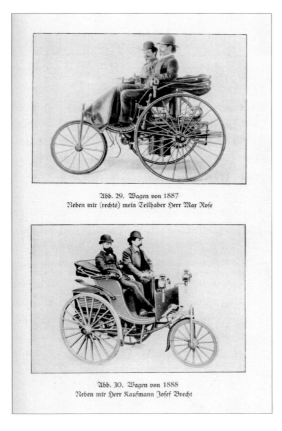

Abb. 29. Wagen von 1887
Neben mir (rechts) mein Teilhaber Herr Max Rose
Abb. 30. Wagen von 1888
Neben mir Herr Kaufmann Josef Brecht

Nr 460

Vorstand der Daimler - Benz a g
Untertuerkheim bei Stuttgart

Eingegangen

Telegramm.

Ferndrucker

berlin w 66 63/62 29 1701

= bei der heutigen 50 ten wiederkehr des tages an dem karl benz das erste patent fuer einen praktisch brauchbaren motorwagen erteilt wurde gedenke ich der wertvollen arbeit die die daimler - benz - werke und die deutsche automobilindustrie seither geleistet haben mit meinen besten gruessen verbinde ich aufrichtige wuensche fuer weiter erfolgreiches schaffen

= adolf hitler +

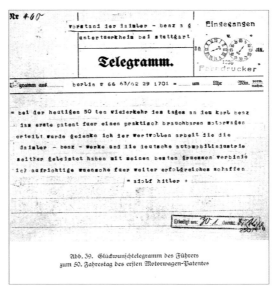

Abb. 39. Glückwunschtelegramm des Führers zum 50. Jahrestag des ersten Motorwagen-Patentes

BENZ
Lebensfahrt eines deutschen Erfinders

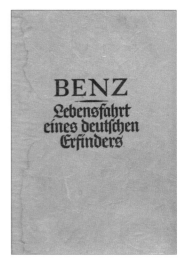

Abb. 8 (oben)
Titel der zweiten Auflage der „Lebensfahrt"
Leipzig 1936

Abb. 9 (links) und Abb. 10 (rechts)
Diese Bildtafel, die im oberen Bild Benz' jüdischen Geschäftspartner Rosé zeigt, wurde in der Ausgabe von 1936 gegen die Abbildung von Hitlers Glückwunschtelegramm ausgetauscht.
Universitätsbibliothek Mannheim

1 (Tatsächlich Karl Volk:) Carl Benz – Lebensfahrt eines deutschen Erfinders. Erinnerungen eines Achtzigjährigen, Leipzig 1925.

2 Brief von Bürgermeister Koch an Landeskommissär vom 7. August 1928, Stadtarchiv Ladenburg.

3 A. Schmal-Filius: Ein Besuch beim alten Benz. Allgemeine Automobil-Zeitung (Wien) 18. April 1909, S. 1-7.

4 P. Teickner: Carl Benz. Sein Lebensgang und die Erfindung des Motorwagens, von ihm selbst erzählt. Allgemeine Automobil-Zeitung (Berlin), 3. Januar 1913, S.13-24.

5 R. Krebs: Fünf Jahrtausende Radfahrzeuge, Berlin 1994.

6 Gekürzt abgedruckt in H.-E. Lessing: Zum 150. Geburtstag von Karl Benz. Beiträge zur Landeskunde 5 (1994) Oktober, S.11-14 (Beilage des Staatsanzeigers für Baden-Württemberg).

7 H.-E. Lessing: Automobilität – Karl Drais und die unglaublichen Anfänge, Leipzig 2003.

8 Benz&Cie: Die Benzwagen, Mannheim 1913 (Reprint Mannheim 2007, Nachwort H.-E. Lessing) S. 36.

9 H.-E. Lessing: Das Fahrrad – Vater von Auto und Motorrad (im Erscheinen) und Ref. 7.

10 Verf. hat in H.-E. Lessing: Mannheimer Pioniere, Mannheim 2007, S. 77 das Dörrer-Interview 1928 als Beleg gegen Volks Silvesterglocken-Legende zum Erstlauf des Zweitaktmotors verwendet. Benz' Zweitakt-Gasmotor-Prototyp hatte eine Flammenschieberzündung.

11 In einer Neuauflage 2001 des Verlags wurde das Hitler-Telegramm entfernt, aber das Bild mit dem jüdischen Compagnon Rosé nicht wieder eingefügt.

Anhang: Carl Benz' letztes und Bertha Benz' erstes Interview

Bertha Benz' Interview-Fragment 1928

Die Mercedes Benz Archives bewahren einen in Fraktur gesetzten Zeitungsausschnitt ohne Quelle und Datum auf, der aber dank des erhaltenen Begleitschreibens des Interviewers Rochus Dörrer (1901-19??, Abb. 9) auf 1928 datiert werden kann. Bertha Benz (1849-1944) war da 79 Jahre alt. Der 84-jährige Carl Benz starb im Folgejahr. Dörrer schrieb damals viel für den „Schwarzwälder Boten", sodass das Interview wahrscheinlich dort erschienen ist. In der Nachkriegszeit war er einmal Bürgermeister von Kuppenheim. Die späteren Bertha-Benz-Interviews[12] in der „Berliner Hausfrau" 1936 liegen dann mehr auf der Linie der „Lebensfahrt", wohl dem damaligen Daimler-Benz-Chef Dr. Wilhelm Kissel zuliebe.

Im Gespräch mit Frau Dr. Benz (Rochus Dörrer 1928)

„Im Übrigen entstanden die Pläne unseres Papa, einen Wagen zu bauen, der sich ohne Rösser fortbewegen läßt, an unserem Familientisch. Drunten in Mannheim wurden die Pläne oft besprochen, und ich und die Kinder mußten manche Verstimmungen unseres Papas hinnehmen, denn mit den Plänen war es ja eine Sache, es klappte halt nicht gleich alles, und lange Zeit mußte probiert werden, und oft wollte er verzagen." Jetzt fiel Dr. Benz seiner Gattin ins Wort und sagte: „Mama, wenn du nicht gewesen wärst, wer weiß wie das alles gekommen wäre!" Frau Benz war dann so freundlich, mir gerade darüber vieles zu erzählen. „Damit unserm Papa das Geld reichte zum Kauf von Metall usw. war es oft so, daß der letzte Pfennig daran gerückt wurde.

Und nach ein paar Tagen kam halt unser Papa wieder und war etwas niedergeschlagen: ‚Hat noch nicht geklappt.' So ging das lange fort, und heimlich habe ich oft gedacht: ‚Gott im Himmel, wenn das so weiter geht, kommen wir noch wegen der Erfindung, an der unser Papa schafft, an den Bettelstab.' Aber unser Herrgott hat uns nicht im Stich gelassen.

Einmal wurde ich doch auch mißtrauisch gegen unsern Papa, d. h. mehr gegen seine Erfindung. Eine Bekannte sagte eines Tages zu mir: ‚Der Erfindungsdusel und die fixen Ideen, denen ihr nachjagt, bringen euch doch noch um Hackel und Packel, und was übrig bleibt, wird sein Spott und Hohn.' Nicht nur etwas mißtrauisch wurde ich, es tat mir weh. Aber im Stich gelassen habe ich unsern Papa nicht. Ein felsenfestes Gottvertrauen und mein Stolz: Unser Papa ist tüchtig, trugen mich über viele, viele Hindernisse hinweg.

Als es dann doch klappte, da kam er an einem Mittag voller Freude angelaufen und rief schon im Hausflur draußen: ‚Mama, mit der Zündung klappt's jetzt!'

Die folgenden Seiten geben das Interview mit Carl Benz in der „Allgemeinen Automobil-Zeitung" von 1913 als Faksimile wieder.

Richtigstellung der Bildunterschriften zu den Fotografien des ersten Benz-Motorwagens auf S. 16 des Faksimiles: Sie wurden erst 1903 nach dessen Rekonstruktion aufgenommen.

Abb. 9
Der Interviewer Rochus Dörrer
Stadtarchiv Kuppingen

12   Bertha Benz – über die Erfindung des Automobils, Berliner Hausfrau Nr. 21, 1935/36; Die erste Autofahrerin – Besuch bei Frau Benz, Berliner Hausfrau Nr. 20 vom 13. Februar 1936; Erinnerungen von Mutter Benz, Berliner Hausfrau Nr. 21, 1936.

Hans-Erhard Lessing

Carl Benz.

Sein Lebensgang und die Erfindung des Motorwagens, von ihm selbst erzählt.

Dort, wo der Neckar nach seinem Austritt aus dem Odenwald bei Heidelberg in die Rheinebene seinen letzten großen Bogen schlägt, ehe er dem Vater Rhein bei Mannheim seine Wasser zu eigen gibt, wächst aus der Ebene die alte Stadt Ladenburg, vor zwei Jahrtausenden etwa gegründet von den Römern als Lopodunum. Auf deren uralten Mauern erhebt sich ein freundlich Haus, umschattet von grünenden Bäumen und überragt von einem hohen Turm, der der Stadt das Wasser gibt; dort ist das Heim von Carl Benz, des Erfinders des Motorwagens, dort ruht er aus nach den aufregenden Zeiten des Hastens und Drängens, und, man muß wohl sagen, fast vergessen von der Welt, der er so viel und Unvergängliches schenkte. In der Nähe von Ladenburg haben seine beiden Söhne, Eugen und Richard, eine Automobilfabrik errichtet, in deren Maschinenräumen Carl Benz manche Stunde verbringt, um sich noch mit technischen Fragen zu befassen, um sich über alle die Neuerungen zu unterrichten, die die schnelle, moderne Zeit mit sich bringt. In einer kleinen traulichen Werkstatt liegt dort Carl Benz noch jetzt praktischen Versuchen ob. — Ganz vertieft in die Arbeit traf ich bei meinem letzten Besuche Carl Benz, und im Gegensatz zum draußen herrschenden trüben Wetter strahlte mir sein freundliches Angesicht hell entgegen. — „Nur selten", begrüßte er mich, „finden sich glücklicherweise Herren der Großmacht von der Druckerschwärze bei mir ein, und wenn ich Ihnen aus meinem Leben erzählen soll, so geschieht es aus Freundschaft für Sie; ich bin sonst, wie Sie wissen, stets der Hervorhebung meiner Person abhold gewesen. Vor längeren Jahren besuchte mich ein Herr aus Oesterreich, dem ich in großen Zügen schon allerlei Erinnerungen erzählte, und diese müssen wohl auch für Sie Richtschnur bleiben, da viel Neues für Ihre Veröffentlichung kaum zu erzählen sein wird. Was kann übrigens die Welt, die all die modernen Fahrzeuge nun hat, jetzt noch großes Interesse nehmen an dem einstigen Werdegang, an ihrer Erfindung und dem Erfinder selbst? Gern aber will ich Ihnen trotzdem dienen, soweit es in meinen Kräften steht." So begann Carl Benz zu erzählen:

C. Benz.

Aus meiner Jugend.

Geboren wurde ich in Karlsruhe. Mein Vater, der Mechaniker gewesen ist, war dort Lokomotivführer und befuhr längere Jahre die erste badische Strecke Mannheim—Heidelberg. Leider aber starb er sehr bald, als ein Opfer seines Berufs, kaum 36 Jahre alt. Die Lokomotive entgleiste durch falsche Weichenstellung. Da es sich nun darum handelte, rasch wieder fahrbereit zu sein, beteiligte sich mein Vater an den Hebungsarbeiten und geriet dabei in starken Schweiß. Als die Maschine wieder flott geworden, ging die Fahrt weiter. Damals war der Führerstand noch ungeschützt, und so zog sich mein Vater eine Erkältung zu, der er nach wenigen Tagen erlag. Die Pension, die meine Mutter als Witwe erhielt, war recht kärglich. Ich war beim Tode meines Vaters zwei Jahre alt, verstand den Verlust nicht, und erst später erzählte mir meine Mutter von dem raschen Tode meines Vaters. Ein kleines Vermögen mit der geringen Pension konnten die energische Frau eben über Wasser halten. Im Jahre 1870 starb sie, die mich so treulich behütet und alles für mich geopfert hatte. Wie mir meine Mutter öfter erzählte, war mein Vater für seinen Beruf begeistert gewesen, weil er als Mechaniker großes Verständnis für die Maschinentechnik besaß, und so hatte er wohl etwas von dieser Gabe auf mich vererbt, denn ich schwärmte schon in frühester Jugend für alles, was Maschine hieß, und besonders hatten es mir die Lokomotiven angetan, deren Leitung mir immer als das Ideal der Welt erschien; meine Mutter allerdings wollte davon nicht viel wissen.

Nach dem Besuch des Lyzeums in Karlsruhe, das ich mit etwa 16 Jahren verließ, gab die Mutter meinem Drängen nach, mich auf das Polytechnikum ebendort zu bringen, damit ich meinem Streben nach Ausbildung im Maschinenfach gerecht werden könnte, und ich muß sagen, sowohl der theoretische wie der praktische Erfolg waren recht gute. Ich hatte nicht allein viel Verständnis für die Technik, ich war mit großer Begeisterung Techniker geworden. Während man jetzt das praktische Jahr in irgendeiner Maschinen-

14   ALLGEMEINE AUTOMOBIL-ZEITUNG   Nr. 1

fabrik absolviert, wurde damals im Polytechnikum selbst praktischer Unterricht erteilt. Der gut ausgerüsteten Werkstätte stand ein Meister vor, der — von altem Schrot und Korn — es verstand, seine Zöglinge auf das allerbeste in der praktischen Handfertigkeit zu unterweisen und in ihnen die Liebe zum Beruf zu befestigen. Ich habe dieser praktischen Werkstätte und ihrem Meister sehr viel zu verdanken, und in den vier Jahren, während deren ich Schüler des Polytechnikums war, habe ich viele Stunden — auch außerhalb des Unterrichts — mit allerhand technischen, praktischen Arbeiten darin zugebracht.

Mit 20 Jahren verließ ich die polytechnische Schule, um mir in einer Maschinenfabrik in der Praxis selbst weitere Kenntnisse zu sammeln. Es gelang mir, in der Maschinenbau-Gesellschaft in Karlsruhe zuerst als gewöhnlicher Arbeiter unterzukommen, und ich habe dort sehr viel gelernt.

Carl Benz (Jugendbildnis).

Die Wanderjahre.

Eine recht harte Zeit begann für mich, und ich bin überzeugt, daß die heutige Jugend und Arbeiterschaft kaum so lang und ausgiebig ihre Kräfte einem Werk mehr zur Verfügung stellt, als wie ich es mußte. Um 6 Uhr früh, Winter und Sommer, stand ich an Drehbank und Schraubstock, und sehr hart war bis abends 7 Uhr die Arbeit, die nur durch eine Mittagsstunde unterbrochen wurde; man kannte damals auch noch nicht die schöne und helle Beleuchtung, und ich wußte, wenn ich 12 Stunden oft im Halbdunkel gebohrt und gefeilt hatte, was ich getan. Ich habe das aber gleichwohl spielend überwunden, und nach den Feierabend-Stunden setzte ich meine Studien fort, um mich theoretisch weiterzubilden. Ich sagte mir, wer einst etwas erreichen will, und das hatte ich vor, muß von unten herauf lernen, um allen Anforderungen gewachsen zu sein. In der Karlsruher Maschinenbau-Gesellschaft wurden Lokomotiven gebaut, und das hielt mich wohl 2½ Jahre lang in meiner praktisch arbeitenden Stellung fest, weil ich fortschreitend so fast durch alle Betriebe gekommen bin. Schon damals begann sich der Gedanke in mir festzusetzen, ob es nicht möglich sei, ein Fahrzeug herzustellen, das ohne Pferde, ähnlich wie die Züge auf den Schienen, sich auf der Landstraße schienenlos bewege. In England benutzte man viele Jahre vorher schon Straßenlokomotiven, ich aber hatte davon keinerlei Kenntnis, und erst viel später habe ich mit Erstaunen wahrgenommen, daß man das, was ich im Innern erwog, schon praktisch zur Durchführung gebracht hatte. Ich konstruierte damals eine Straßenlokomotive und zugleich auch eine Dampfmaschine für die Schiffahrt, beides allerdings nur auf dem Papier, da ich für die praktische Ausführung weder Zeit, noch Geld, noch Gelegenheit hatte.

Nach 2½ Jahren begann der Wandertrieb sich in mir zu regen, und ich suchte mir eine anderweitige Stellung, da ich doch auch als gewöhnlicher Arbeiter mein Leben nicht verbringen mochte, und so kam ich in das technische Bureau von Johann Schweitzer sen. in Mannheim. Das war eine Fabrik, die Kranen, Zentrifugen, Wagen usw. baute. Zwei Jahre war ich dort beschäftigt, und ich habe nicht geahnt, daß ich jemals wieder nach Mannheim zurückkehren würde, als ich einen neuen Posten bei Gebrüder Benckiser in Pforzheim annahm, um auch den Brückenbau kennen zu lernen. Zwei angenehme Jahre verlebte ich in der Schwarzwaldstadt, es muß aber wohl doch Mannheim mehr auf mich eingewirkt haben, als ich selbst ahnte; es zog mich zurück nach der aufblühenden Handelsstadt am Rhein und Neckar. Da ich dort keinen für mich passenden Posten erhalten konnte, war ich kurz entschlossen, und ich begann, mir selbst ein kleines Geschäft in Mannheim einzurichten. Ein kleines Kapital stand mir zur Verfügung; ich hatte es mir zum Teil selbst erspart, und da ich nicht allein Vertrauen zu meinen Kenntnissen hatte, sondern auch merkte, daß in Mannheim ganz anderer Handelsbetrieb und Bedarf an tüchtigen Kräften als in Pforzheim war, so hatte ich frohen Mut.

Auf dem Fahrrad.

Daß ich einer der ältesten Radfahrer gewesen bin, dürfte Ihnen vielleicht nicht bekannt sein, und ich will Ihnen, da Sie auch für das Fahrrad großes Interesse haben, einiges davon erzählen. Es war im Jahre 1867 — ich erinnere mich der Sache noch ganz genau —, da erschien ein guter Freund bei mir, der viel für Sport jeglicher Art, der damals in Deutschland noch nicht viel gepflegt wurde, übrig hatte. Auf einer Reise hatte er ein Veloziped gesehen, und er hatte nicht geruht, bis auch er im Besitze eines solchen war. Wie Sie ja wissen, hatte eine Maschine der damaligen Zeit durchaus nichts mit den Rädern der Jetztzeit gemein, als eben zwei Räder. Es war kein Hochrad, wie sie später erst aufkamen, es war eine Nachbildung der alten Draisschen Laufmaschine, deren Vorderrad durch zwei Kurbeln

**Carl Benz und Frau vor ihrer Villa in Ladenburg.
(Aufgenommen Dezember 1912.)**

Hans-Erhard Lessing

direkt angetrieben wurde. Das Vorderrad mag fast einen Meter Durchmesser gehabt haben und war ein gutes Stück höher als das Hinterrad, auf dem der Sitz in ganz primitiver Weise angebracht war. Die Räder waren, wie überhaupt das ganze Fahrzeug, aus Holz und wurden durch eiserne Reifen zusammengehalten. Es war eine plumpe, schwere Maschine. Da in mir aber schon seit langer Zeit die Idee schlummerte, ein pferdeloses Fahrzeug herzustellen, so begeisterte mich dieses Fahrzeug so sehr, daß ich es meinem Freunde abkaufte, der trotz aller Versuche, darauf fahren zu lernen, niemals eine längere Strecke im Sitz zurückzulegen vermochte, sondern fast bei jeder

fahren möge. Das Rad mag nicht viel weniger als 1 Zentner gewogen haben, und so war es keine kleine Arbeit, an warmen Tagen durch das Land zu fahren. Mancher Schweißtropfen fiel zur Erde und mancher Spott blieb mir nicht erspart. Eine große Begeisterung war über mich gekommen, und da die Fabrik, in der ich beschäftigt war, außerhalb der Stadt lag, so hatte ich den verwegenen Gedanken, das Rad zum Fahren von und nach der Fabrik zu benutzen. Ich habe diesen kühnen Gedanken aber niemals zur Ausführung gebracht, da die Begeisterung für dieses Monstrum von Fahrrad sehr bald wieder schwand — die Anstrengung war zu groß — und der Gedanke der Ausführung eines

Benzwagen (Modell III) auf seinen Fahrten durch München im Jahre 1888. Die erste Abbildung eines Motorwagens in einer Zeitschrift überhaupt. Zuerst erschienen in der „Illustrierten Zeitung", Leipzig, mit deren Genehmigung wir dies interessante Bild reproduzieren.

Uebung schmählich in den Sand fiel. Ich mochte wohl etwas gewandter wie mein Freund sein und hatte in vierzehn Tagen glücklich erlernt, mich auf dem Fahrzeug zu bewegen und das Gleichgewicht zu halten, es war allerdings eine schwierige Arbeit gewesen, und stolz wie nie in meinem Leben durchfuhr ich die Straßen Mannheims, angestaunt von Alt und Jung. Eine Sensation gab's immer in der noch kleinen Stadt, wenn ich im Schweiße meines Angesichts durch die Straßen pedalierte. Kehrte ich irgendwo in einem Gasthause ein und lehnte mein schweres Vehikel an das Haus, so sammelten sich sofort die Menschen und diskutierten darüber, ob sich's wohl schwer oder leicht darauf

bequemen Wagens mit Motorantrieb mich deshalb mit voller Gewalt wieder packte. Das schwere Rad wurde in die Ecke gestellt; die Reifen verrosteten und die Holzräder sind wohl später samt dem Gestell zusammengefallen. Wo die Reste geblieben sind, weiß ich nicht mehr.

Den Gedanken, ein selbstlaufendes Fahrzeug als bequemen Wagen mit Motorantrieb zu erbauen, konnte ich von jetzt ab nicht mehr los werden, da ich pferdelos gefahren war, und mein Geist beschäftigte sich damit fast Tag und Nacht. Konstruktionen aller Art entstanden in meinem Kopfe und bildeten sich zu festen Begriffen, so daß ich eines Tages kurz entschlossen das Reißbrett hervorsuchte, um

Carl Benz' letztes und Bertha Benz' erstes Interview

Der erste Benz-Motorwagen, aufgenommen 1885 nach einer gelungenen Fahrt auf dem Ring in Mannheim in der Nähe der Werkstatt von Carl Benz.

diese Gedanken in die Praxis, das heißt auf dem Papier, umzugestalten. Ich dachte, wie das wohl auch das natürliche war, an den vierrädrigen Wagen, den Pferdewagen, und von diesem Gedanken ausgehend, entstanden meine ersten Zeichnungen, von denen leider keine mehr vorhanden ist. Die älteste noch vorliegende Zeichnung stammt aus den Jahren 1884/85 und zeigt den ersten Dreiradwagen, wie er zum Patent angemeldet wurde.

Eigener Herr; der neue Motor und Benz & Co.

Im Jahre 1871 begann ich in Mannheim T. 6. 11. mein eigenes Geschäft einzurichten, es sollte eine mechanische Werkstätte werden, die in der Lage war, überall in der Maschinentechnik Hilfe zu leisten. Ich hatte erreicht, wonach ich lange gestrebt.

Wenn auch im Anfang die Beschäftigung äußerst knapp war, so verdiente ich doch immer so viel, um die laufenden Ausgaben zu decken. Nach und nach wurde mein Geschäft in Mannheim bekannter, und ich konnte mehr und mehr Arbeiter einstellen. 1872 heiratete ich, und meine Frau unterstützte mich nach Möglichkeit. Ich beschäftigte mich mit der Idee, den Bau von Gasmotoren aufzunehmen, da ich in diesen eine große Zukunft für den Antrieb von Arbeitsmaschinen usw. sah. Der bisher bekannte Gasmotor von Lenoir, der etwa 15 Jahre früher erfunden war und mich immer interessiert hatte, schien mir allerdings kaum eine große Zukunft zu haben, auch der Ottosche Zahnstangenmotor befriedigte nicht. Ich machte mich deshalb daran, die damals vorhandenen Motoren zu verbessern, und kam dabei auf den Gedanken, einen Motor im Zweitakt arbeitend zu konstruieren. Dieser arbeitete vorzüglich und hatte sich bald sehr gut eingeführt, so daß ich meine Werkstätte vergrößern konnte. Ein Geldmann stellte sich ein, der mir mit einem kleinen Kapital an Hand ging. Trotz all dieses Voranschreitens hat mich aber der Gedanke, ein selbstlaufendes Fahrzeug zu bauen, niemals losgelassen, und ich glaubte, da mein Betrieb einen hübschen Aufschwung

nahm, daß ich versuchen könne, auch meinen Geldgeber für die Idee zu gewinnen. Der lehnte aber zu meinem Schmerz die Sache rundweg ab und stellte mir vor, daß, wenn ich einem Phantom nachjagen wollte, erst an Gasmotoren so viel verdient werden müsse, daß eine derartige Ausgabe, die für die Versuche unbedingt nötig sei, leicht getragen werden könne. Er gäbe dazu kein Geld her. Ich widmete mich daraufhin mit neuer Kraft der Erzeugung von Zweitaktmotoren. Meine Arbeiterzahl stieg von 6 auf 40 Leute, und ich fabrizierte flott 1-, 2- und 4pferdige Motoren. Das Unternehmen florierte immer besser, und ich wollte schon mit der Konstruktion des ersten Motorwagens beginnen; da entstanden aber zwischen mir und meinem Geldgeber Differenzen, die Veranlassung waren, aus dem Geschäft auszutreten. Das war für mich ein harter Schlag, und ich sah recht betrübt in die Zukunft, und das um so mehr, als die Herstellung des ersten Selbstfahrers nun auf unbestimmte Zeit wieder hinausgeschoben werden mußte. Mein Mißgeschick erfuhr ein alter langjähriger Bekannter von mir, der über ziemliche Geldmittel verfügte. Es war der Kaufmann M. Rosé, der mich als vertrauenswürdigen Mann schon kennen gelernt hatte, und er stellte mir das nötige Kapital zur Verfügung, um eine neue Gasmotorenfabrik zu gründen. Benz & Co., Rheinische Gasmotorenfabrik, wurde das neue Unternehmen genannt, dem auch Ganß und Fischer beitraten, und diesen Namen hat die Gründung bis in die neue Zeit behalten. Bei der Gründung machte aber auch Herr Rosé die Bedingung, daß erst der Gang des Gasmotorengeschäfts sichergestellt werden müsse, ehe ich mit dem Bau eines motorgetriebenen Fahrzeuges beginnen dürfe. Ich mußte mich trotz meiner Ueberzeugung, daß ich mit dem selbstfahrenden Wagen Erfolge erzielen werde, damit abfinden und diese Bedingung eingehen, die mir schon bei meinem ersten Geldgeber so viel Schmerz bereitet hatte.

Mit dem Vertrieb von Gasmotoren hatten wir recht gute Erfolge, und da meine Motoren durch ihren vorzüglichen Gang und ihre zuverlässige, große Arbeitsleistung sich selbst weiterempfahlen, so setzte gleich nach der Neugründung ziemlicher Hochdruck in der Arbeitstätigkeit ein. Wir hatten viele Bestellungen, verdienten gut, und so

Rückansicht des ersten Benzwagens (1884/85).

In der Mitte der trommelähnliche Wasserbehälter zur Kühlung des darunter befindlichen, wenig sichtbaren, horizontal in der Längsrichtung des Wagens gelagerten ca. 2/3 PS Benzmotors. Aus dessen Zylinder greift die nach hinten heraustretende Kolbenstange an die Kurbel der vertikalen Hauptwelle an, welche ihrerseits unten das ebenfalls horizontal gelagerte Schwungrad trägt, während sie oben mittels Winkelradübersetzung die horizontale Riemenscheibe antreibt, von welcher die Kraft durch Riemen auf ein Vorgelege mit Differential und weiter durch zwei Ketten auf die beiden Hinterräder übertragen wird.

Hans-Erhard Lessing

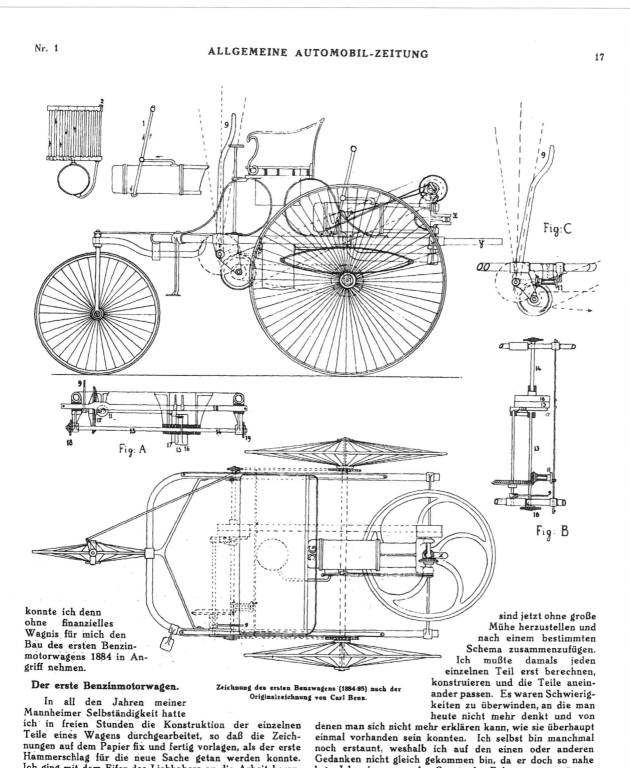

Nr. 1   ALLGEMEINE AUTOMOBIL-ZEITUNG   17

Fig: C

Fig: A

Fig: B

Zeichnung des ersten Benzwagens (1884/85) nach der
Originalzeichnung von Carl Benz.

konnte ich denn ohne finanzielles Wagnis für mich den Bau des ersten Benzinmotorwagens 1884 in Angriff nehmen.

Der erste Benzinmotorwagen.

In all den Jahren meiner Mannheimer Selbständigkeit hatte ich in freien Stunden die Konstruktion der einzelnen Teile eines Wagens durchgearbeitet, so daß die Zeichnungen auf dem Papier fix und fertig vorlagen, als der erste Hammerschlag für die neue Sache getan werden konnte. Ich ging mit dem Eifer des Liebhabers an die Arbeit heran, fand aber natürlich vieles in der Praxis ganz anders, als ich es in der Berechnung auf dem Papier mir gedacht hatte. Heute nach etwa 28 Jahren denke ich noch mit Freuden an den Beginn des ersten Wagenbaues und noch mit viel größerer Freude an dessen Vollendung. Die einzelnen Teile sind jetzt ohne große Mühe herzustellen und nach einem bestimmten Schema zusammenzufügen. Ich mußte damals jeden einzelnen Teil erst berechnen, konstruieren und die Teile aneinander passen. Es waren Schwierigkeiten zu überwinden, an die man heute nicht mehr denkt und von denen man sich nicht mehr erklären kann, wie sie überhaupt einmal vorhanden sein konnten. Ich selbst bin manchmal noch erstaunt, weshalb ich auf den einen oder anderen Gedanken nicht gleich gekommen bin, da er doch so nahe lag. Ich erinnere an das Gesetz des Beharrungsvermögens. Ich glaubte, daß ein Schwungrad, das vertikal arbeite, so viel Beharrungsvermögen habe, daß es die Lenkbarkeit eines Wagens schwer beeinflussen müsse, vielleicht sogar ausschließe, und konstruierte theoretisch richtig das Schwungrad des Motors in horizontaler Lage, und die ersten Wagen

Carl Benz' letztes und Bertha Benz' erstes Interview

18   ALLGEMEINE AUTOMOBIL-ZEITUNG   Nr. 1

erhielten deshalb das oft späterhin mit Kopfschütteln betrachtete horizontale Schwungrad. Die Hauptsache für den Wagen war natürlich der M o t o r , den ich einzylindrig mit besonderer Sorgfalt herstellte und als liegenden Motor anordnete. Eine Tourenzahl von 250 Touren pro Minute schien mir genügend, ja sogar sehr viel, und ich konnte feststellen, daß dieser Motor etwa ⅔ Pferdestärken abgab.

Von großer Bedeutung für diesen fahrenden Motor war die Z ü n d u n g . Die erste Art von mir verwendeter Zündung war eine Batteriezündung mit Bunsenscher Chromsäurebatterie, später wurde, was ich jetzt schon bemerke, ein kleiner Dynamo verwendet, und noch später ließ ich mir Elemente aus Paris kommen. Jahrelang habe ich nach einer Zündung gesucht und alle möglichen Versuche selbst gemacht, so auch u. a. mit Phosphorwasserstoff, der sich allerdings als sehr gefährliches Gas zeigte. Ich ließ bald die Versuche damit fallen, weil sie mir zu riskant erschienen, und als ich fand, daß eine Karlsruher Firma Dynamos baue, setzte ich mich mit ihr in Verbindung, sie möge mir einen Magnetapparat herstellen, der freispringende Funken durch Rotation erzeuge. Der Apparat kam, aber die Funken waren zu schwach, so daß die Zündung nicht möglich war. Die heutige Zündung ist über allen Zweifel erhaben, aber damals konnte man derartige Apparate in den kleinen Dimensionen noch nicht erzeugen. Ich habe auch Flammenzündung probiert; sie erwies sich aber wegen des Windes und ihrer Gefährlichkeit als vollkommen ungeeignet.

Es dürfte wohl interessieren, daß der erste Motor ein S c h i e b e r m o t o r war, und zwar diente ein Schieber zum Ansaugen des Gasgemisches, ein Ventil aber zum Ausblasen. Zuerst entschloß ich mich, wie gesagt, für Batteriezündung, die sich aber als recht umständlich erwies.

Mein erster Gedanke bei der Konstruktion des Motorfahrzeuges war, einen Wagen in Gestalt der Pferdedroschken mit vier Rädern zu bauen, ich konnte aber theoretisch mit der Steuerung nicht ganz fertig werden, und so entschloß ich mich, das Fahrzeug dreirädrig herzustellen. Die Lenkung wurde dadurch wohl erleichtert und vereinfacht, aber dieser dreirädrige Wagen hatte, wie ich in der Praxis merkte, doch auch recht viele Schattenseiten, denn während die beiden Hinterräder in den Furchen der Straße liefen, hüpfte das Vorderrad über dem Schotter und machte allerlei Sprünge. Auf die Konstruktion der dreiteiligen Achse kam ich erst später; ich fand diese Idee in einer alten Zeitschrift an einem Dampfwagen verwirklicht.

Das U n t e r g e s t e l l des Wagens war aus Siederohren gebogen und geschweißt, und auf dieses Gestell, jetzt Chassis genannt, setzte ich ein kleines Bänkchen, auf das der Motor geschraubt wurde, so daß er von allen Seiten

Benzwagen (Modell III). 1886.

zu übersehen und zu erreichen war, ein Vorzug, der auch heute noch geschätzt wird.

Die R ä d e r waren mit Ausnahme der Felgen von mir selbst hergestellt. Die Felgen bezog ich meines Wissens von der Firma Heinrich Kleyer, Frankfurt a. M., durch Vermittlung Rosés, der damals deren Vertretung in Velocipeden hatte.

Die K r a f t ü b e r t r a g u n g geschah gleich durch Ketten, auch an das Differential hatte ich gedacht, und die Grundzüge meiner ersten Konstruktion von damals sind heute noch maßgebend. Die Ketten waren sehr mangelhaft, meist zu weich, sie dehnten sich sehr, sprangen aus den Zahnrädern oder rissen auch bei den Versuchen. Da es aber keine besseren gab, mußte ich mich mit dem vorhandenen Material begnügen.

Monate vergingen, ehe der Wagen fahrbereit im Hofe stand. Es war das im Spätjahr 1885, und ich war stolz wie ein König, daß der Traum meiner Jugend endlich verwirklicht vor mir stand. Nun aber kam das Wichtigste: das Fahren des Wagens und die gleichzeitige Bedienung des Motors. Die ersten Versuche gingen, wie vorauszusehen, gegen die Hofmauern, wobei mancher Teil verbogen oder zerbrochen wurde. Vieles mußte umkonstruiert oder erneuert werden, und erst, als ich die Lenkung einigermaßen beherrschte, wagte ich mich auf die freie Straße. Um die Stadt Mannheim lief damals noch der alte Wall, der eine glatte Fahrbahn aufwies und im Gegensatz zu heute fast gar nicht begangen war. Die alten Bäume, die die Straße beschatteten, schüttelten ihre breiten Aeste über meine ungeschickten Fahrversuche — es gab damals noch keine Chauffeurschulen — und sahen dabei gleichzeitig mit mir, daß mein Wagen noch recht vieler Verbesserungen bedurfte. Kaum 100 m weit war das erste Mal gekommen, da blieb das Fahrzeug stecken und mußte in die Werkstätte zurückgeschoben werden. Viele Ausfahrten endeten so, und ein nicht ausdauernder Mann würde den Wagen wohl in die Ecke gestellt haben und zur Tagesordnung übergegangen sein. Ich ließ mich aber nicht entmutigen, und das um so weniger, als ich merkte, daß ich immer ein Stück weiter voran kam. Nach einigen Wochen der Fahrversuche, die allmählich die Verwunderung der Mannheimer Einwohnerschaft erregt hatten, mir aber auch ein gut Teil Spott eintrugen, hatte ich doch recht gute Resultate erzielt, und aus den 100 m waren 1000 geworden, aus den 1000 m noch mehr, und ich konnte versuchen, von Ort zu Ort meine Fahrten auszudehnen. Ich mag mit dem kleinen Wagen eine Schnelligkeit von 16 km pro Stunde erreicht haben, und es gelang mir jetzt schon öfters, ohne Benutzung von Pferden oder Kühen für die Rückfahrt, bei einem Streik des Wagens seiner Mucken Herr zu werden, so daß ich öfter mit eigener Kraft in die heimatliche Werkstätte zurückkehren konnte. Jede Ausfahrt stärkte mein Vertrauen, bei jeder Ausfahrt lernte ich aber auch neue Tücken des Motors und der Wagenteile kennen, andererseits zeigte mir jede Fahrt neue Wege der Verbesserungen, so daß von mir noch im Januar 1886 das Patent des Wagens angemeldet werden konnte.

Die Umgebung Mannheims ist bekanntlich eben, und bei den Fahrten dort hatte ich an eine zweite Uebersetzung gar nicht gedacht, erst als ich weitere Fahrten machte und Steigungen der Straße zu überwinden waren, blieb der Wagen schon bei 3 Prozent Steigung stecken. Entweder mußte ich nun schieben, um die Höhe zu gewinnen, oder die Güte eines vorbeifahrenden Fuhrwerks in Anspruch nehmen. Gern wurde mir damals geholfen, denn jedermann hatte großes Interesse für mein Fahrzeug. Es mag allerdings die Neugierde sehr oft die Triebfeder des Interesses gewesen

Hans-Erhard Lessing

Das erste Benz-Motorboot im Jahre 1887 im Mannheimer Hafen. Am Steuer Carl Benz (✗).

sein, aber ich merkte doch, daß viel Verständnis für die Technik im Volke steckte, und merkwürdigerweise brachte man meiner Erfindung im breiten Publikum viel mehr Vertrauen entgegen, als es in der gebildeten Welt der Fall war.

Ich ging an die Konstruktion einer zweiten Uebersetzung.

Daß ich anfangs meine Fahrten in aller Frühe machte, erwähne ich nebenbei, denn ich mußte zu Beginn der Geschäftszeit wieder zurück sein. Bei den ersten Fahrten war meist meine Frau meine Begleiterin, der ich sehr viel verdanke, aber auch meine Freunde stellten sich mir gern zur Verfügung. Ich mußte eine zweite Person mithaben, weil der erste Wagen, der nur eine Geschwindigkeit hatte, mit der Hand angeschoben werden mußte, damit er überhaupt in Gang kam. Trotz dieser und manch anderer Unannehmlichkeiten versicherten mir stets alle, daß es ein großes Vergnügen sei, mit meinem Wagen zu fahren, schneller als jegliches Fuhrwerk vorwärts zu kommen und sich dann bestaunen zu lassen. Aber trotzalledem hat man meinen Wagen nur als Spielerei aufgefaßt und nur wenige vertrauten der Zukunft so wie ich. Meist sagte man mir ohne Hehl, daß ich mich mit dieser verrückten Idee ruinieren werde, und schüttelte den Kopf, wenn ich, nach dem Preis eines solchen Wagens gefragt, mit einigen tausend Mark antworten mußte. Es glaubte in damaliger Zeit niemand, daß es jemals einem Menschen einfallen werde, statt des vornehmen Pferdefuhrwerkes solch ein unzuverlässiges, armseliges, puffendes und ratterndes eisernes Fahrzeug zu benützen. Ich muß noch erwähnen, daß mir die B e - r e i f u n g ziemliche Schwierigkeiten machte. Die ersten Versuche geschahen ohne jegliche Bereifung, dann verwandte ich Velociped-Gummireifen, später an den Holzrädern Gummireifen, wie sie die vornehmen Pferdewagen damals hatten. Sie sprangen oft von der Felge ab, weil man damals nur wenige Erfahrungen mit Gummirädern ge-

macht hatte. Jedenfalls besaß ich sie nicht, aber ein Fortschritt war's doch. So machte jeder einzelne Teil Schwierigkeiten, aber je größer die Schwierigkeiten waren, je energischer suchte ich den vorhandenen Mängeln abzuhelfen.

Inzwischen hatte ich zeitweise Dreiradwagen (Modell II und III) mit Holzrädern gebaut (Modell II kam nicht in Betrieb), den Wagenmotor verstärkt und einen 3 PS eingebaut. Das horizontale Schwungrad war dem vertikalen gewichen, und weitere Verbesserungen ergaben sich mir als eifrigstem Beobachter jedes einzelnen Teiles von selbst. Nachdem ich auch noch eine weitere Uebersetzung angebracht, probierte ich mit diesem neuen Modell weitere Fahrten, und ich gelangte einerseits bis an die Grenzen des Odenwaldes und jenseits des Rheins bis an das Haardtgebirge (etwa 20 km). Ich war mit meinem Werk zufrieden, nur fehlte noch der Absatz, und das war schließlich, wenn auch nicht gerade für mich, so doch für meine Kompagnons, die Hauptsache; ich mußte mich daher umtun, Liebhaber für meine Erfindung zu gewinnen. Der erste Wagen allerdings wurde nicht verkauft; mit mancherlei Verbesserungen und Aenderungen versehen, befindet er sich jetzt im Deutschen Museum in München. Ich werde den Wagen kaum noch einmal sehen, dessen Konstruktion und Bau zwei Drittel meines Lebens in Anspruch genommen hat.

Daß der erste Motorwagen auch einen Dichter begeisterte, nur nebenbei. Hier möge die „Hymne" Platz finden, die der Berliner Schriftsteller Gustav Hochstetter, ein geborener Mannheimer, gelegentlich der ersten Berliner Motorwagenausstellung auf den ersten Wagen anstimmte:

Heil Dir, Du Ururgroßpapa
Von allen „Selbstfahrwagen",
Wie stehst Du so behäbig da,
Ein Gruß aus alten Tagen!

20   ALLGEMEINE AUTOMOBIL-ZEITUNG   Nr. 1

An Dir sieht jeder fort und fort
Sich voller Glanz bewähren
Das oft zitierte Bibelwort
Vom „Fruchtbarsein und Mehren".

Zehntausend Autos sausen heut'
Mit munterem Getute,
Dir, Alter, sei der Dank geweiht,
Der Dank für all dies Gute.

Und schickt des Autos Kraftpotenz
Heut selbst ein V i e r g e s p a n n heim,
Wir danken's Dir, dem ersten „B e n z",
Dem ersten „Benz" aus Mannheim.

So steh' denn, Alter, ausgestellt,
So lang' die Tage dauern,
Wahrzeichen für den Lauf der Welt
In diesen hohen Mauern.

Ist's aus, nimm unsre Reverenz
Und glücklich kehre dann heim!
Und grüß' uns D e i n e n V a t e r „Benz"
Und D e i n e W i e g e, M a n n h e i m!

Die erste Fernfahrt.

Glücklicherweise war meine Frau von Anbeginn an
eine eifrige Motorwagenfahrerin geworden, und wie ich,
war sie von der Zukunft der Erfindung überzeugt. Sie hat
an all meinen Mißhelligkeiten getreulich teilgenommen,
andererseits an dem voranschreitenden Werke, ebenso wie
ich, ihr Vergnügen gehabt. Sie war wagemutiger als ich
und hat einst eine für die Weiterentwicklung des Motorwagens entscheidende, sehr strapaziöse Fahrt unternommen;
doch sie mag selbst Ihnen diese erste Motorwagenreise
schildern.

Frau Benz erzählte: Meine beiden Söhne E u g e n und
R i c h a r d hatten seit Fertigstellung des ersten Wagens
und besonders, seitdem sie der Vater wechselweise einmal
hatte mitfahren lassen, leider fast für nichts mehr Sinn als
für das selbstbewegliche Fahrzeug und brachten zu meinem
Aerger oft die halbe Klasse mit, die den Wagen bestaunen
mußte. Im Innern freute ich mich aber doch mit dem Vater,
daß die beiden so viel technisches Interesse hatten und bald
alle einzelnen Teile genauestens kannten. Der Wagen war

3 PS Benz-„Comfortable".

ihnen wichtiger als die Schularbeit, und am liebsten wären
sie damit jeden Morgen zur Schule gefahren. Schon als
mein Mann die ersten Fahrversuche machte, glaubten sie
gute Ratschläge geben zu müssen, und da sie mit den Lehr-
lingen gut standen, so unterrichteten die letzteren sie von
jeder Aenderung und Neuerung. Sie lernten bald mit dem
Fahrzeug umzugehen, es zu steuern und in Ordnung zu
halten. Allein durften sie aber doch nicht fahren, obgleich
ich überzeugt war, daß sie den Mechanismus so gut kannten
wie der Vater selbst. Der litt es aber nicht. Ich habe
meines Mannes Kopfschmerzen immer redlich mitgefühlt,
und so traute auch ich mir ein Urteil über die beiden
Knaben zu. Der Wagen war ihr tägliches Morgen- und
Abendgebet.

Ein neuer Wagen, nach dem Modell III gebaut, war im
Juli des Jahres 1888 fertig geworden und per Bahn nach
München zur Ausstellung gewandert. In der Remise standen
Wagen I und das erste Modell III (ein Dreiradwagen). Die
Schulen wurden Anfang August geschlossen, und die beiden
Knaben, Eugen damals 15 und Richard 13 Jahre alt, quälten
mich mit allerhand Dummheiten und Langeweile. So
nötigten sie mir denn hinter des Vaters Rücken das Ver-
sprechen ab, daß ich sie mit dem Wagen, der unbenutzt
stand, nach Pforzheim begleiten solle. Eines Abends vertrauten sie mir an, daß der Wagen tadellos imstande sei
und die Reise losgehen könne. Ich besorgte das Haus und
tat, als wenn ich mit dem ersten Zuge am andern Morgen
fahren wolle. Mein Mann schlief noch, als die Reise los-
ging. Eugen saß am Steuer, ich neben ihm und Richard
auf dem kleinen Rücksitz. Auf dem schönen, ebenen Wege
ging die Fahrt nach Heidelberg, das wir in kaum einer
Stunde erreichten, und weiter ging's nach Süden. Aber
bei Wiesloch schon begannen die Tücken. Die Straßen
wurden bergig und der Wagen nahm die Steigung nicht, wir
mußten absteigen, und während Richard steuerte, mußten
Eugen und ich schieben. Bergab dagegen ging's in flottem
Tempo. Ich hatte immer Angst, daß die Bremse versagen
möchte. Es war eine einfache Holzbremse mit Lederüberzug
und Handdruck, wie man sie an den sonstigen Fuhrwerken
hatte. Sie hielt aber doch die ganze Reise durch, nur
waren wir gezwungen, wiederholt neue Lederauflagen bei
den Dorfschuhmachern zu kaufen und sie neu aufzunageln.
In Wiesloch wurde erstmals Benzin gekauft, das bis Bruchsal reichte; dort war neue Füllung nötig. Ein Telegramm
berichtete dem Vater, daß wir mit dem Wagen fortgefahren
wären und glücklich in Bruchsal angekommen seien. Der
hatte den Wagen noch nicht vermißt und geriet in nicht
geringen Schrecken, aber holen konnte er uns nicht wieder.
Bis Bruchsal war's ganz gut gegangen. Aber von da ab
verließen uns die Pannen nicht. Die Ketten längten sich
und sprangen aus den Zahnrädern, sie wurden beim Dorf-

Carl Benz am Steuer seines Benzwagens (Modell III) aus dem Jahre 1888.

Hans-Erhard Lessing

Nr. 1   ALLGEMEINE AUTOMOBIL-ZEITUNG   21

schmied unter dem Staunen der Bevölkerung gekürzt, der Benzinzufluß verstopfte sich, eine Hutnadel mußte Dienste leisten, und als die Zündung versagte, mußte mein — es sei ausgesprochen, mein — Strumpfband als Isoliermaterial dienen! So waren wir in der Hitze des Tages nach Wilferdingen gekommen. Dort kehrten wir ein und erkundigten uns nach dem Wege, während das ganze Dorf sich nach und nach um uns versammelte und wartete, bis wir wieder abfuhren. Weit kamen wir nicht, die Steigung der Schwarzwaldstraße war zu steil, wir mußten schieben, stundenlang schieben wie die Zigeuner. Es wurde dunkel und wir waren ohne Laterne. Aber was half's, vorwärts — und nach Ueberwindung der Bergeshöhe sausten wir zu Tal nach Pforzheim hinein. Meine Verwandten staunten nicht wenig, als wir, ich verstaubt und todmüde, die Jungens schwarz wie die Mohren, mit der Schülermütze auf dem Kopf, auf

zu schwach; das hatte sich erwiesen, und eine dritte Uebersetzung war die spätere Folge dieser ersten Fernfahrt.

Dieselbe Strecke war übrigens 15 Jahre später die Route der so bekannt gewordenen Motorwagenrennen des Rheinischen Automobil-Clubs in Mannheim.

Die Münchener Ausstellung.

Im Jahre 1888 war in München die große Gewerbe- und Industrieausstellung. Ich hatte ursprünglich nicht die Absicht, meinen Wagen dort auszustellen, mußte aber dem Drängen meiner Freunde und meines Kompagnons nachgeben, und so schickten wir einen Wagen dorthin und erhielten die Erlaubnis, die Straßen Münchens während vier Stunden des Tages zu befahren, d. h. die Erlaubnis, mit gefährlichen Wagen zu fahren, erhielten wir nicht; der betreffende Polizeihauptmann bedeutete mir nur persönlich,

Ein Benz-„Comfortable".

Carl Benz und Frau auf dem verbesserten Benz-„Victoria" an der Schiffsbrücke bei Worms am Rhein.

Ein Benz-„Comfortable", am Steuer der bekannte Herrenfahrer Fritz Held.

dem Wagen ankamen. Aber ein unbändiger Stolz hatte mich ergriffen, und sofort wurde telegraphisch die glückliche Ankunft nach Mannheim gemeldet. Es gab einen Auflauf in Pforzheim, und vor Verwunderung konnten sich die Pforzheimer nicht genug tun. Wir blieben einige Tage. Die Jungens reparierten. Inzwischen war aber ein Telegramm gekommen, daß wir umgehend als Expreß die gut eingefahrenen Ketten zurückschicken müßten, da der Wagen in München sonst nicht laufen könne. Das war ein großer Schmerz, und wir glaubten schon, mit der Bahn zurückfahren zu müssen, aber der Vater war selbst stolz auf die Hinfahrt und uns geworden und schickte Ersatz. So konnten wir denn nach einigen Tagen und in aller Frühe die Rückfahrt beginnen. Die steile Straße hinauf nach Bauschlott mußten wir wieder schieben, und zu allem Unglück war an dem Tage Viehmarkt. Die Kühe und Ochsen, die Pferde und fast auch die Menschen wurden scheu, ich habe in meinem Leben nie wieder so gräßlich fluchen hören, wie an dem Morgen. Oft mußten wir noch ab- und aufsteigen und die Ketten machten manche schwere Stunde, aber wir kamen glücklich nach Hause, stolz, mit dem kleinen 3 PS Motor die schwierigen 180 km bewältigt zu haben. Es war eine Prüfung für den Wagen gewesen, für die mir mein Mann später dankbar war, aber er sagt noch heute, er hätte das niemals erlaubt. Der Motor war für Fernfahrten

er wolle in den betreffenden vier Stunden nichts von den Fahrten wissen, er möge keine Verantwortung übernehmen. Aber das genügte ja. Die „Leipziger Illustrierte Zeitung" hat die erste Abbildung meines Motorwagens mit einigem Text gebracht; es war das erste Bild eines Motorwagens überhaupt, das in die Oeffentlichkeit gelangte. Trotz dieser vorzüglichen Reklame und der Goldenen Medaille, und obgleich man allgemein von meinem Wagen nach den Fahrten in der Ausstellung eingehend Kenntnis nahm, den das Volk nahezu für ein Wunder betrachtete, fand sich in ganz Deutschland kein Käufer. Als ein böses Omen erschien mir, daß der erste deutsche Käufer noch vor der Ablieferung des Wagens in das Irrenhaus gebracht werden mußte, und als diese Tatsache bekannt wurde, ließ man es an spöttischen Bemerkungen in den Kreisen meiner Mitbürger natürlich nicht fehlen! Allen Käufern meines Wagens verhieß man ein gleiches Schicksal!

Der erste Verkauf.

Die Versuche mit dem ersten Wagen hatte ich, wie schon erwähnt, nach erfolgter Patenterteilung weiter fortgesetzt, beschäftigte mich aber gleich mit dem Bau eines zweiten Wagens, der Holzräder erhielt und der besser lief wie der erste. Man war zwar durch die Münchener Ausstellung auf meine Erfindung aufmerksam geworden, aber ein Käufer fand sich lange nicht. 1887 war auf Veranlassung

Carl Benz' letztes und Bertha Benz' erstes Interview

meines Kompagnons Ganß ein Wagen in Paris ausgestellt worden. Er stand unter den Droschken im Verborgenen und niemand beachtete ihn. Hätte ich ihn doch, wie in München, laufen lassen! Das riskierte ich aber damals noch nicht, zumal in dem Pariser Menschengewühl. Die Ausstellung verlief ohne Erfolg.

Da erschien eines Tages in unserer Fabrik, die in die Waldhofstraße verlegt war, ein Abnehmer unserer stabilen Motoren aus Paris. Er habe von dem Bau unserer Motorwagen gehört und komme, um einen solchen Wagen zu kaufen. Niemand war erstaunter, niemand erfreuter als ich, und meine Kompagnons rieben sich die Hände, daß endlich einer der Wagen einen Liebhaber fand. Sie hatten schon jede Hoffnung aufgegeben. Nach einer Probefahrt und nachdem ich dem Käufer, einem Monsieur Roger, die nötigen Handgriffe bei der Steuerung und Bedienung des Wagens beigebracht, ließ er den Wagen verladen, bezahlte und dampfte mit seinem Kauf ab. Es war wohl weniger Sportinteresse, wenn ich davon in damaliger Zeit überhaupt sprechen darf, als kaufmännische Spekulation des Monsieur Roger, der die Vorliebe seiner Landsleute für selbstbewegliche Fahrzeuge kannte und sich vielleicht aus einer Nachahmung großen Vorteil versprach. Dampfwagen liefen in Frankreich schon, und der bequemere Betrieb mit Benzin leuchtete ihm ein. Roger verkaufte den Wagen an Panhard & Levassor, Paris, die sich an die Konstruktion eigener Wagen machten, aber ehe diese Firma liefern konnte, ging bei uns durch Roger eine ganze Reihe von Bestellungen auf Wagen ein, und da wir daran einen guten Verdienst hatten, so war uns um den weiteren Absatz nicht bange. Ich war nach der Ausstellung 1888 wieder in Paris gewesen und hatte bei Panhard den Wagen gesehen. Ich traf einen deutsch sprechenden Elsässer in der Firma, mit dem ich einige Fahrten auf dem Wagen unternahm und der leicht die Bedienung erlernte. Dessen spätere Fahrten in Paris haben eine große Propaganda für unser Fahrzeug gemacht. Rosé schied bald darauf aus der Firma aus. Ich konnte nach Rücksprache mit meinen anderen Kompagnons neben dem Motorenbau die Fabrikation der Motorwagen in größerem Umfange aufnehmen und bald 50 Leute auf Wagen allein arbeiten lassen. Wir haben recht gute Geschäfte gemacht, weil uns Frankreich sofort alle Wagen abnahm, ja wir konnten trotz des für damals ziemlich hohen Preises der Nachfrage nicht gerecht werden. Es stellten sich Käufer aus England und Amerika ein, Deutschland hielt sich aber zurück.

Verbesserungen und neue Käufer.

Die Fortschritte im Wagenbau waren inzwischen große gewesen. Ich war beim Dreiradwagen nicht stehen geblieben, sondern hatte den Vierräder-Wagen in Angriff genommen, der allerdings ziemlich hohe Räder erhielt, aber mit „allen Neuerungen" der damaligen Zeit ausgestattet war. Er wurde „Victoria" genannt. Die Gummis und Ketten waren besser geworden, ich hatte auch die Steuerung und die Konstruktion der Umschaltung der Geschwindigkeit verbessert. Es hat sich in dem Wagen, den ich „Victoria" nannte, ganz leidlich fahren lassen. Ein großer Verehrer dieses Wagens wurde Baron von Liebieg aus Reichenberg in Böhmen, der es wie wenige verstand, den Wagen zu behandeln, und da er darauf größere Reisen unternahm, so machte er gleichzeitig für meine Erfindung recht gute Propaganda. Ich bin ihm heute noch zu Dank verbunden. Eine Lehrerin aus Ungarn kam u. a. besonders nach Mannheim gefahren und kaufte einen Wagen alten Modells! Mein Sohn Eugen hat ihn dann von Wien ins Ungarland nach Sommerein bei Preßburg gebracht. Gehört habe ich von diesem Wagen nichts mehr.

Ein Victoriawagen steht noch heute in der Fabrik meiner Söhne, und bis vor wenigen Jahren habe ich noch

gern mit ihm Fahrten unternommen, da die Vollreifen mich vor den üblichen Reifendefekten schützten und durch den hohen Sitz der Straßenstaub abgehalten wurde. Der Wagen hat keinen Rückwärtsgang, und so mußten nach Inkrafttreten des neuen Automobilgesetzes weitere Ausfahrten mit dem Wagen leider unterbleiben. Ich setze mich auch jetzt lieber in einen von meinen Söhnen geführten neueren Wagen, der für mich, da ich bald 70 Jahre alt bin, mancherlei Bequemlichkeiten, die der frühere Wagen nicht aufwies, hat.

Die Weiterentwicklung des Automobils.

Ueber die Weiterentwicklung der von mir gegründeten Fabrik und die Verbreitung der Automobile brauche ich Ihnen wohl weiter nichts zu erzählen, die Sache ist bekannt und ich füge nur noch hinzu, daß von mir nach dem „Victoria" ein kleiner Wagen, „Comfortable" genannt, gebaut wurde. Er erhielt einen 3½ PS Motor und wurde zu einem billigen Preise abgegeben. Die Nachfrage war eine ziemlich große und wir konnten damit in sehr weiten Kreisen, auch im Vaterlande selbst, Eingang finden. Es bildeten sich überall automobilistische Vereinigungen, und auch in Mannheim wurde der Rheinische Automobil-Club unter Führung meines Sohnes Eugen gegründet, der dann späterhin durch die Veranstaltung von Rennen viel zur Popularisierung des Automobils beigetragen hat. Meine beiden Söhne waren mir jahrelang treue Helfer und sie haben mir jederzeit mit ihren Erfahrungen, die sie auf den Rennen und sonstigen automobilistischen Veranstaltungen machten, beigestanden. Nach und nach wünschte man stärkere Motoren, um größere Schnelligkeiten mit dem Wagen erzielen zu können, und wir stiegen bis zu 12 PS. Damals glaubte man allerdings nicht, daß sich diese kräftigen Fahrzeuge allgemein einbürgern würden. Wie sehr wir uns geirrt haben, lehrten die späteren Jahre. Der liegende Motor wurde in einen stehenden umgewandelt, allerhand Verbesserungen wurden angebracht, und besonders waren es die Pneumatiks, die dem Automobilismus zum Fortschritt verhalfen. Eine ganze Reihe neuer Fabriken sind entstanden, und jetzt haben Hunderttausende von Arbeitern Brot durch die Fabrikation der Automobile und ihres Zubehörs. Ich darf es ohne Selbstüberhebung aussprechen, daß ich den ersten Motorwagen gebaut habe und auf ihm gefahren bin. Den Ruhm der ersten Fernfahrt muß ich bekanntlich aber an meine Frau abtreten. Jetzt habe ich mich vom geschäftlichen Betriebe zurückgezogen, um den Rest meiner Lebensjahre in Ruhe zu verbringen. Damit habe ich nun ein kurzes Bild meiner Lebensjahre gegeben.

Ein Gegner des Schnellfahrens bin ich immer noch, das Rasen auf den Straßen hat gar keinen Zweck und schafft dem Motorwagen nur Feinde. Eine Geschwindigkeit von 50 km sollte die höchste sein, die überhaupt gefahren werden sollte. Mehr ist immer vom Uebel, bis nicht eigene Automobilstraßen vorhanden sind.

Ich möchte hier noch erwähnen, daß wir auch einmal, es war anfangs der neunziger Jahre, mit dem Bau von Motorbooten begonnen haben, da unsere Fabrik aber nicht am Wasser lag und wir uns nicht zu sehr zersplittern wollten, haben wir dieses Fabrikationsgebiet bald wieder verlassen.

Ein aus damaliger Zeit noch vorhandenes Bild zeigt eines unserer Boote im Mannheimer Hafen. Ich sitze am Steuer, im Vorderteil hat Herr Rosé Platz genommen.

Daimlers Erfindung.

Ob ich während der ersten Jahre meines Wagenbaues von der Ausführung eines Wagens durch Daimler in Cannstatt Kenntnis erhalten? Diese Frage muß ich verneinen. Etwa ein Jahr, nachdem mein zweiter Wagen fertiggestellt war, also wohl im Jahre 1887, kam eines Tages ein Reisender zu mir in die Fabrik, und als er meines Wagens an-

Hans-Erhard Lessing

5 PS Benzwagen, Modell „Dos-à-Dos".

sichtig wurde, erzählte er, daß auch in Cannstatt ein gewisser Daimler einen Wagen erfunden habe, der durch einen Motor getrieben werde. Er habe den Wagen sogar am Neckar stehen sehen, auf dem auch ein mit Motor betriebenes Schiff gelaufen sei. Infolge dieser Mitteilung bekam ich natürlich trotzdem das allergrößte Interesse für meinen „Konkurrenz"erfinder, und ich fand dann in der Patentzeitung ein Patent Daimlers, das er auf ein Motorzweirad genommen und das in dem Jahre 1885 oder 1886 angekündigt war. Die Patenteintragung konnte mich aber nicht weiter erregen, da ich ein durch Motor angetriebenes Zweirad für ein unmögliches Fahrzeug ansah. Ich hatte ja schon mit meinem Fahrrade keine guten Erfahrungen gemacht, wenn ich auch damals s e l b s t Motor war. Man mag sich wundern, daß ich so spät von den Daimler - Wagen Kenntnis erhalten. Die Presse hat sich in den achtziger Jahren eben noch nicht mit dem Motorwagen befaßt, und der Verkehr zwischen den einzelnen Städten war kein so ausgedehnter wie heutzutage. Mit Cannstatt hatte ich keine Beziehungen, und ich bin überzeugt, daß auch Daimler von meiner Erfindung erst etwas erfahren hat, als er die Patente las. Leider habe ich Daimler niemals gesprochen; ich habe ihn einmal von weitem in Berlin gesehen, und ehe ich zu Daimler gelangen konnte, den ich gern persönlich kennen gelernt, war er weggegangen. Daimler starb bekanntlich bedauerlicherweise sehr früh, schon Anfang 1900.

So schloß Carl Benz seine Ausführungen, die, wenn auch zum Teil bekannt, neues Interesse erwecken werden. Carl Benz ist einer der wenigen Erfinder, die, nicht allein die Fortschritte ihrer Erfindung erleben; er konnte die höchste Entwicklung seiner Erfindung noch mit durchmachen, der rüstige, fast jugendlich zu nennende Mann wird sich hoffentlich noch lange Jahre seiner Erfindung erfreuen.

Am 25. November 1912 feierte Carl Benz seinen 68. Geburtstag, und dieses frohe Ereignis war der Grund meines Besuches und der Veröffentlichung dieses Artikels. Möge es dem verdienten Manne noch recht lange vergönnt sein, im Kreise seiner Familie frohe Tage zu verleben. Die gesamte Industrie hat Grund, sich immer wieder seiner Erfindung zu erinnern, da jetzt wohl kaum eine größere Firma existiert, die nicht einen Motorwagen ihr eigen nennt, und wenn wir

noch auf das Fortschreiten der Luftschiffahrt verweisen, so geschieht es, um dadurch festzustellen, daß ohne die Erfindung von Carl Benz — Daimlers Verdienste sollen durchaus nicht geschmälert werden — wohl kaum die Erfolge auch dieses Beförderungsmittels so große gewesen wären. Ohne die Erfindung des Motorwagens dürfte der Motorenbau sich kaum in dieser rapiden Weise entwickelt und die Luftschiffahrt ihre Erfolge erzielt haben. Die Erfindung von Carl Benz ist nicht allein unserem Vaterlande von großem Nutzen gewesen, sie bedeutet einen K u l t u r f o r t - s c h r i t t d e r M e n s c h h e i t. In einem Carl Benz geweihten, vor anderthalb Jahrzehnten oft gesungenen Liede verherrlicht D r. L. S e e l i g, Mannheim, den Benzschen Motorwagen. Dort heißt es:

M o t o r w a g e n l i e d.

Schön'res nicht in unsern Tagen
Weiß zu singen ich und sagen,
Als ein Heil dem Motorwagen,
Seiner nimmermüden Kraft!
Durch die Auen, über Berge
    Jaget ihn die eigne Stärke
    Sturmesgleich, und Wunderwerke
    Ohne Zahl er herrlich schafft.

    Ihm laßt Dank und Preis
      uns weihen!
    Fremde Kraft er mag nicht
      leihen!
    Köstlich weiß er zu befreien
    Uns von Sorg' und Gram den
      Sinn!
    Rascher wie die Winde
      ziehen,
    Schneller als die Wolken
      fliehen,
    Wie in Sturmesmelodien
    Saust er durch die Welt dahin.

    Heil und Preis Dir, Motorwagen!
Wie in schönen, alten Tagen
Hast Du uns zurückgetragen
Zur Natur, zum höchsten Glück!
Wie einst wandernde Scholaren
Glücklicher als alle waren,
Wir durch Stadt und Länder fahren,
Blüht uns fröhliches Geschick!

Benz-Phaeton (1900).

5 PS Benzwagen, Modell „Dux" (1900).

Carl Benz' letztes und Bertha Benz' erstes Interview

24   ALLGEMEINE AUTOMOBIL-ZEITUNG   Nr. 1

Lacht der Lenz im neuen Blühen,
Ob des Sommers Rosen glühen,
Draußen winket unsre Bahn.
Was in einsam heiligen Stunden
Kühner Menschengeist erfunden,
Läßt uns fröhlich nun gesunden,
Führt zu reinstem Glück hinan!

Laßt uns durch die Weiten fliegen,
Wahn und Kleinlichkeit bekriegen,
Ueber Raum und Zeit wir siegen,
Mut und Stolz ist unser Teil.
Freiheit vom gewohnten Zwange,
Frei vom Bann im Schienenstrange,
Selbstbewegt im Sturmesgange,
Motorwagen, Dir Allheil!

Herr Carl Benz ist E h r e n m i t g l i e d des Vereins
Deutscher Motorfahrzeug-Industrieller, des Rheinischen
Automobil-Clubs und Mitteleuropäischen Motorwagen-Ver-
eins. Vor einigen Jahren wurde er durch Verleihung der
2. Klasse des Ordens vom Zähringer Löwen durch den Großherzog von Baden geehrt.

Freundlichkeit und bescheidene Zurückhaltung sind
über das ganze Wesen von Carl Benz gebreitet, schlichte
Einfachheit und das golden-fröhliche Leuchten seiner hellen
Augen lassen ihm aller Herzen schon nach wenigen Worten
zufliegen. Er ist einer der Großen der Geschichte, die durch
eigene Kraft emporstrebten und durch Energie und nie ver-
sagende Ausdauer das hohe Ziel, die Vollendung einer neu-
zeitlichen Idee, verwirklichten.   *P. Teickner-Mannheim.*

Zur Oesterreichischen Alpenfahrt 1913.

Nach eingehenden Beratungen, die vom K. K. Oesterreichi-
schen Automobil-Club mit den Interessenten der Automobilfabri-
kanten- und -Händlerschaft wegen der der Alpenfahrt 1913 zugrunde liegenden Bestimmungen gepflogen wurden, veröffentlichte
der Club, wie schon in Nr. 52, 1912 kurz mitgeteilt, einen Entwurf
der Ausschreibung der Ausschreibung zur Alpenfahrt 1913, wie auch einen Entwurf der Durchführungsbestimmungen zur selben Konkurrenz.
Wir entnehmen den beiden Entwürfen einige der haupsächlich-
sten Bostimmungen: Der E n t w u r f z u r A u s s c h r e i b u n g
sagt eingangs, daß der K. K. Oesterreichische Automobil-Club im
J u n i 1913 eine internationale Konkurrenz für Tourenautomobile
in 7 Non-stop-Etappen mit einem Rasttag über insgesamt
ca. 2500 km veranstaltet. Die Karosserie der teilnehmenden Fahrzeuge muß eine vollständige, offene, viersitzige Tourenkarosserie
mit Verdeck sein.

Vor dem Start in Wien, der, wie im vergangenen Jahre,
beim Beginn der Laxenburger Allee, X. Bezirk, ab 5 Uhr früh
stattfindet, werden an den Konkurrenzwagen folgende Plomben
angelegt: 1. Motorhaube, 2. Kühlereinfüllöffnung, 3. Fußbretter
und 4. Unteres Schutzblech.

Da jede der Tagesetappen als Non-stop-Fahrt zurückgelegt
wird, so wird jeder Aufenthalt, bei welchem der Motor nicht
weiterläuft, als unfreiwilliger angesehen und mit Strafpunkten belegt. Als unfreiwillige Aufenthalte werden auch alle Fahrtunter-
brechungen gewertet, bei denen Hantierungen oder Reparaturen
am Wagen vorgenommen werden. (Reifenschäden bei laufendem
Motor ausgenommen.) Freiwillige Aufenthalte bei nicht abge-
stelltem Motor und vorhergehender Verständigung zwischen Kon-
trolleur und Konkurrenten sind bis zur Gesamtdauer von 30 Mi-
nuten während jedes Fahrtages gestattet.

Die Wertung wird auch bei der Alpenfahrt 1913 eine Punkt-
wertung sein. Wie bei der Alpenfahrt 1912 werden drei Kategorien von Strafpunkten zur Wertung herangezogen, und zwar
derart, daß bei gleicher Anzahl von Strafpunkten I. Kategorie
jene der II. Kategorie und bei evtl. gleicher Anzahl von Straf-

punkten dieser beiden ersten Kategorien jene der III. Kategorie
den Ausschlag geben. Als Nennungsanfang gilt der Tag, an dem
der K. K. Oe. A. C. die definitive Ausschreibung zur Alpenfahrt
veröffentlicht. N e n n u n g s s c h l u ß am 1. M a i 1913. An
Nennungsgebühren wurden festgestzt: Für Wagen bis 2 l Zylinderinhalt 200 Kr.; für Wagen von 2 bis 4 l Zylinderinhalt 300 Kr.;
für Wagen über 4 l Zylinderinhalt 400 Kr.

Artikel XV des Entwurfs befaßt sich mit der Placierung
und Preiszuerkennung; für erstere ist die geringste Anzahl von
Strafpunkten I. Kategorie maßgebend, für die Preiszuerkennung
entscheidet in letzter Linie das Los.

Für die Alpenfahrt kommen außer dem Großen Alpen-
Wanderpreis des K. K. Oe. A. C. im Werte von 10 000 Kr. noch
zahlreiche Preisspenden, wie der Teampreis u. a. m., die späterhin veröffentlicht werden, in Frage. Hier sei auch erwähnt, daß
von einer Fabrik nicht mehr als zwei Teams zur Fahrt genannt
werden dürfen.

Der E n t w u r f d e r D u r c h f ü h r u n g s b e s t i m m u n g e n
befaßt sich in der Hauptsache mit der Quartierung, Abnahme der
Wagen, Startbestimmungen, Bestimmungen zur Prüfung im Bergfahren usw.

Bezüglich der Abnahme der Wagen ist zu erwähnen, daß
dieselbe wie 1912 auf dem alten Heumarkt in Wien stattfindet.

Ueberspringen wir einige Artikel, die von den Mauten,
Parkplätzen, den verschiedenen Abzeichen der Funktionäre und
Fahrer handeln, so gelangen wir zu Artikel XI, der von der
Prüfung im Bergfahren handelt. Er besagt, daß in den definitiven
Propositionen jene Strecken genau bekanntgegeben werden, die
während der Fahrt von den Wagen sowohl bei der Berg- als
auch Talfahrt in glatter Fahrt, d. h. ohne stehen zu bleiben, zu
nehmen sind. Die Bergstrecken sowohl, als auch jene Gefälle
werden durch Start- und Zielband, sowie durch Paßhöhenmar-
kierung gekennzeichnet sein. Bezüglich der Startzeit in den
einzelnen Etappenstationen sei es bei dem Einminutenstart geblieben, über den schon im Vorjahr die Meinungen sehr ausein-
andergingen.

Die Wiedergabe der übrigen Punkte der beiden Entwürfe
behalten wir uns bis zur Veröffentlichung der definitiven Fassung
der Propositionen zur Alpenfahrt 1913 vor.

Pariser Konferenz. Am 17. Dezember v. J. fand, wie bereits
in Nr. 52, 1912, der „A. A. Z." gemeldet,
die alljährliche Sitzung der international
anerkannten Automobil-Clubs statt, auf
welcher bedeutsame Beschlüsse gefaßt
wurden. Einmal war es der 500 000 Francs-Preis, welcher zu einer
Ausschreibung zwecks Erlangung eines neuen Betriebsstoffs und zur
Konstruktion eines entsprechenden Vergasers für Automobil-
motoren führen soll, um den unerträglich hohen Benzinpreisen ent-
gegenzutreten. Bemerkt sei, daß dieser Beschluß auf eine Anregung des Generalsekretärs F a s b e n d e r vom K. K. Oe. A. C.
zurückzuführen ist. Auch der zweite Antrag bezüglich der far-
bigen Markierung der Landstraßen stammt vom K. K. Oe. A. C.,
der eine ähnliche Markierung schon in Böhmen erfolgreich durchgeführt hat. Gegenüber dem französischen Antrag, die Haupt-
Landstraßen zu n u m e r i e r e n, d. h. jede Hauptstraße mit einer
Z a h l zu bezeichnen, wurde der österreichische Vorschlag der
f a r b i g e n Markierung angenommen, weil letztere zweckmäßiger
und einfacher ist. Es soll demnächst durch die Automobil-Clubs
an die einzelnen Regierungen zwecks entsprechender Straßen-
markierung herangetreten werden. Der dritte Hauptpunkt der
Tagesordnung betraf den Grenzverkehr. Während der Automobilist, der jetzt mehrere Länder bereist, ebensoviel Triptyques
haben muß, wie er Länder bereist, wird künftig hier eine große
Erleichterung Platz greifen, indem ein derartiger Reisender nur
ein e i n z i g e s in französischer Sprache gehaltenes Heft (Carnet)
ausgehändigt bekommt, mit dem er nicht weniger wie zehn verschiedene Grenzen überschreiten kann, ohne irgendwie die zeit-
raubende und lästige Bescheinigung des Ein- und Austritts seiner
Reise vornehmen lassen zu brauchen. Auch die Clubs, welche
bisher durch fehlende oder mangelhaft ausgestellte derartige Be-
scheinigungen bekanntlich in sehr viele Ungelegenheiten gekommen sind, werden diese Neuerung mit großer Genugtuung be-
grüßen. Daneben wird für ständig an der Grenze wohnende
Automobilisten das bisherige Triptyque für den Verkehr mit einem
bestimmten Lande seine Gültigkeit behalten.

Ulrich Nieß

Tatort Mannheim: Eine Innovation verändert die Welt*

I. Automobile Anfänge und ihre Gegenwartsbezüge

Die Idee eines Bertha-und-Carl-Benz-Preises (Abb. 1 und 2) der Stadt Mannheim scheint mir eine kluge Würdigung zu sein, die das Wissen um die Vergangenheit mit den Herausforderungen der Zukunft verbinden will. Denn ein solcher Preis, so die Hoffnung, kann ein Signal setzen, um dem Ziel einer „umweltgerechteren, sozialeren oder einfacheren Mobilität", so der Stiftungszweck, ein Stück näher zu kommen. Liegt doch der weltweite KFZ-Bestand heute bei rund einer Milliarde Fahrzeugen – mit allen Folgen für Ökonomie wie Ökologie. So sehr die Erfindung des Automobils in Mannheim uns stolz machen darf, so sollten wir die Kehrseiten der weltweiten individuellen Mobilität auch an einem Jubiläumstag wie diesem nicht ganz ausblenden: Fossile Energievorräte sind nun einmal limitiert und müssen auch für nachfolgende Generationen bewahrt bleiben. Auch wird geschätzt, dass annähernd 25 Millionen Menschen im 20. Jahrhundert tödlich im Straßenverkehr verunglückten; jährlich sterben laut WHO 1,2 Millionen Menschen an den Folgen von Verkehrsunfällen. Das ist die eine Seite; Tribut für das hohe Maß an individueller Mobilität, die aus unserem Alltag schlichtweg nicht mehr wegzudenken ist – so wie die Tatsache, dass wir selbst ja meist ein mehr oder weniger emotionales Verhältnis zum Auto haben. Nahezu jeder erinnert sich an seine ersten Fahrstunden, sein erstes Auto, die erste Karambolage, vielleicht auch an den ersten Kuss im geschützten Vehikel oder an die Spielzeugautos in früher Kindheit.

Doch davon wollen wir heute nicht sprechen, auch wenn das in den Rahmen identitätsstiftender Kollektivprozesse wunderbar passen würde. Mit seinem Bezug auf den Begriff Mobilität signalisiert der Bertha-und-Carl-Benz-Preis vielmehr, dass wir jene berühmte Patenturkunde vom 29. Januar 1886 in einen größeren Rahmen stellen müssen: Das Patent war und ist ein Meilenstein auf dem Weg zur individuellen Mobilität, und es stellt fraglos den Geburtsschein des Automobils in der heute gängigen Form dar. Aber nähern wir uns zur Einstimmung mit einigen vermeintlichen beziehungsweise verbürgten Zitaten der Frühzeit

Abb. 1 und 2
Carl und Bertha Benz
G. Kogan
Um 1890
Öl auf Leinwand
Automuseum
Dr. Carl Benz, Ladenburg

Tatort Mannheim: Eine Innovation verändert die Welt

der automobilen Benzinkutschen, ohne dabei den Fokus allein auf Mannheim zu legen. Kaiser Wilhelm II. wird folgendes Zitat nachgesagt: „Ich glaube an das Pferd. Das Automobil ist eine vorübergehende Erscheinung." Demgegenüber sollen die Pferdekutscher im Mannheimer Hafen Carl Benz schroff angegangen haben, der ihnen die Vorteile seines zum Kleinlastwagen umgebauten Viktoria-Modells etwa für den Transport von Hafer zeigen wollte. Fast handgreiflich vertrieben sie den Autopionier mit den Worten: „Was glabscht donn, wenn mir die Geil nimmer brauche, brauche mer aach ken Hafer mer. Un mir sin all arbeitslos. Mach dich jo fott mit deim Stinkkarre."

Ein schönes Bild bietet sich uns da: Hier der in Zukunftsprognosen wieder einmal völlig daneben liegende deutsche Kaiser, dort die urwüchsigen Mannheimer Fuhrhändler, die weit klarer die kommende Entwicklung ahnten und mit Technikverweigerung ihre Partikularinteressen zu wahren suchten – Lobbyismus würden wir das heute nennen. Von beiden Zitaten ist nicht zweifelsfrei die Authentizität verbürgt, aber wenn sie so ausgesprochen worden sind, tun wir gut daran, uns nicht über die damalige Zeit zu erheben, denn auch für die offizielle Geschichtschronik schreibt Sigmund Schott im dritten Band des Werks „Mannheim in Vergangenheit und Gegenwart" im Jahr des dreihundertjährigen Stadtjubiläums 1907 nicht gerade Sensationelles. Ich darf zitieren: „1883 [sic!] baute Benz hier das erste Automobil [...] Das Automobil ist als Beförderungsmittel für Personen noch immer ein Luxusgegenstand, dem man hier nur dank der Ansässigkeit eines der größten Etablissements dieses Fabrikationszweiges verhältnismäßig oft begegnet; auch als Warentransportmittel beginnt es übrigens zum geringen Nutzen des Nervensystems im Straßenverkehr eine Rolle zu spielen. Nur ein Instrument des Personenverkehrs, und zwar das älteste, die Droschke, hat im Wandel der Zeiten Wesen und Erscheinung ziemlich unverändert behauptet."

Abb. 3
Camille Jenatzy mit der
La Jamais Contente bei
der Siegesparade am
1. Mai 1899
StadtA MA – ISG

Ulrich Nieß

Da sind sie also wieder: die Pferde und die wilhelminischen Kutschen! Aber die Stadtchronisten hatten nicht Unrecht: Das Auto war für die gut betuchte Oberklasse und spielte beim Warentransport noch keine wirkliche Rolle. 1907 waren in Deutschland ganze 16.000 Autos zugelassen – 2010 sind es laut Statistischem Bundesamt 41,737 Millionen –, während in Frankreich 1907 immerhin bereits 40.000 und in den USA gar 143.000 Autos über die Straßen fuhren. 1907, 21 Jahre nach der Benz'schen Patentschrift, war noch keineswegs entschieden, ob dem Benzinauto oder alternativen Verkehrsantrieben die Zukunft gehörte. Denn Dampf- wie Elektromobile stellten konkurrierende und am Markt etablierte Alternativen dar. Um 1900 wurden in den USA vierzig Prozent der Fahrzeuge mit Dampf und 38 Prozent elektrisch betrieben – zusammen also fast achtzig Prozent! Und noch 1912 wurden in Amerika 33.842 Elektromobile ausgeliefert.

Die 100 km/h-Marke durchbrach zudem erstmals ein Elektrowagen: La Jamais Contente (Die nie Zufriedene, Abb. 3) brauste am 25. April 1899 nahe Paris mit 105,882 km/h über die Straße. Es war das letzte Mal, dass ein Elektromobil sich den Stundenrekord sicherte.

Ein Nachteil des Elektroantriebs war und ist heute noch seine mangelnde Reichweite: Entweder musste infolge der geringen Speicherkapazität der schwere Wagen mit den sehr empfindlichen Akkumulatoren in komplexen Ladestationen aufgeladen werden, was überwacht werden musste und sich nur für ganze Flotten wie etwa für die Taxis rechnete (Abb. 4). Oder man bezog seinen Strom aus elektrischen Oberleitungen, die eigens hierfür hätten gebaut werden müssen und die die Individualität des Fahrens ein Stück weit konterkarierten (Abb. 5). Dann war es allemal bequemer und weit billiger, gleich die elektrische Straßenbahn zu nutzen.

Wir wissen heute noch nicht, ob und wann das E-Mobil als emissionsfreies Gefährt unsere automobile Lebenswelt bestimmen wird. Der Weg dorthin ist möglich; mit der Lösung technischer Fragen müsste aber, wie im Falle der Benzinautos, auch eine emotionale Bindung einhergehen. Und vielleicht kann dazu auch der Bertha- und Carl-Benz-Preis beitragen. Immerhin: Ganz verschwunden war der Elektroantrieb nie – bekanntestes Beispiel ist das Mondgefährt von 1971.

Keine Renaissance dagegen dürfte heute beim Dampfwagen (Abb. 6 und 7) zu erwarten sein: Dabei handelt es sich um die mit Abstand älteste mobile Antriebsart, deren erstes nachweisliches Gefährt schon 1769 lief. Carl Benz selbst hatte als Student in Karlsruhe Gelegenheit, mit einem im Jahre 1775 entwickelten Modell Fahrversuche zu unternehmen.

So klobig diese Fahrzeuge ursprünglich auch aussahen, Ende des 19. Jahrhunderts waren daraus schlanke, aber vergleichsweise sehr teure und nur allmählich auf Betriebstemperatur zu bringende Wagen erwachsen. Aber einmal richtig unter

Abb. 4
Taxiflotten an der Ladestation: Krieger-Wagen um 1900
Aus K. Möser: Geschichte des Autos, Frankfurt / New York 2002, S. 65

Abb. 5
Elektrisches Mobil mit Oberleitungsbetrieb 1906
Aus K. Möser: Geschichte des Autos, Frankfurt / New York 2002, S. 59

Tatort Mannheim: Eine Innovation verändert die Welt

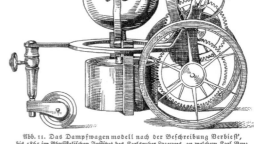

Abb. 11. Das Dampfwagen modell nach der Beschreibung Verbiest,
bis 1865 im Physikalischen Institut des Karlsruher Lyzeums, an welchem Karl Benz
seine ersten Überlegungen in bezug auf „Wagen ohne Pferde" anstellte.
Strichzeichnung nach einer alten nicht mehr reproduktionsfähigen Fotografie

Abb. 6 (links)
Der Dampfwagen von
Nicholas Cugnot von
1769, der damit das erste
mit eigenem Antrieb
fahrende Fahrzeug der
Welt schuf.
StadtA MA – ISG

Abb. 7 (rechts)
Zeichnung des Dampf-
wagenmodells von 1775
aus dem physikalischen
Institut des Karlsruher
Lyzeums, mit dem Carl
Benz Fahrversuche unter-
nahm.
StadtA MA – ISG

Dampf, war man mit diesem Gefährt schnell unterwegs. Legendär war hier die bis 1927 produzieren-
de Firma Stanley Steamer. Der von Fred Marriot in
Daytona Beach 1906 gesteuerte Steamer „Beetle"
erreichte 195,652 km/h – übrigens ein Rekord, der
im Bereich Dampfwagen bis 2009 hielt.

Die 200 km/h-Marke aber knackte der legendäre
Blitzen-Benz (Abb. 8), Benz No. 1, den Victor Hémé-
ry 1909 in Brooklands steuerte – eine Geschwindigkeit, die von diesem Fahrzeug mit 200 PS und
21,5 Liter Hubraum nochmals 1911 auf 228,1 km/h
gesteigert wurde. Ab 1910 und vor allem ab dem
Ersten Weltkrieg neigte sich die Waage endgültig
in Richtung benzinbetriebenes Automobil, womit
jene in Mannheim einst von Carl Benz ersonnene

Konstruktion als weltweite Innovation und unsere
Stadt als Wiege des Automobils allgemein bekannt
wurden. Entscheidend für den Durchbruch in der
individuellen Mobilität waren dabei die wachsenden Erfolge in Autorennen, die permanente Stei-
gerung der PS-Zahlen und damit der Geschwindigkeit sowie diverse technische Verbesserungen und
Neuerungen. Dazu gehörte insbesondere die 1909
entwickelte elektrische Anlasserzündung, womit
das mühsame, für Frauen so hinderliche Ankurbeln
oder Anwerfen des Automotors überflüssig wurde.
Aber auch Infrastrukturmaßnahmen wie der Bau
von Tankstellen führten zum endgültigen Sieges-
zug des benzinbetriebenen Automobils in der uns
heute bekannten Form.

Abb. 8
Der Blitzen-Benz
1909
StadtA MA – ISG

Ulrich Nieß

II. Carl Benz und der Tatort Mannheim

Womit wir nun endlich unseren Blick auf den Geburtsort und die Eltern dieser bahnbrechenden Erfindung richten können: auf die Stadt Mannheim, genauer gesagt das Quadrat T 6 (Abb. 9), und auf das Ehepaar Carl und Bertha Benz geb. Ringer (Abb. 10 und 11). Noch liegt die Werkstätte an der Peripherie der Stadt, wirkt wie ein Fachwerkhäuschen im Grünen. Als 1885 der Erfinder seine ersten Ausfahrten auf der Ringstraße machte, bot sich ihm Mannheim als eine expandierende und pulsierende Stadt dar. Das war auch der Grund, warum der junge, aus Mühlburg (heute Karlsruhe) stammende Ingenieur hier sein Glück suchte, nicht in Pforzheim oder Wien. Diese Stadt boomte, hier spielte, wenn man so will, die Musik, hier gab es einen Absatz-, vor allem aber auch einen risikobereiten Kapitalmarkt, und es gab mechanische Werkstätten.

Die Straßen beherrschten aber andere: Aus dem Jahr 1886, exakt dem Automobiljahr, stammt jene wundervolle Aufnahme, auf der wir die Planken und den im Bau befindlichen Wasserturm sehen (Abb. 12). Wir blicken auf eine von Fuhrwerken, Handkarren und nicht zuletzt auch gemächlich dahin schreitenden Personen bevölkerte Straße. In diesem ruhigen, eher unaufgeregten Rhythmus sich bewegend, hatte jeder genügend Platz, waren Trottoir und Fuhrstraße kaum abgegrenzt. Wären

da nicht die rasenden Velozipede, die Fahrräder, gewesen, die sich zum Schrecken von Stadt wie Obrigkeit immer mehr ausbreiteten und die Straße für sich zu erobern suchten. Auch sie stellten, Sie wissen es alle, eine maßgeblich in Mannheim entwickelte Innovation dar. Karl Ferdinand Drais von Sauerbronn ist der Urtypus, das Zweirad, zu danken. Und gerade das Fahrrad war in mancherlei Hinsicht auch Wegbereiter der neuen automobilen Konstruktion.

Ganz ähnlich dem Elektrofahrrad von William Edward Ayrton und John Perry von 1882 (Abb. 13 und 14) wählte auch Benz für seine Konstruktion ein Dreirad als Rahmen, Tricycle genannt, dessen

Abb. 9
Die Werkstatt von Carl Benz in Mannheim, T 6, 11
StadtA MA – ISG

Abb. 10 (links)
Berta Benz
Fotografie von Emil Bühler, Hoffotograf in Mannheim
Um 1871
Automuseum
Dr. Carl Benz, Ladenburg

Abb. 11 (rechts)
Carl Benz als junger Ingenieur
Um 1865
Automuseum
Dr. Carl Benz, Ladenburg

Tatort Mannheim: Eine Innovation verändert die Welt

Abb. 12
Die Planken und der Bau
des Wasserturms
1886
StadtA MA – ISG

Abb. 13 (links) und
Abb. 14 (rechts)
Das elektrisch betrie-
bene Tricycle von Ayrton
und Perry von 1882 mit
einer Reichweite von
bis zu 40 km bei 14 km/h
Höchstgeschwindigkeit
Abb. 13 aus K. Möser:
Geschichte des Autos,
Frankfurt / New York 2002,
S. 55
Abb. 14 Automuseum
Dr. Carl Benz, Ladenburg

Gestell er bezeichnenderweise von der Frankfurter Fahrrad- und Nähmaschinenfirma Heinrich Kleyer bezogen hatte. Bis Benz indes seine wegweisende Erfindung glückte, war es ein weiter Weg – ein Weg, der Stoff für gute Romane wie Filme abgibt. Es ist letztlich die Geschichte eines Mannes, der sich dem Verbrennungsmotor verschrieben hat, der gegen alle Widerstände seinen Traum vom pferdelosen Wagen lebt. Einen Spinner würde man ihn heute vielleicht abfällig nennen. Aber Benz hatte die klare Vision, seinen Gasmotor eben nicht nur stationär, sondern vor allem als Mobilitätsantrieb in jedweder Form zu nutzen.

Bezeichnenderweise wird die berühmte Patentschrift 37435 vom 29. Januar 1886 (Abb. 15) mit den Worten eingeleitet: „Vorliegende Construction bezweckt den Betrieb hauptsächlich leichter Fuhrwerke und kleiner Schiffe, wie solche zur Beförde-

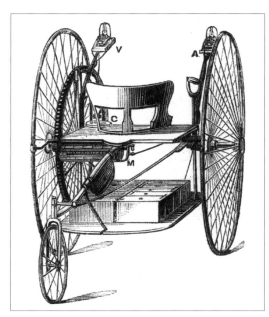

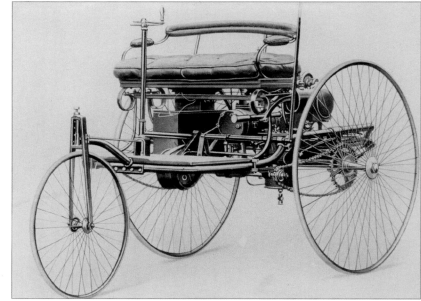

Ulrich Nieß

rung von 1 bis 4 Personen verwendet werden." Es ging also damals bei Benz, wie übrigens auch bei seinen Konkurrenten Gottlieb Daimler zusammen mit Wilhelm Maybach, stets um Mobilität schlechthin, Motorboote haben beide konstruiert. Benz war der schnellere, trotz des vierten Rads an Daimlers Motorkutsche. Damit hatte ein Erfinder obsiegt, der sich nie gescheut hatte, selbst Kleinaufträge anzunehmen – der beispielsweise 1872 die Heizungen in der Trinitatis- und der Konkordienkirche für einige Gulden einbaute. Ein Mann, der ohne den Rückhalt seiner Frau und das Stehvermögen weniger Kapitalgeber gescheitert wäre. Das alles im Detail zu erzählen, ist hier nicht der Ort – zumal Sie es besser und genauer nachlesen können im jüngsten Buch von Winfried A. Seidel über den Tatort Mannheim. Aber lassen sie mich stattdessen am Beispiel von Carl Benz einige wichtige Entwicklungslinien aufzeigen, die in der Frühphase des Automobils wie auch heute eine Rolle spielen.

III. Entwicklungstendenzen automobiler Frühgeschichte

a. Permanente Technologieverbesserung und patentrechtliche Absicherung

Man kann die Geschichte von Benz wie Daimler nicht als diejenige einer genialen Einzelerfindung interpretieren. Beide agierten in einer Zeit, die reif war für den Schritt zur motorisierten Mobilität. Und beide hatten zuvor Erfahrungen in Firmen gesammelt: Sie kamen vom Motorenbau, und nun wollten sie das große Potenzial ihrer Motorenentwicklung unter Beweis stellen. Dass Benz in Sachen Automobil eindeutig der Schnellere war, sollte endlich Allgemeingut auch im Württembergischen werden. Was aber Benz wie Daimler und den später als König der Konstrukteure hoch gelobten Wilhelm Maybach auszeichnete, war der fast manisch anmutende Drang, ihre Konstruktionen immer weiter zu verbessern. Dabei standen sie durchaus im Patentwettbewerb untereinander. Unsere Patentschrift 37435 ist nur eine von vielen, die Benz einreichte. Ganz ähnlich verfuhren Daimler und Maybach. Das Verfahren war deshalb so existenziell, weil der Markt an exquisiten Käufern noch extrem klein, die Zahl der Mitbewerber mit konkurrierenden Antriebssystemen noch stattlich, die eigene Kapitaldecke durchaus nicht üppig

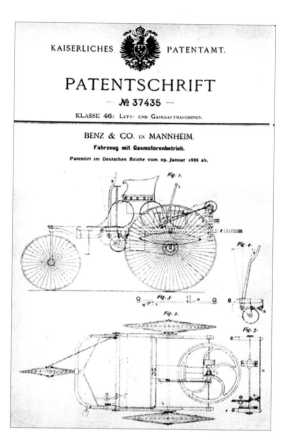

Abb. 15
Der Geburtsschein des Automobils: die Patentschrift für Benz vom 29. Januar 1886
Automuseum
Dr. Carl Benz, Ladenburg

war. Die phantasievollen Markennamen der ersten Jahre dürfen nicht darüber hinwegtäuschen, dass die meisten Autos nur in kleinen Margen hergestellt wurden, weil permanente technische Veränderungen vonstattengingen. Vom Benz´schen Patentmodell in der Variante 3 sind vermutlich nur 24 Stück produziert worden. Erst mit dem Velo gelang ihm eine Stückzahl von insgesamt rund 1200 Exemplaren.

b. Finanzierungsfragen

Bei der Entwicklung des Automobils spielte und spielt die Finanzierungsfrage für technische Entwicklungen eine immense Rolle. Heute kostet die Entwicklung eines neuen Automobils bis zur Serienreife deutlich mehr als eine Milliarde Euro. Das erklärt, warum nur noch global agierende, mit großen Umsätzen operierende Konzerne derartige Investitionen stemmen können. Auch Carl Benz war mehrfach verzweifelt auf der Suche nach Geschäftspartnern, die für seine Vision von einer Nutzung des Gasmotors in einem fahrbaren Vehikel Geld zu geben bereit waren. Wie auch in unserer Zeit sorgten die Wechselfälle konjunktu-

Tatort Mannheim: Eine Innovation verändert die Welt

Abb. 16
Schuldner Maschinen-
fabrikant Carl Benz
Eintrag im städtischen
Hypothekenbuch vom
16. März 1876
StadtA MA – ISG

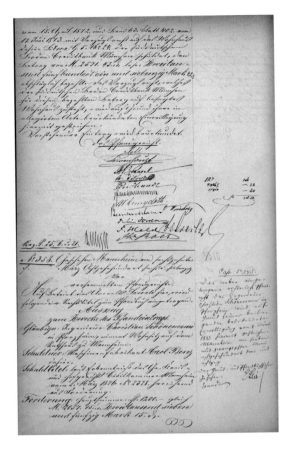

reller Entwicklung dabei für höchst kritische finanzielle Engpässe. In der Gründerkrise ab 1873 geriet das noch junge Unternehmen in eine existenzielle Schieflage.

Der Kredit des Pforzheimer Ingenieurs Christian Schönemann in Höhe von 1200 Gulden beziehungsweise 2057 Mark und 15 Pfennigen wurde von diesem 1876 zurückgefordert. Diese legendären Liquiditätsprobleme, die auch der hier abgebildete Eintrag im Hypothekenbuch (Abb. 16) erkennen lässt, konnten phasenweise noch durch Bertha Benz abgewendet werden, die eine vorzeitige Auszahlung ihres Erbes erwirkte. Große Kapitalsummen waren bei der Verlegung des Unternehmens in die Waldhofstraße oder später auf den Luzenberg erforderlich, um die Fabrik gegenüber konkurrierenden Mitbewerbern, ab 1900 vor allem französischen Autowerken und den Daimlerwerken, zu sichern und den Bau neuer Automobile zu ermöglichen. Die Geldgeber waren dabei nicht immer sicher, ob ihre Investition sich je amortisieren würde. Noch 1890 riet einer von ihnen, der Kaufmann Max Rose, dem Autopionier Benz, er möge sich doch ganz auf stati-

onäre Motoren konzentrieren, da mit Automobilen kein Geld zu verdienen sei.

c. Neue Marketing- und Vertriebsformen
Erinnern wir uns: 1888 unternimmt Bertha Benz ihre legendäre Fahrt nach Pforzheim. Vielfach ist darüber geschrieben worden. Heute würden wir das Ganze auch als geniale Marketingaktion verbuchen können. Eine couragierte Frau beweist die Alltagstüchtigkeit des Automobils, indem sie mit ihren Söhnen zur Verwandtschaft nach Pforzheim fährt. Über hundert Kilometer waren zurückzulegen, danach war ihr Gatte endlich bereit, das Auto auf der Münchner Automobilschau vorzuführen. So viel Anerkennung er dort auch erntete und entsprechend inserierte, die Vertriebswege gingen weniger über solche Industriemessen, sondern vielmehr über andere Marketing- und Präsentationsformen. Carl Benz wie auch Gottlieb Daimler hatten das Glück, in Frankreich Geschäftspartner zu finden, die ihren Erfindungen auf die Sprünge halfen. In der Hauptstadt Paris wurde das Automobil, wie Kurt Möser, ein profunder Kenner der Automobilgeschichte, pointiert bemerkt hat, „zum „Lifestyle-Fahrzeug", zum Attribut der Reichen, Schönen und Trendsettenden, und vor allem auch der Frauen". Zugleich erwuchs in Frankreich auch eine bedrohliche Konkurrenz, ehe dann nach 1918 der Fordismus produktionsorientiert und mit arbeitsteiligen Herstellungsprozessen den Autobau revolutionierte.

d. Konjunkturen, Fusionen und Zulieferfirmen
Als die erste Absatzkrise das noch junge Unternehmen, die Benz & Cie., 1901 erschütterte und die Produktionszahl von knapp 600 auf 326 Jahreswagen sank, geriet der geniale Ingenieur mit seinen Geschäftspartnern wieder einmal in Konflikt und schied 1903 aus dem Vorstand aus. Er kehrte zwar bald wieder in den Aufsichtsrat zurück und verblieb darin, wollte aber in Ladenburg mit seinen Söhnen aus eigener Finanzkraft ein neues Unternehmen aufbauen. Der eigensinnige Autopionier, der etliche Grundstücke am Fuß der Bergstraße gekauft hatte, weil ihm die Gegend einst so gut gefiel, gründete 1906 nochmals eine Autofabrik, ohne die gewandelten Gesetze des Marktes wirklich zu begreifen. Obwohl seine Modelle durchaus technisch ausgereift waren und in England Abnehmer fanden,

Ulrich Nieß

besetzten er und seine Söhne auf dem expandierenden Automarkt nur noch eine Nische. Die eigentliche Erschütterung aber brachten der verlorene Krieg und die Inflationszeit. Sie führten auch zur Fusion von Daimler und Benz und beschworen das Ende eigenständiger Autoproduktion in Ladenburg. Benz wird in den Inflationsjahren einen Großteil seines Vermögens wieder verlieren, seine Söhne den Betrieb auf Reparatur und Herstellung bestimmter Bauteile umstellen.

e. Mythen und Rekorde

Sowohl Carl Benz wie auch Gottlieb Daimler taten sich ungeheuer schwer mit der immer stärkeren Motorisierung. Sie litten förmlich darunter, dass verwegene Autorennen organisiert wurden und Menschen dabei ums Leben kamen. Beide wollten Fahrtgeschwindigkeiten reglementieren und Rennen verbieten. In ihrer Vorstellungswelt glichen sie förmlich Zauberlehrlingen, die nur unvollkommen ahnten, welche Möglichkeiten sich der automobilen Zukunft in einem Gesamtsystem eröffneten, das eben nicht nur von konstruktiven Zweckmäßigkeiten, sondern eben auch von Geschwindigkeitsrausch, von Selbstdarstellung, Sucht und Stimulans geprägt war.

In ihrer Welt war ein Wagen eigentlich nur mit Chauffeur denkbar, der ja anfänglich mitgekauft wurde. So meinte Gottlieb Daimler: „Die weltweite Nachfrage nach Kraftfahrzeugen wird eine Million nicht überschreiten – allein schon aus Mangel an verfügbaren Chauffeuren." Daimler wie auch Carl Benz vermochten nicht zu erfassen, wie sehr gerade die Rennen (Abb. 17) jene Mythen entstehen ließen, die ganz entscheidend für die Popularisierung und damit den Verkauf der teuren Automobile waren:

Wer im Rennen die Nase vorn hatte, dessen Autos galten als die besseren. Der Mythos von Rennfahrer und Fahrzeug, dem wir bis heute nachhängen, wenn wir die Formel 1 mit Michael Schumacher oder Sebastian Vettel verfolgen, er weist praktisch bis in die Anfänge der Automobilgeschichte. Siegerautos wurden zu Ikonen der Bewunderung, zu begehrenswerten Statussymbolen. Ihre Musealisierung setzte entsprechend früh ein, ebenso auch ihre Nostalgisierung, weshalb der Schnauferl-Club bereits am 25. Mai 1900 als Club der Automobilisten und Verehrer der Oldtimer gegründet wurde.

f. Ehrungen und der Prozess der Mystifizierung

Kommen wir zum letzten Aspekt: den Ehrungen. So schnell die automobile Zeit auch hinsichtlich der Weiterentwicklung von Vertrieb, Produktion und Ähnlichem über Carl Benz hinwegging, so gehörte doch zum Prozess der Mystifizierung des Automobils die besondere Verehrung der Autopioniere. Im Falle Gottlieb Daimlers verhinderte dessen früher Tod 1900 größere Ehrungen zu Lebzeiten. Auch bei Carl Benz fiel dies nicht leicht, da er den Wohnort mehrfach verlegt und häufig nicht nur seine Geschäftspartner verärgert hatte. Den Anfang machte Karlsruhe 1914 mit der Verleihung der Ehrendoktorwürde. Und auch der badische Staat wurde 1917 seitens des Ladenburger Bürgermeisters angefragt, doch bitte den Erfinder des Automobils mit dem Zähringer Löwenorden beziehungsweise dem Titel eines Kommerzienrats zu würdigen.

Hier aber, und diese Geschichte ist bislang unentdeckt geblieben und erst durch eine 2005 über die Bürgerdienste an das Stadtarchiv gelangte Akte des badischen Bezirksamts zu erhellen, machte ein „streng vertraulich" angefragter Finanzbeamter in Mannheim einen dicken Strich durch die Rechnung: Er verwies darauf (Abb. 18), dass Benz vor drei Jahren von einer Steueramnestie Gebrauch gemacht und Grundstückswerte von mehreren hunderttausend Mark Vermögen nachträglich anzeigt hatte. „Ob," so fragte der Mannheimer Finanzbeamte listenreich, „eine Auszeichnung des Herrn Benz jetzt schon, nachdem kaum 3 Jahr darüber hinweggegangen sind, zu empfehlen ist, möchte ich, ohne Ihnen vorgreifen zu wollen, verneinen."

In der Weimarer Zeit ist es dann soweit. Die Autopioniere werden jetzt endgültig divinisiert: Carl wie

Abb. 17
Anzeige im Badischen Generalanzeiger Mannheim vom 1. Oktober 1921
StadtA MA – ISG

Tatort Mannheim: Eine Innovation verändert die Welt

Abb. 18
Vor- und Rückseite
eines Dokuments
vom August 1917, das
Carl Benz um den
Titel eines Kommerzi-
enrats bringen wird.
StadtA MA – ISG

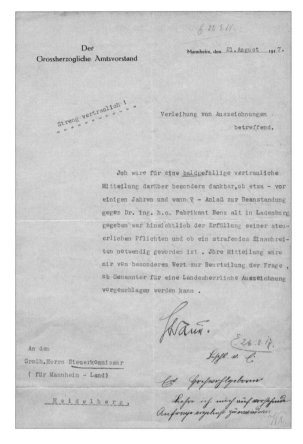

Bertha Benz wurde in Ladenburg die Ehrenbürger-schaft verliehen, in Mannheim wurde anlässlich des 81. Geburtstags, also noch zu Lebzeiten, 1925 eine Straße nach ihm benannt. Als herausragend unter den Ehrungen würdigte der greise Herr eine in München am 12. Juli 1925 vom Schnauferl-Club organisierte Autoparade zu Ehren von Bertha und Carl Benz. Für Benz zählte dieses Ereignis zu den schönsten Erinnerungen seines Lebens, er bemerk-te: „Selbst mein erster Wagen wurde – auf meine persönliche Bitte hin – aus der Haft des Deutschen Museums für einige Stunden entlassen und muss-te sich an die Spitze der Ahnenreihe des Motorwa-gens stellen und laufen. Jawohl! Er lief noch und lief tapfer, immerzu." Das Ereignis wurde sogar verfilmt. Wer diese erstmals in voller Länge veröf-fentlichte Filmperle eingehender betrachten will, muss sich das Buch Tatort Mannheim von Winfried A. Seidel zulegen.

Selbst der badische Staat kam nun nicht mehr umhin, dem Mythos Benz zu huldigen: Aber erst im November 1928, kurz vor seinem Tode, wurde Carl Benz die goldene Staatsmedaille verliehen – wir bemerken, der Staat braucht lange, bis er Steuer-sündern verzeiht!

IV. Schlussbetrachtungen

Ich darf zum Schluss kommen: Einer Ankündigung des Tinguely Museums in Basel zur Ausstellung „Fetisch Auto. Ich fahre, also bin ich", die im Juni 2011 eröffnet wird, entnehme ich die folgenden Sätze: „Der umfassende Katalog zur Ausstellung stellt das Auto als wichtigstes Kulturgut des 20. Jahrhun-derts in einem kulturhistorischen Kontext vor, der vom Konzept des Waren-, sexuellen und religiösen Fetischs ausgeht. Das Automobil als materialisierte „Beziehungskiste" ist ein Spiegel für unser Erleben und Erfahren: einerseits profanes Mittel zur Fortbe-wegung, andererseits auch Bedeutungsträger, Mit-tel zur Distanzierung und individuellen Profilierung – zugleich Uterus und Persönlichkeitsprothese." Ich versage mir, angesichts solcher Sätze weitere Überlegungen über die Geburtstadt und Wiege des des Automobils Mannheim anzustellen, obwohl wir hier wieder mitten in der anhaltenden Mystifizie-rung, im Kult um das Automobil im frühen 21. Jahr-

Ulrich Nieß

hundert angekommen sind. Es bleibt festzuhalten, dass wohl kaum eine Innovation die Welt und das individuelle Lebensgefühl so verändert hat wie das Automobil, eben weil es nicht auf die technische Konstruktion zu reduzieren ist. Aber gestatten Sie mir abschließend die Frage in den Raum zu stellen, wem denn der Bertha-und-Carl-Benz-Preis verliehen worden wäre, wenn es ihn schon im Jahr unserer Stadtgründung 1607 gegeben hätte.

Damals erregten Segelfahrzeuge (Abb. 19) an der Küste ungläubiges Staunen. Es sind, so der heutige Stand der Mobilitätsforschung, die ersten ohne Muskel- oder Tierkraft betriebenen Fahrzeuge auf dem Lande.

Auch der niederländische Statthalter Moritz von Oranien nutzte jene in den Niederlanden rollenden Segelfahrzeuge. Ob er bei einer seiner Fahrten auch seinen Schwager, unseren Stadtgründer Kurfürst Friedrich IV. von der Pfalz, der ihn häufiger besuchte, mitnahm, wissen wir nicht. Wir können auch nur vermuten, dass die holzreiche Kurpfalz Zulieferer für den Rumpfbau gewesen ist, da die Niederlande kaum über Holz verfügten. Was wir aber mit Sicherheit sagen können, ist, dass der Erfinder dieser Segelfahrzeuge, der Ingenieur und Festungsbaumeister Simon Stevin Spuren in Mannheim hinterlassen hat. Stevin, eines der größten Universalgenies seiner Zeit, war als Gutachter beim Bau von Stadt und Festung Mannheim tätig. Irgendwie haben also viele Mobilitätsgenies seit den Anfangstagen unseres städtischen Gemeinwesens ihre Spuren am Tatort Mannheim hinterlassen. Diesem Erbe sollten wir uns, Bürgerschaft wie politische Gremien, verpflichtet fühlen.

Abb. 19
Segelfahrzeug des niederländischen Mathematikers und Festungsingenieurs Simon Stevin (1548/49-1620) für bis zu dreißig Personen, um 1600 an der Küste von Scheveningen im Einsatz. StadtA MA – ISG

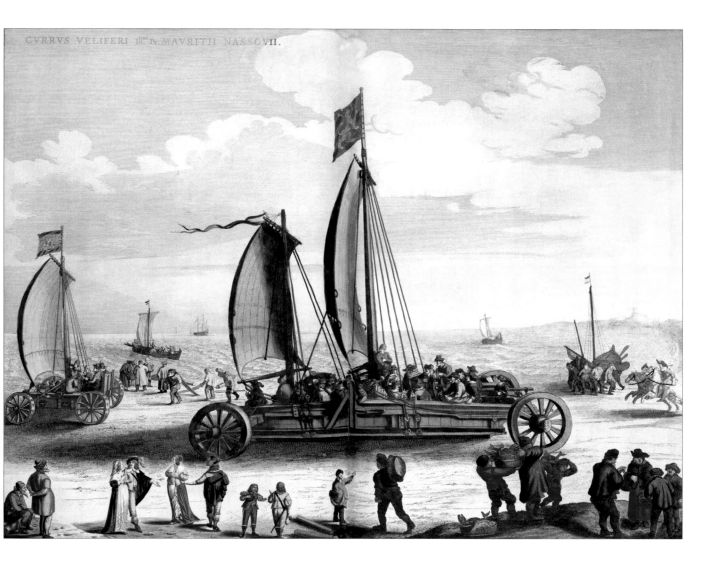

CVRRVS VELIFERI III.ᵐⁱˢ D. MAVRITII NASSOVII.

Tatort Mannheim: Eine Innovation verändert die Welt

* Der nachfolgende Beitrag wurde am 29. Januar 2011 anlässlich der Sondersitzung des Gemeinderats zur Stiftung des Bertha-und-Carl-Benz-Preises der Stadt Mannheim als Festvortrag vom Verfasser gehalten. Um den Vortragscharakter zu wahren, wurde der Text nur marginal verändert, dabei ein Teil des präsentierten Bildmaterials beigegeben. Auf einen Anmerkungsapparat wurde verzichtet, statt seiner ein Quellen- und Literaturverzeichnis angefügt. Für kollegiale Unterstützung dankt der Verfasser insbesondere Frau Dr. Anja Gillen.

Quellen

Stadtarchiv Mannheim – Institut für Stadtgeschichte:

Evangelisches Kirchenamt, Zug. 29/2000, Nr. 236 (Rechnungen von Carl Benz für Heizungsreparaturen in der Trinitatis- und Konkordienkirche 1872)

Nachlass Eßlinger und Rose, Zug. 28/2007, Nr. 13, mit Schreiben von Carl Benz zu den Veränderungen in der Rheinischen Gasmotorenfabrik (Wichtige Einzelschreiben aus der Zeit um 1900)

Ordnungsamt, Zug. 10/2005, Nr. 66 (Versagung der Ehrung durch das Großherzogtum Baden für Benz 1917)

Bestand Pfandbücher Mannheim, Nr. 72 (Pfändung über 1.200 Gulden am 18.3.1876)

Literatur

100 Jahre Automobil. Zum Jubiläum des Benz-Motorwagen-Patents (Fridericiana. Zeitschrift der Universität Karlsruhe 38), Karlsruhe 1986

Benz & Cie. Zum 150. Geburtstag von Karl Benz, Stuttgart 1994

K. Benz: Lebensfahrt eines deutschen Erfinders, Leipzig 1925

A. Gillen: 1870-1891: Die Großstadt kündigt sich an, in: U. Nieß, M. Caroli (Hrsg.): Geschichte der Stadt Mannheim, Band 2: 1801-1914, Heidelberg 2007, S. 414-497

Karl Benz und sein Lebenswerk. Dokumente und Berichte, hrsg. von der Daimler-Benz AG, Stuttgart 1953

H.E. Lessing: Karl Benz – Vater der Automobilität, in: Ders.: Mannheimer Pioniere, Mannheim 2007, S. 77-90

Mannheim auf Achse. Mobilität im Wandel 1607 - 2007. Begleitheft zur Sonderausstellung im Landesmuseum für Technik und Arbeit in Mannheim, Mannheim 2007

Mobilität und Gesellschaft. 150 Jahre Carl Benz. Vorträge anlässlich der Ringvorlesung an der Universität Karlsruhe 1995/96, hrsg. von der Daimler-Benz AG, Stuttgart o. J.

K. Möser: Benz, Daimler, Maybach und das System Straßenverkehr. Utopien und Realität der automobilen Gesellschaft (Landesmuseum für Technik und Arbeit Forschung, Heft 27), Mannheim 1998

K. Möser: Geschichte des Autos, Frankfurt / New York 2002

K. Möser: Fahren und Fliegen in Frieden und Krieg. Kulturen individueller Mobilitätsmaschinen (Technik + Arbeit, Schriften des TECHNOSEUM 13), Heidelberg 2009

W. A. Seidel: „Tatort" Mannheim – wie das Automobil entstand. Hrsg. vom Verein der Freunde des Stadtarchivs Mannheim, Mannheim 2011

W. A. Seidel: Carl Benz. Eine badische Geschichte, Weinheim 2007

S. Schott: Der Personenverkehr, in: Mannheim seit der Gründung des Reiches 1871-1907 (Mannheim in Vergangenheit und Gegenwart III), Mannheim 1907, S. 311-320

Ulrich Nieß und Rumjana Ivanova-Kiefer

Automobilwerbung im Ersten Weltkrieg
Eine aufschlussreiche Neuerwerbung des Stadtarchivs Mannheim – ISG

Unlängst konnte das Stadtarchiv – Institut für Stadtgeschichte ein recht ungewöhnliches Dokument auf dem Auktionsmarkt erwerben: Eine vierseitige, sehr schön illuminierte Werbeschrift der Benz & Cie., die mitten im Ersten Weltkrieg für die Mannheimer Automobilprodukte in deutscher und bulgarischer Sprache wirbt.[1] Allein schon die aquarellierten Zeichnungen machen dieses Stück ästhetisch attraktiv, gleichermaßen erhellend für die Mobilitätsgeschichte ist auch der Text (Abb. 1).

Doch werfen wir zunächst einen Blick auf den zeitgenössischen Kontext. Rund 25 Jahre nach Anmeldung der Patentschrift von Carl Benz, die am 26. Mai dieses Jahrs in das Register des Weltdokumentenerbes aufgenommen wurde, war die Automobilproduktion zwar rasant angestiegen, aber noch immer galt das Auto eher als ein Luxusgegenstand der Oberklasse, weniger als Nutzfahrzeug. Als Vergnügungsfahrzeug traf es auf Vorbehalte und Skepsis, ja sogar bisweilen auf offene Feindschaft, insbesondere bei den nichtmotorisierten Straßennutzern.[2] Gerade der Erste Weltkrieg sollte hier eine endgültige Wende in der Einstellung weiter Bevölkerungskreise bringen. Denn der Motorwagen, ob als Stabswagen, ausgebauter Panzerwagen, LKW oder als Sanitätswagen im Einsatz, hatte im Krieg seine breite Tauglichkeit und Vielseitigkeit unter Beweis gestellt, fand nunmehr große Akzeptanz als Weichensteller für eine bessere gesellschaftliche Zukunft. Kurt Möser, einer der besten deutschen Kenner der Automobilgeschichte, hat diesen Prozess eingehend beschrieben und wie folgt kommentiert: „Die breite Autobegeisterung im Europa der 20er Jahre, die kollektive Phantasie einer Volksmotorisierung, wäre nicht denkbar gewesen ohne den Modernisierungsschub und die Konditionierung durch den Ersten Weltkrieg, die das Motorfahrzeug erst trivialisierten und schließlich zum allgemeinen Wunschobjekt machten."[3]

Wie kam es dazu? Das Automobil in der uns heute geläufigen Form mit Verbrennungsmotor hatte im Ersten Weltkrieg seine Einsatzbreite in allen seinen Varianten bewiesen, vom einfachen Zweisitzer bis zum deutschen A7V-Panzerwagen

– mit bis zu 26 Insassen (!) – und LKW. Eine junge Generation wurde zu Fahrern oder Mechanikern ausgebildet, die über Jahre hinweg mit PKW oder LKW unterwegs waren und mit allen technischen Einzelheiten ihrer Fahrzeuge vertraut wurden. Zum anderen setzte schon während und verstärkt unmittelbar nach dem Ersten Weltkrieg jene Mythenbildung ein, in der gerade den diversen Fahrzeugtypen eine völlig überhöhte militärische Bedeutung angedichtet wurde. Während unser heutiges Bild über den Ersten Weltkrieg weitgehend von der allgemeinen Kriegsbegeisterung in Europa und den blutigen, menschenvernichtenden Materialschlachten und Stellungskriegen geprägt ist, sah dies unmittelbar nach 1918 noch durchaus anders aus. Denn die Frage, warum man denn diesen mörderischen Krieg gewonnen oder verloren habe, den alle Kombattanten als Offensivkrieg gestartet hatten, wurde von Seiten der Öffentlichkeit und den meinungsbildenden Boulevardblättern nicht zuletzt mit der technischen Über- oder Unterlegenheit beantwortet – und weit weniger mit strategisch-taktischen Fehlentscheidungen und schon gar nicht mit mangelnder Einstellung der eigenen Truppen. Einige wenige Beispiele mögen hier genügen: Am bekanntesten dürfte der Panzerschock sein, den erstmals die Engländer mit ihren bei der Sommeschlacht am 15. September 1916 eingesetz-

Abb. 1
Eine zeittypische Postkarte in Form einer Zeichnung von 1915: Das Benz-Sanitätsfahrzeug im Kriegseinsatz
StadtA MA – ISG, Bldslg, Alb. 01439-4, Nr. 159

Automobilwerbung im Ersten Weltkrieg

ten Tanks auslösten. Besonders in der Schlacht bei Amiens am 8. August 1918 sollten nunmehr vor allem die leichten französischen Renault-Tanks FT17 den deutschen Truppen massive Probleme bereiten. Auch wenn unter den meisten Militärhistorikern die Bedeutung der Tanks oder Panzer für den Kriegsverlauf als eher gering eingestuft wird, so war man etwa auf britischer Seite im zeitgenössischen Propagandakrieg nicht müde geworden, die Tanks als opfervermeidende Maschinen und Produkte einer überlegenen Kriegsindustrie zu stilisieren, um damit den Durchhaltewillen in der immer kriegsmüderen Öffentlichkeit und bei den Truppen zu stärken.[4]

Ein anderes Beispiel ist indes noch weit näher am eigentlichen Automobil dran. So wurde die erst nach Kriegsende von französischer Seite zum „Wunder" stilisierte erste Marneschlacht, die den deutschen Vormarsch auf Paris zum Stoppen brachte, auch gerne mit dem Einsatz der „Marne-Taxis" begründet (Abb. 2). Der französische General Joseph Gallieni hatte am 6. September 1914 in Paris rund 1.200 Taxis, meistenteils vom Typ Renault AG beziehungsweise AG-1, requirieren lassen, um in jedem der Wagen jeweils fünf Soldaten an die Front zu transportieren. Die Rekrutierten sollten ausgeruht ins Kampfgeschehen eingreifen und die Front stabilisieren helfen.[5] Obwohl der Vormarsch der deutschen Truppen bereits gestoppt war, die frischen

Kräfte mithin für diese Militäraktion kaum oder gar nicht mehr zum Einsatz kamen, ließ sich Gallieni mit seiner gewiss unkonventionellen Aktion nur allzu gerne als Retter von Paris feiern. Und bis heute wird diese Geschichte gelegentlich recht unreflektiert als schlachtentscheidend apostrophiert.[6] Auf deutscher Seite wiederum wurde die Niederlage an der Marne mit der mangelnden Mobilität bei der Vorwärtsbewegung infolge fehlender Motorisierung begründet. Konsequenterweise forderte die deutsche Armeeführung daraufhin noch drängender den massiven Aufbau von Motorfahrzeugen, gab sie in Auftrag und setzte das Vorhaben auch um. Verfügte die Armee des Deutschen Reichs bei Kriegsbeginn über 9.739 Lkw und rund 4.000 Stabswagen, Ambulanzen und Motorräder, so waren es am Kriegsende nicht weniger als 25.000 Lastkraftwagen, 12.000 Stabsautomobile, 3.200 motorisierte Sanitätsfahrzeuge und 5.400 Meldemotorräder.[7] Für die Produktion dieser Fahrzeugflotte hatten im Wesentlichen die großen deutschen Automobil- und Motorenwerke zu sorgen, an der Spitze die Daimler-Motoren-Gesellschaft mit ihren Werken in Untertürkheim und Berlin-Marienfelde sowie die Benz & Cie. mit ihren Produktionsstätten in Mannheim (Neckarstadt beziehungsweise Waldhof-Luzenberg) und in Gaggenau. Beiden Unternehmen gemeinsam war, dass sie nicht allein Automobile, Lastkraftwagen beziehungsweise Busse aller Art fertigten, sondern auch Motoren, die in praktisch allen Mobilitätsmaschinen zum Einsatz kamen: ob in der U-Boot- oder Schiffsflotte und vor allem in Flugzeugen. So entstand, auf Drängen des Kriegsministeriums, bei Daimler in Sindelfingen eine neue Produktionsstätte für Flugmotoren, die in Lizenz des Flugzeugbaus Friedrichshafen auch zweimotorige Doppeldecker fertigte. Die Beschäftigtenzahlen wuchsen in den drei Betrieben der Daimler AG während des Kriegs von 3.765 auf rund 24.700 Menschen, die fast nur noch für das Militär produzierten.[8]

Wenden wir uns aber den Benzwerken und damit unserem Werbeblatt zu. Auch in Mannheim und in Gaggenau verlief die Entwicklung ähnlich. Von 7.700 Beschäftigten 1914 stieg die Zahl bei Kriegsende an auf 12.000 an den beiden Standorten: Das LKW-Werk Gaggenau produzierte auf Hochtouren, in Mannheim hingegen wurde vorwiegend die Moto-

Abb. 2
Das berühmte „Marne-Taxi" der Firma Renault. Gemeinfreie Vorlage: http://en.wikipedia.org/ wiki/Renault_Taxi_de_la_ Marne

Ulrich Nieß und Rumjana Ivanova-Kiefer

renfertigung hochgefahren. Demgegenüber brach der Bau von Personenkraftwagen-Werken für zivile Zwecke aus mehreren Gründen ein: Zum einen infolge der Kontinentalsperre der Ententemächte, wodurch Benzol beziehungsweise Treibstoff zum rationierten Gut wurde, zum anderen durch das Versiegen des Exports in die gegnerischen Länder. Da der Automobilbau seit den Anfangstagen stets von hohen Exportquoten ins Ausland, vor allem nach Frankreich und England, gekennzeichnet war, musste die PKW-Produktion rapide gesenkt werden. Aus dieser Situation das Beste zu machen und eine gewisse Kompensation zu ermöglichen, konnte allenfalls in den wenigen, mit den Mittelmächten verbündeten Staaten gelingen. Und in diesem Zusammenhang muss auch unser Quellenzeugnis gesehen werden.

Bulgarien war am 6. September 1915, zwei Jahre nach den Territorialverlusten im 2. Balkankrieg, auf Seiten der Mittelmächte in den Ersten Weltkrieg eingetreten. Wichtigstes Kriegsziel von Sofia war die Gewinnung von Mazedonien, die Erfüllung des Traums vom „Großbulgarischen Reich".[9] Die Benz & Cie. hatte vermutlich seit 1914 eine Niederlassung in der bulgarischen Hauptstadt. Die älteste Lieferung eines Benz-Wagens nach Sofia datiert vom 15. Dezember 1894, es war das 72. Fahrzeug aus der Benz-Produktion überhaupt.[10] Was bei unserem Werbestück von 1916 sogleich ins Auge springt, sind die deutlichen Bezüge zum Kriegsgeschehen, indem vor allem Soldaten in Uniform, Lastkraftwagen und Flugzeuge abgebildet werden. Diese Form der Werbung findet sich auch in den deutschen Anzeigen jener Jahre. Und es war noch absolut üblich, statt mit Fotos mit Zeichnungen und Grafiken zu annoncieren oder diese auch auf anderen, heute unüblicheren Werbeträgern, zum Beispiel Postkarten, zu verwenden (vgl. Abb. 1).

Höchst ästhetisch fallen bei unserem Stück die aquarellierten Zeichnungen des Leipziger Malers Alfred Friedrich Liebing (1864-1957) aus. Dieser hatte acht Semester an der Leipziger Kunstakademie studiert, mehrere Jahre außerhalb Leipzigs als Entwerfer von Kunstblättern und Plakaten gearbeitet und mehrere Studienreisen ins In- und Ausland, vor allem nach Italien, unternommen, ehe er seit 1887 in Leipzig selbständig als Maler, Graphiker und Illustrator für Zeitschriften wie die „Leipziger Illus-

trierte" oder „Die Gartenlaube" arbeitete. Liebing malte für Ausstellungen, Private und den Kunsthandel.[11] Wie ein Vergleich mit zeitgenössischen Fotografien belegt, sind sowohl das 1873 erbaute Königliche Schloss beziehungsweise der Zarenpalast (heute Gemäldegalerie und ethnographisches Museum) als auch der Boulevard der Prinzessin Maria Louise sehr exakt von ihm eingefangen worden (Abb. 3 und 4). Ob sich der Maler aber dafür in der bulgarischen Hauptstadt aufgehalten hat oder sich vielleicht doch mit Bildbänden als Vorlage begnügte, muss derzeit offen bleiben. So verraten uns zum Beispiel die Bildlegenden nicht, welche Landschaften und Orte jenseits von Sofia als

Abb. 3 (oben) und 4
Das königliche Schloss in Sofia und der Blick auf den Boulevard der Prinzessin Maria Louise. In der Mitte des unteren Bildes ist das Minarett der Moschee Banja bašă zu erkennen. Sie befindet sich in der Nähe des Mineralbades („banja" heißt Bad), stammt aus osmanischer Zeit und fungiert heute noch als Moschee.
Bildalbum von 1912 Privatbesitz

Automobilwerbung im Ersten Weltkrieg

Motive dargestellt sind. Und dem Betrachter fallen neben den Motorfahrzeugen und Flugzeugen die – mehrfach falsch wiedergegebene! – Nationalflagge und die etwas zu stilisiert wirkenden, gleichwohl typischen Landestrachten der Passanten ins Auge. Die Übersetzung des deutschen Textes ins Bulgarische ist weitgehend korrekt, wenngleich Kürzungen und stilistische Abweichungen sowie Tippfehler auffallen, die aber nicht sinnentstellend sind. Die Fehler lassen vermuten, dass der Übersetzer kein Bulgare war, mindestens kein Kenner der Automobilsprache. So werden aus den „Rennwagen" die „Kursautomobile" (2. Seite, 4. Absatz), und die „Rennbahn" wird mit „größeren Kursen" übersetzt (4. Seite, 2. Absatz). Das kyrillische Schriftbild ist nach der Norm, die noch bis nach dem Zweiten Weltkrieg gültig war, während es heute wesentlich einfacher ist.

Ungewöhnlich mutet heute der gesamte Textinhalt der Werbeschrift an, rekurriert er doch auf das martialisch-kriegerische Ringen, betont dabei sehr pointiert die Waffenbruderschaft zwischen dem deutschen Kaiserreich und dem bulgarischen Fürstenreich und wirbt vor allem damit, dass die Benzwerke die älteste und größte Automobilfabrik der Welt seien. Herausgestellt wird neben der Pionierleistung von Carl Benz auch die Nähe zur deutschen Heeresleitung, ja sogar zur königlichen Familie. Prinz Heinrich, der Bruder von Kaiser Wilhelm II., war in der Tat als glühender Verehrer und Förderer der Benzautomobile bekannt. Nicht fehlen durfte in der Werbeschrift die Nennung der Weltrekorde des „Blitzen-Benz" 1912 und die Erringung des Kaiserpreises 1913. Letzterer war der vom Kaiser anlässlich seines Geburtstags am 27. Januar 1913 ausgeschriebene Preis für den besten deutschen Flugzeugmotor in Höhe von 50.000 Reichsmark.[12] Der gesamte Werbetext spricht immer wieder von den Erfolgen der Benz'schen Motoren beziehungsweise Motorfahrzeugen: ob in Autorennen, ob in den Lüften und, geradezu pathetisch überhöht, im Krieg: „Die Geschichte des Weltkriegs bucht täglich neue Erfolge der Benzmaschinen." Angesichts der vielen Kriegstoten stoßen solche Sätze heute bitter auf – und doch, und darin liegt der Quellenwert dieser Neuerwerbung, belegen sie eindringlich, wie die Mystifizierung des Automobils durch den Ersten Weltkrieg „an Fahrt gewann".

1   StadtA MA – ISG, Großformate, Nr. 1485-87. Hier faksimiliert im Anhang. Für die bildtechnische Bearbeitung gilt der Dank Frau Maria Schumann, Auszubildende Fotografie beim StadtA MA – ISG. Die Werbebroschüre liegt bislang auch dem Daimlerarchiv nicht vor.

2   Dazu K. Möser: Fahren und Fliegen in Krieg und Frieden. Kulturen individueller Mobilitätsmaschinen 1880-1930 (Technik + Arbeit. Schriften des TECHNOSEUM 13), Heidelberg 2009, S. 473-479.

3   K. Möser: Geschichte des Autos. Frankfurt / New York 2002, S. 139.

4   Möser, wie Anm. 3, S. 136ff. sowie ders.: Fahren und Fliegen, wie Anm. 2, S. 541f. und 565-568.

5   Möser, wie Anm. 3, S. 127.

6   Vgl. zum Beispiel: http://members.fortunecity.com/reisenge/PARIS/inval/marne/marne.htm (URL-Abfrage vom 11. Sept. 2011).

7   Möser, wie Anm. 3, S. 127.

8   M. Kruk, G. Lingnau: 100 Jahre Daimler-Benz. Das Unternehmen. Mainz 1986, S. 89-93.

9   S. Appelius: Bulgarien. Europas Ferner Osten. Bonn 2006, S. 32-38.

10 Für Auskünfte danken die Verfasser Herrn Wolfgang Rabus vom Daimlerarchiv in Stuttgart.

11 Alfred Friedrich Liebing wurde am 19. Mai 1864 in Reudnitz, einer Landgemeinde in unmittelbarer Nähe von Leipzig, geboren, die 1889 eingemeindet wurde. 1917 gab er eine Folge von Radierungen aus Oberitalien heraus. Vgl. Allgemeines Künstler-Lexikon, hrsg. von H. A. Müller und H.W. Singer, 6. Band, Frankfurt 1922, S. 179. Er starb am 12. November 1957 in Leipzig. Für Auskünfte zu Lebens- und Berufsdaten danken die Verfasser besonders Herrn Olaf Hillert vom Stadtarchiv Leipzig und Frau Petra Oelschlaeger vom Stadtarchiv Leipzig.

12 Kruk, Lingnau, wie Anm. 8, S. 75f.

Ulrich Nieß und Rumjana Ivanova-Kiefer

BENZ-WERKE
MANNHEIM UND GAGGENAU

Vor dem Königl. Schlosse in Sofia

Siegreich gegen eine Welt von Mißgunst kämpfend stehen unsere Heere im Feindesland. Seit über zwei Jahren nun erweist sich immer erneut die hervorragende militärische Tüchtigkeit unseres Volkes. Aber auch unsere volkswirtschaftliche Überlegenheit hat eine glänzende Probe bestanden. Unsere hochentwickelte Technik und unsere Industrie ermöglichen es uns durch ihre Ausbreitung wie die Güte ihrer Erzeugnisse uns, im Gegensatz zu unseren Feinden, ganz auf uns selbst zu verlassen. Mit deutschen Kriegsmitteln halten unsere Soldaten das deutsche Vaterland von den „Vorkämpfern der Kultur" frei. Es sind auch deutsche Kraftwagen, die unsere Heerführer und Stabsoffiziere fahren, unsere Train- und Munitionskolonnen ergänzen, deutsche Flugzeuge, die die Welt durch ihre Leistungen in Erstaunen setzen, deutsche U-Boote, die den Engländern den Nimbus ihrer Seeherrschaft rauben.

Die deutschen Automobilfabriken erwiesen sich in dem an Rennen und Ausstellungen reichen Jahr 1914 als wohlgerüstet zu

Нашитѣ армии, побѣдоносно воюващи противъ завистьта на цѣлъ свѣтъ, стоятъ въ странитѣ на неприятеля. Отъ двѣ години часамъ прѣвъзходната военна способность на нашия народъ се проявява винаги отъ ново, но и стопанственото прѣдимство излезе блѣскаво на явѣ.

Нашата високо развита техника и нашата индустрия ни позволяватъ чрѣзъ количеството и доброто качество на своитѣ производства, че сме съвсѣмъ самостоятелни въ противоположность на нашитѣ неприятели. Съ гермаиски срѣдства нашитѣ войници отбраняватъ отечеството отъ „защитителѣ на културата". Автомобилитѣ, които возватъ нашитѣ водители и офицери на щаба и допълняватъ обоза и муниционнитѣ колони, аеропланитѣ, които удивляватъ свѣта чрѣзъ своитѣ дѣла, подводницитѣ, които отнематъ на Англичанитѣ нимбуса на морската власть, всичкитѣ сж германски производства.

Германскитѣ фабрики за автомобили се доказахе добрѣ приготвени за мирна борба въ 1914 год., но и послѣ се яви, че тѣ бѣха напълно приготвени за потрѣбноститѣ на модерната война.

Boulevard Maria Luisa in Sofia.

Automobilwerbung im Ersten Weltkrieg

friedlichem Wettstreit. Es sollte sich aber zeigen, daß sie auch den Anforderungen eines modernen Krieges glänzend gewachsen waren. Bestbewährte und zuverlässige Kraftwagen und Flugmotoren in genügender und auch wachsender Anzahl wurden dem Heere alsbald zur Verfügung gestellt. In erster Linie standen dabei von Anfang an die Benzwerke.

Die Wiege des Kraftwagens stand am Rhein. Im Jahre 1883 wurde unter der Firma „Benz & Cie., Rheinische Gasmotorenfabrik Mannheim" das heutige Weltunternehmen gegründet. Anfangs widmete es sich in der Hauptsache dem Bau stationärer Gasmotoren. 1885 erbaute der Gründer der Firma, Carl Benz, das erste Benzinautomobil der Welt, das mit einem 3/4 PS „starken" Motor 10—15 km in der Stunde zurücklegte. Heute ziert dieser Dreiradwagen das Deutsche Museum in München.

Die Benzwerke haben seitdem dauernd auf allen Gebieten des Kraftwagen- und auch des Flugmotorenbaues fördernd eingegriffen. Es gebührt ihnen an der hohen Leistungsfähigkeit und der steten Verbesserung der deutschen Kraftwagen und Flugzeugmotoren ein bedeutender Anteil. Sie haben sich immer eine führende Rolle zu bewahren gewußt.

Die großen Mannheimer Werke bauen Kraftwagen in verschiedener Größe und Maschinenstärke. Kleinere Stadtwagen, für 2 oder 4 Personen geeignet, besitzen 8/20 PS, Tourenwagen für 4 bis 6 Personen haben Maschinen von 14/30 bis 39/100 PS, während die Motoren der großen Rennwagen über 200 PS entwickeln.

Besondere Beachtung verdient auch der umfangreiche Bau ausgezeichneter Nutzwagen, der sich als besonders zukunftsreich erweisen dürfte. Die Firma Benz erkannte frühzeitig die Gefahr einer Verquickung des Motorenbaues von Luxus- und Lastautomobilen und entschloß sich daher zu vollständiger, auch örtlicher Trennung der beiden grundverschiedenen Zweige. So entstanden als Filiale der Mannheimer Werke die Benzwerke Gaggenau, eine mustergültige Spezialfabrik für Motornutzwagen jeder Art. Es werden hier z. B. Geschäfts- und Lieferungswagen, Lastwagen und Lastzüge, Omnibusse und Nutzfahrzeuge für den kommunalen Dienst gebaut. Besondere Erwähnung verdienen auch die Benz-Feuerspritzen, Sprengwagen, sowie die Krankenwagen, die berufen sind, heute tausendfältige Samariterdienste zu tun. Wie schon aus dieser kleinen Zusammenstellung hervorgeht, ist die Verwendungsmöglichkeit automobiler Nutzfahrzeuge fast unbegrenzt.

Was wir den Motorlastwagen gerade jetzt im Kriege verdanken, wird unsere Heeresleitung später einmal berichten können. In kluger Voraussicht hatte sie schon lange vor dem Kriege dem Bau von kriegstüchtigen Lastautomobilen ihre Aufmerksamkeit gewidmet. Sie subventionierte daher auch den Bau kriegstüchtiger Motorwagen; es ist bei den Leistungen der Benzerzeugnisse fast selbstverständlich, daß auch die Werke in Gaggenau diese Auszeichnung erfuhren. — Es ist anzunehmen, daß die Verbreitung dieser neuen Transport- und Verkehrs-

mittel nach dem Kriege eine außerordentliche Zunahme erfahren Man bedenke nur den Vorteil, den ein Gefährt bietet, das täglich bis 150 km leistet, wenn man da- mit die Tagesleistung bis 30 km eines pferdebespann- ten Bierwagens ver

Benzmotor-Omnibusse als Vorläufer von elektrischen und bahnen werden ihren guten Ruf umso leichter aufrecht erhalt der große Krieg mit seinem „kategorischen Imperativ" manch nische Fortschritte gezeigt hat, die nun der Gesamtheit kommen. Vom sozialen Standpunkte aus betrachtet, eröffnet d derne Kraftomnibus große Aussichten für die Beschleunigu Personenverkehrs von und nach Orten, die vom allgemeinen V durch das Fehlen von Beförderungsmöglichkeiten mehr oder v abgeschlossen sind.

Es ist hier nicht genügend Raum, um die ganze wirtsch und kulturelle Bedeutung der ältesten und größten Automob Deutschlands erschöpfend zu würdigen, immerhin dürften diese

Ulrich Nieß und Rumjana Ivanova-Kiefer

и сигурни автомобили и аероплани въ достатъчно и растящо
…ѣха скоро на разположение на войската. Отъ началото Бенцъ-
…ѣха на първо мѣсто.

…зия автомобилъ бѣ построенъ въ Райнландия. Днешното свѣ-
…заведение бѣ основано въ 1883 год. подъ фирмата: „Бенцъ
…Райнише Газмоторенфабрикъ Манхаймъ". Въ началото се
…а преимуществено стоящи газови мотори. Въ 1885 год. осно-
…на фирмата Карлъ Бенцъ построи първия бенциновъ авто-

Ние обръщаме особено внимание на строене отлични
автомобили за нуждитѣ на дневния животъ, които безъ
съмнение ще иматъ голѣмо бъдаще. Фирмата рано съзна
опасностьта, която лежи въ съединението на строене мотори
за луксозни и за товарни автомобили, и за това се рѣши да отдѣли
тѣзи съвсѣмъ различни клонове.

Така, като клонъ на завода въ Манхаймъ бѣ основана фабриката
въ Гагенау, примѣрно заведение за всѣки родъ товарни автомобили.
Тамъ се строятъ напр търговски,
товарни автомобили и автомобилни
тренове, омнибуси и автомобили за
общинска служба. Не трѣбва да не
забѣлѣжимъ и Бенцъ-тулумби, авт
поливачки, авт. болнични коли, които
днесь иматъ цѣль да правятъ хиляд-
ни самаритарни услуги. Както се
вижда отъ тия примѣри броя на
тѣзи видове автомобили е почти
безконеченъ.

Нашето главно началство на армията
може да покаже понататъкъ колко
се дължи на товарнитѣ автомобили.
Още прѣди войната то е умно обрѣ-
щала внимание за строене товарни
автомобили, способни за войната. За
това даваше субсидия за този видъ
автомобили, разбира се отъ себе се,
че и заводитѣ въ Гагенау добиха
туй отличие.

Можемъ да очакваме, че подиръ
войната разпространяването на тѣзи
нови срѣдства за прѣносване и
съобщения ще се увеличава значи-
телно. Да си прѣдставимъ само пе-
чалбата, която има единъ товаренъ
автомобилъ, който дневно прави 100
—150 клм. сравнително съ една конс-
ка кола за бира, която прави само
20—30 клм.

Бенцъ - моторни омнибуси като
прѣдшественици на електр. и парни
желѣзници ще запазватъ добрата си
слава толкозъ полесно, колкото свѣтовната война съ своя категориченъ
императивъ е намѣрила технически
напрѣдъци, които всеобщностьта ще
използува.

Отъ социялна точка зрѣние мо-
дерния пасажерски омнибусъ отвори
най-добри надежди за бързото пасажерско съобщение между мѣста,
които сж отдѣлени отъ общото съобщение, защото липсватъ възмнож-
ностите на комуникацията.

Тукъ нѣма достатъчно мѣсто за да изложимъ напълно цѣлото
стопанско и културно значение на най стари и най-голѣми автомобилни заводи въ Германия, но надѣваме се че тѣзи редове стигатъ, за
да и неспециялиста позна, колко голѣми услуги си добиха
Бенцъ - заводи за отечеството въ военно и мирно врѣме.
Историята на Бенцъ-заводи е дълъ ширъ години на
трудна работа и на неуморно стремление, но и на растящи

на свѣта, който съ единъ моторъ отъ 3/4 к. с. взимаше
…клм. въ часъ. Днесь този автомобилъ съ три колела се намира
…м. Мизей въ Мюнхенъ. Отъ тогава фабриката е дѣйствувала
…но напрѣдъци въ всички области относително конструкцията
…мобили и аероплани и винаги е съхранила първа роль.

…мите заводи въ Манхаймъ строятъ автомобили съ различенъ
…ь и сила. Малки градски автомобили за 2 или 4 души иматъ
…с., пасажерски автомобили за 4 до 6 души иматъ 14/30 до
…к. с., но моторитѣ на голѣмитѣ курсови автомобили достигатъ
…тъ 200 к. с.

Automobilwerbung im Ersten Weltkrieg

Auto-Omnibusverkehr in bulgarifchen Srädren.

genügen, um auch den Nichtfachmann die großen Verdienste der Benzwerke für das Vaterland im Kriege wie im Frieden erkennen zu lassen.

Die Geschichte der Benzwerke ist eine lange Reihe von Jahren harter Arbeit und unermüdlichen Strebens, aber auch von wachsenden Erfolgen und Ehrungen. Unter den hervorragenden Kennern und Beschützern des Kraftwagensports in Deutschland ist es kein Geringerer als S. K. H. Prinz Heinrich von Preußen, der die Vorzüge der Benzmaschinen schon vor vielen Jahren erkannte. Bald erhielten die Benzwagen Goldene Medaillen auf Ausstellungen und die sportlichen Erfolge bei großen Rennen mehrten sich. Welcher Sportsmann erinnert sich wohl nicht des großen automobilistischen Ereignisses auf der amerikanischen Rennbahn, auf der ein 200 PS-Benz Rennwagen 1912 mit einer Geschwindigkeit von 221 km in der Stunde den noch heute unübertroffenen Schnelligkeitsrekord der Welt für Deutschland errang.

Solche Erfolge sind keine zufälligen, sondern sie sind nur die Ergebnisse stetigen Schaffens und Weiterarbeitens. Sie sind aber auch nur zu erzielen mit ganz tüchtigen Werkarbeitern und unter Verwendung besten Rohmateriales.

Dieses bezieht sich besonders auf den Flugmotorenbau. Die Erfolge, die die Benzwerke auch auf diesem Gebiete erzielt haben, schließen sich den glänzenden Leistungen ihrer Motorwagen würdig an. So endete der Kaiserpreiswettbewerb 1913 mit einem glänzenden Siege der Benzmotoren. Die Geschichte des Weltkrieges bucht täglich neue Erfolge für die Benzmaschinen.

So haben sich die Erzeugnisse der Benzwerke auch im großen Publikum immer mehr und mehr Anerkennung und Beachtung erworben. Ja, seit vielen Jahren genießen sie unbestrittenen Weltruhm, und dementsprechend war auch vor dem Kriege der Umfang ihres Exports.

Wir sind überzeugt, daß wir, wie militärisch so auch wirtschaftlich, nicht unterzukriegen sind. Die Betrachtung der hervorragenden Leistungen solcher Unternehmungen wie der Benzwerke kann uns in dieser Überzeugung neu bestärken. Sind wir erst siegreich aus dem Völkerringen hervorgegangen, so wird die Welt auch einsehen, daß sie die Tüchtigkeit eines solchen Volkes wie des deutschen gar nicht entbehren kann.

успѣхи и почести. Между най-добри познавачи и протектори на автомобилния спортъ Н. Кр. В. Принцъ Хайнрихъ Пруски съзна прѣди много години прѣимуществата на Бенцъ-машини.

Скоро Бенцъ-автомобили добиха златни медали при изложби, и спортнитѣ успѣхи при голѣми курсове се умножиха. Кой юбитель на спорта не си спомни чудесния спортенъ успѣхъ въ 1912 год. въ Америка, когато единъ Бенцъ-автомобилъ отъ 200 к. с. доби за Германия свѣтовния рекордъ на бързината съ 221 клм. въ часъ.

Такива успѣхи не сж случайни, но тѣ сж слѣдствията на постоянно работване и стремление и сж възможни само съ отлични работници и съ първостепенъ суровъ материялъ.

Това се касае на първо мѣсто до строенето на аероплани, така че успѣхитѣ, които Бенцъ-верке добиха въ тази область, сж достойни на отличнитѣ успѣхи на автомобилитѣ имъ, напр. императорскиятъ конкурсъ въ 1913 се сврши съ блѣскава побѣда на Бенцъ-мотори. Историята на свѣтовната война извѣстява ежедневно нови успѣхи на Бенцъ-машини.

Така производствата на Бенцъ-заводи намѣриха въ обществото все повече и повече признание и внимание, и може да се каже, че отъ много години насамъ тѣ неопоримо иматъ свѣтовна слава, и слѣдователно прѣди войната износа на фабрикатитѣ имъ бѣше съотвѣтственъ.

Сме убѣдени, че ние сме непобѣдими както въ военна, така и въ стопанска область. Гледайки прѣвъзходнитѣ извършвания на Бенцъ-заводи, тая увереность трѣбва да се утврди още повече. Когато ще излѣзимъ побѣдители отъ свѣтовната война, свѣта ще призна самъ, че не може да се лиши отъ способностьта на германския народъ.

Benz-Laftwagen im bulgarifchen Transporrverkehr.

Ralph Stephan

Das zähe Ringen um den Nahverkehr
Zum hundertjährigen Bestehen der Oberrheinischen Eisenbahngesellschaft

Mannheims Stadtwachstum und die Verkehrsbedürfnisse

Die Jahrzehnte um 1900 herum waren eine Zeit ungeheurer infrastruktureller Entwicklungen. Die Industrialisierung hatte volle Fahrt aufgenommen und mit ihr stellten sich neuartige Probleme. Auch die Rhein-Neckar-Region war davon in vollem Ausmaße betroffen. Die sich räumlich immer weiter ausbreitenden Industrieansiedlungen und Wohnbereiche der Beschäftigten ließen in Mannheim im Zuge dieses Wachstums das Problem der Personenbeförderung aufkommen. Schon andere deutsche Städte hatten aus diesem Grund Geschäftsleuten das Recht eingeräumt, Lokalbahnen einzurichten und zu betreiben. Auch in Mannheim wurde die erste Nahverkehrseinrichtung auf Schienen auf private Initiative hin errichtet. Die damals vorherrschende wirtschaftliche Auffassung gab beim Eisenbahnbau dem privaten Kapital Vorrang vor öffentlichen Geldern. Mit dem Vertrag vom 21. Juni 1877 verlieh die Stadt Mannheim dem Zivilingenieur Charles de Féral aus Brüssel die Befugnis zum Bau und Betrieb einer Pferde-Eisenbahn für die Dauer von 25 Jahren. Die Stadt behielt sich das Recht vor, nach Ablauf dieser Zeit die Anlagen zum Schätzwert zu übernehmen oder ihre Beseitigung zu verlangen.[1]

Am 3. Juni 1878 wurde die Mannheimer Pferdebahn der Öffentlichkeit übergeben. Bereits zu diesem frühen Zeitpunkt wurde ein gemeinsames Schienennetz für die Städte Mannheim und Ludwigshafen angelegt.[2] Auch die neu entstehenden Stadtteile wie die Oststadt und die Schwetzinger Vorstadt sollten gemäß dem erklärten Willen von Bürgern und Verwaltung ebenfalls eine Schienenanbindung erhalten. Die Unternehmensführung war hierbei jedoch nur zu geringen Zugeständnissen bereit. Mannheim erlebte 1888 darüber seine erste Auseinandersetzung zwischen Kommune und Privatverkehrsbetrieben. Sie war der Ausgangspunkt für eine politische Richtungswende der Stadtgemeinde. In der Stadtverwaltung erwachte

der Wunsch nach einem Nahverkehrsmittel, das in eigener Regie betrieben werden sollte, um verkehrspolitische Zielsetzungen nicht gegen die Widerstände Dritter durchsetzen zu müssen.[3] Mannheims Oberbürgermeister Otto Beck vertrat die Ansicht, dass Straßenbahnen als Betriebe der Stadt geführt werden müssten. Der Stadtrat trat dazu 1897 mit dem Betreiber in Verhandlungen darüber ein, die Pferdebahnkonzession vorzeitig aufzuheben. Da beide Seiten daran ein Interesse hatten, verzichtete de Féral mit Vertrag vom 20. März 1899 gegen die Zahlung einer Ablösesumme von 150.000 Mark auf seine Rechte. Ein Jahr später übernahm die Stadt den Betrieb und stellte 1902, also nach den im Vertrag verabredeten 25 Jahren, den Verkehr mit Pferdebahnen zugunsten einer elektrischen Straßenbahn ein.[4]

Mit der Übernahme der Straßenbahn in städtische Regie wurden wirtschaftliche Gesichtspunkte der Unternehmensführung hinter politische Zielsetzungen gestellt. Zuerst machte sich das beim Fahrpreis bemerkbar: Nichtselbständige Arbeitnehmer erhielten besondere Arbeiterkarten, Schüler Schülerkarten und die allgemeinen Tarife wurden gesenkt.[5] Relativ früh wurde in Mannheim auch dem Umstand Rechnung getragen, dass die Pferdebahnen nicht in der Lage waren, die Vororte verkehrstechnisch anzubinden.

Erneut waren es private Initiative und privates Kapital, die die Eröffnung der ersten Vorortbahn ermöglichten. Es war dies die Dampfstraßenbahn von Mannheim in das vier Kilometer weiter östlich liegende Feudenheim (bis 1910 noch selbständige Gemeinde). Deren Pächter und Betreiber war der damalige Feudenheimer Ratsschreiber M. Lutz. Die Konzession wurde ihm 1883 vom Großherzoglichen Ministerium des Inneren auf 35 Jahre erteilt.[6]

Mit zunächst nur drei Dampflokomotiven, die zum Schutz von Personen und Tieren ringsum mit Blech verkleidet waren, und neun Wagen nahm Lutz im Mai 1884 den Betrieb auf der Strecke auf. In den folgenden Jahren erfreute sich die Verbindung

Das zähe Ringen um den Nahverkehr

immer größerer Beliebtheit, sodass zunächst der Fahrplan verdichtet wurde und später eine Aufstockung des Fuhrparks unabdingbar wurde. Die Initiative ging in diesem Fall vom Vorort aus, der sich klare Vorteile durch eine engere Anbindung an die Stadt versprach. Aber auch die Stadt Mannheim sprach in der Stadtratssitzung vom 5. Juli 1883 von nicht näher definierten „Annehmlichkeiten und Vortheilen"[7], die eine solche Verbindung mit sich bringen würde. Die Idee der verkehrspolitischen Anbindung des Umlandes war bereits geboren, wenngleich noch eher vage.

Die Entstehung des Gleisdreiecks Mannheim-Heidelberg-Weinheim

Die erste Verbindung der Stadt Mannheim mit dem badischen und hessischen Umland sollte die Strecke Mannheim-Weinheim geben. Es ist aber bemerkenswert, dass dieser Gedanke nicht in der rasch wachsenden Industriestadt, sondern in den umliegenden Gemeinden geboren wurde. Diese, an ihrer Spitze Weinheim und Viernheim, bemühten sich in den siebziger Jahren des 19. Jahrhunderts rege darum, eine neue Eisenbahnstrecke aus der Taufe zu heben, die nicht nur von Mannheim bis zum Odenwald führen, sondern darüber hinaus ihre Fortführung bis zur Hauptstrecke Darmstadt-Aschaffenburg finden sollte.[8] 1870 wandte sich eine Reihe badischer und hessischer Gemeinden mit einer Petition an das Großherzogliche Handelsministerium in Karlsruhe sowie gleichzeitig an das Großherzogliche Ministerium des Inneren in Darmstadt. Darin wurde der Bau dieser Bahn für unbedingt notwendig zur „Förderung der industriellen, productiven und materiellen Verhältnisse" erklärt.[9]

Schuld an der Nichtanbindung der Landgemeinden an das bestehende Netz der Normalspurbahnen war der „Friedrichsfelder Kompromiss" gewesen. Da man sich staatlicherseits nicht dem Drängen der beiden Städte Mannheim und Heidelberg verschließen wollte, die Strecke von Frankfurt her doch möglichst in die jeweils eigene Stadt einmünden zu lassen, aber nicht beiden Konkurrenten gleichzeitig gerecht werden konnte, wurde das Streckenende genau auf die Mitte der Linie Mannheim-Heidelberg gelegt. Damit waren sowohl die badischen Gemeinden der Bergstraße als auch die hessischen Gemeinden am Rhein ohne Schienenanbindung, denn die „Kompromiss-Strecke" führte nun durch unbebautes Land.

In dem Bericht der Landgemeinden wurde darauf hingewiesen, dass das Bahngebiet 144 Fabriken und größere gewerbliche Etablissements, 199 Mühlenbetriebe sowie 86 Jahr- und Viehmärkte umfasse.

Abb. I
Der Bahnhof Schriesheim der Süddeutschen Eisenbahngesellschaft um 1900
Zum Fototermin erschienen das Bahnhofspersonal und die Angehörigen. Schriesheim war vor dem Bau der Bachsteinschen Strecke Weinheim-Heidelberg aufgrund des Friedrichfelder Kompromisses ohne Bahnanschluss geblieben.
StadtA MA – ISG

Ralph Stephan

Industrielle und agrarische Erzeugung sollten also durch eine gemeinsame Infrastruktur miteinander verbunden werden. Es rückte damit vor allem der Güterverkehr in den Mittelpunkt des Interesses. Die politisch Verantwortlichen erhofften sich eine Verbesserung der Versorgungslage und eine Hebung der Wirtschafts- und Steuerkraft durch eine Verbindung der bisher „schienenlosen" Ortschaften (Abb. 1) mit den Verbraucherzentren Mannheim, Ludwigshafen und Heidelberg. Eine solche Verkehrserschließung bot gegenüber dem sonst in der Landwirtschaft üblichen Transportmittel, dem Fuhrwerk, geradezu „unbegrenzte" Möglichkeiten an Schnelligkeit und Transportmenge.[10] Nicht nur das: Der Bahntransport versprach ein Vielfaches billiger zu werden als das Fuhrwerk.[11]

Es fällt auf, dass diese Initiative nicht von der „innovativen" Industrie getragen wurde, sondern von den kommunalen Vertretern der Landwirtschaft, wie beispielsweise den Gemeinderäten von Käfertal und Viernheim. In Weinheim, Viernheim und anderen Gemeinden hatten sich ausschließlich zu diesem Zweck bereits Eisenbahn-Comités gebildet.[12]

In den folgenden fünf Jahren gingen die Verhandlungen zwischen der Stadt Mannheim, den Landgemeinden und den Regierungen in Karlsruhe und Darmstadt schleppend voran. Ohne Staatsgarantien blieb den Beteiligten im Jahre 1875 nur die Teillösung, sich mit einer Strecke Mannheim-Viernheim-Weinheim zu begnügen.[13] Aber auch dieser Ansatz blieb beinahe zehn weitere Jahre nur ein Projekt, das nicht über das Stadium der Diskussion hinauskam.[14] Den tatsächlichen „Startschuss" zum Bau der Strecke Mannheim-Weinheim gab letztendlich ein Berliner Unternehmer. Herrmann Bachstein (Abb. 2) war eine der tragenden Persönlichkeiten in der Finanzierung privater Eisenbahnstrecken im Deutschen Reich und konnte auf glänzende Erfolge auf diesem Gebiet zurückblicken. 1881 und 1883 hatte er zwei thüringische Nebenbahnen in Betrieb genommen.[15] Mit einer Reihe von finanzkräftigen Bankhäusern hatte er überdies ein Eisenbahnkonsortium gegründet, dessen Leitung er als ausgewiesener Eisenbahnfachmann selbst übernahm.[16]

Bachstein war das, was man heute als „Selfmademan" bezeichnen würde. Geboren 1834, bildete er

Abb. 2
Herrmann Bachstein, Verkehrspionier und eigentlicher Begründer des Sekundärbahnwesens in Deutschland
Er baute zwischen 1887 und 1892 das Gleisdreieck Mannheim-Weinheim-Heidelberg auf und war auch maßgeblich an dessen Verkauf an die von ihm selbst gegründete SEG im Jahre 1897 beteiligt.
StadtA MA – ISG

sich nach Schulzeit und Ausbildung zum Zimmergesellen im Baugewerbe fort. 1859 verließ er die Bauakademie in Berlin als Ingenieur und suchte Praxiserfahrung im boomenden Eisenbahngeschäft, wo er es in wenigen Jahren zum selbständigen Unternehmer brachte.[17]

Das von ihm gegründete Eisenbahnkonsortium richtete in ganz Deutschland eine Reihe von Straßen- und Nebenbahnen ein und führte deren Betrieb.[18] In Mannheim fand dieses Konsortium in der Rheinischen Kreditbank einen potenten Partner. Mit ihr gründete Bachstein eine neue Gesellschaft, das Badische Eisenbahnkonsortium, das seine Interessen in der Rhein-Neckar-Region vertrat.[19] Wie viele andere Bankinstitute der Zeit griff die Rheinische Kreditbank Mannheim aktiv leitend in die Herausbildung der modernen Großindustrie ein. Auch die anderen im Eisenbahnkonsortium vertretenen Banken, wie beispielsweise die Bank für Handel und Industrie, ließen ihre Interessen am Eisenbahnbau und -betrieb direkt in die Leitung des Konsortiums einfließen.[20]

Im Jahr 1886 wurden Bachstein die nötigen Konzessionen für die Strecke Mannheim-Weinheim erteilt.[21] Die Regelung von Nutzungsrechten erscheint aus heutiger Sicht mit geradezu atemberaubender Geschwindigkeit vonstatten gegangen

Das zähe Ringen um den Nahverkehr

Abb. 3
Zugpersonal der Bachsteinschen Strecke Mannheim-Weinheim
Dies ist keine Originalfotografie aus den achtziger Jahren des 19.Jahrhunderts. Die Aufnahme wurde vielmehr 1947 zu Ehren des sechzigjährigen Betriebsjubiläums gemacht. Die Uniformen der beiden Personen im Vordergrund sind jedoch bis damals erhaltene Originalstücke.
StadtA MA – ISG

zu sein. Alle Verträge datieren auf die Jahre 1886 und 1887.[22] Als Spurweite wurde die Schmalspur von einem Meter gewählt. Das war zu dieser Zeit einmalig in Baden. Das Eisenbahnkonsortium hat diese Wahl wohl aus Kostengründen getroffen. Mit der Entscheidung für die Schmalspur wurde eine für die Infrastruktur des Raumes Mannheim grundlegende technische Entscheidung gefällt. Denn beim Bau der elektrischen Straßenbahn in der Stadt entschloss man sich 1901 ebenfalls für diese Spurweite, um die Netze miteinander verbinden zu können.[23] Die Arbeiten gingen so zügig voran, dass bereits am 12. September 1887 die Eisenbahnstrecke Mannheim-Weinheim mit Dampfzügen in Betrieb genommen wurde: Mannheims erste Verbindung ins umliegende Land (Abb. 3).

Fast zeitgleich zur Entstehung der Strecke Mannheim-Weinheim vollzog sich an der Bergstraße eine Entwicklung, die zur Ausweitung von Interessen und Bautätigkeiten von Bachsteins Eisenbahnkonsortium führen sollte. Am 26. Juni 1883 war dem Heidelberger Unternehmer J. Leferenz eine Konzession für den Bau und Betrieb einer Nebenbahn von Heidelberg nach Schriesheim erteilt worden.

Leferenz war Teilhaber des Porphyrwerks Gebrüder Leferenz in Dossenheim, das sich direkt an der geplanten Bahnstrecke befand. Der Gedanke lag nahe, für den Abtransport des dort in großen Mengen geförderten Gesteins einen Schienenanschluss zu schaffen. Leferenz allein besaß jedoch mit Sicherheit weder die notwendige Finanzkraft noch das technische Know-How, um den Bau einer Nebenbahnstrecke allein ausführen zu können.[24] Gleichzeitig erhielt das Eisenbahnkonsortium Bachsteins in der Konzession für die Strecke Mannheim-Weinheim das ausdrückliche Vorzugsrecht eingeräumt, von der Strecke abzweigende Bahnen oder deren Verlängerung konzessioniert zu bekommen. Eine Verlängerung Weinheim-Schriesheim-Heidelberg war ein solcher Fall, der in vollem Umfang die Konzession von Leferenz betraf.[25]

So kam es 1887 zu einer vertraglichen Einigung zwischen Leferenz und dem Eisenbahnkonsortium, die den Interessen beider Seiten Rechnung trug. Leferenz trat seine Konzession an das Eisenbahnkonsortium ab und erhielt dafür sowohl eine Entschädigungszahlung als auch die Zusage, das Eisenbahnkonsortium würde auf eigene Kosten ein Anschlussgleis sowie einen Beladeplatz für das Porphyrwerk Gebrüder Leferenz erstellen.[26] Eine solche infrastrukturelle Bevorzugung eines einzelnen Unternehmens war nur möglich, da es sich beim Bahnbetreiber ebenfalls um ein privatwirtschaftliches Unternehmen handelte. Die vertragsrechtlichen Bestimmungen waren damit kein Gegenstand politischen Interesses. Daran lässt sich erkennen, wie weit sich die öffentliche Hand zum Ende des 19. Jahrhunderts noch aus dem Eisenbahnwesen heraushielt. Bachstein erhielt die Konzession aus Karlsruhe am 28. Oktober 1889. Ein Jahr später bereits konnte die Strecke Weinheim-Heidelberg (Abb. 4) im Schmalspurbetrieb befahren werden.[27]

Das Badische Eisenbahnkonsortium ließ es sich einiges kosten, die Konzession für eine Weiterführung der Strecke von Weinheim nach Heidelberg in die Hand zu bekommen. Es ist nicht genau nachzuvollziehen, ab welchem Zeitpunkt Bachstein die Idee eines Gleisdreiecks Mannheim-Weinheim-Heidelberg-Mannheim verfolgte. Aber die Inhalte des Vertrages mit Leferenz lassen darauf schließen, dass dieses Ziel bereits vor der Fertigstellung

Abb. 4
Ein Dampfzug am Bismarckplatz in Heidelberg
Der Platz ist bis zum heutigen Tag ein zentraler Nahverkehrsknotenpunkt der Stadt. Die OEG und ihre Vorgängergesellschaften benötigten beinahe siebzig Jahre, bevor dieser Streckenabschnitt elektrifiziert wurde.
StadtA MA – ISG

Ralph Stephan

Abb. 5
Diese Zeichnung, die um
1900 entstand, zeigt die
Friedrichsbrücke, auf die
gerade eine Pferdestra-
ßenbahn und ein Dampf-
zug der SEG einbiegen.
Auf der Brücke wurde
die rechte Schiene von
beiden Verkehrsmitteln
benutzt, die linke wurde
entsprechend der ver-
schiedenen Spurbreiten
getrennt befahren.
StadtA MA – ISG

der Strecke Mannheim-Weinheim vom Badischen Eisenbahnkonsortium ins Auge gefasst wurde.[28]

Die Vorzüge und Rentabilität eines solchen Projektes lagen auch für jedermann ersichtlich auf der Hand. Die aufstrebenden Industriestäd-te Mannheim und Ludwigshafen hätten zu einer Verbindung mit dem Umland auch die Miteinbin-dung der Stadt Heidelberg in ein gemeinsames infrastrukturelles Netz hinzugewonnen. Und für das Eisenbahnkonsortium hätte dieses ein hohes Verkehrsaufkommen durch eine Vielzahl möglicher Reiseverbindungen bedeutet.

Folgerichtig bemühte sich das Eisenbahnkon-sortium zeitgleich zum Bau der Strecke Weinheim-Heidelberg um eine Konzession für die Strecke Hei-delberg-Edingen-Mannheim, die am 18. Juni 1890 erteilt wurde. Bereits ein Jahr später konnte die Strecke eröffnet werden. Die betroffenen Gemein-den hatten, wie auch schon in den Fällen der beiden anderen Teilstrecken, bereitwillig Eigentums- und Nutzungsrechte an das Konsortium vergeben, denn auch hier war die Anbindung an die Indus-triestadt ein lang gehegter Wunsch.[29] Das Dreieck wurde dann in Mannheim 1892 dadurch geschlos-sen, dass eine Schienenverbindung zwischen den beiden auf verschiedenen Neckarufern liegenden Endstationen über die Friedrichsbrücke erstellt wurde. Zum ersten Mal wurden dadurch auch das Pferdebahnnetz der Stadt Mannheim und das Dampfbahn-Dreieck miteinander verbunden, wenn auch nur mit einer Gleisseite. Da beide Verkehrs-mittel verschiedene Gleisabstände hatten, bekam die Dampfbahn ein Gleis zwischen die Gleise der Pferdebahn (Abb. 5) montiert.[30]

Das Zusammenprallen öffentlicher und privater Eisenbahninteressen mit Gründung der Süddeut-schen Eisenbahngesellschaft

Das Badische Eisenbahnkonsortium unter der Leitung von Herrmann Bachstein war, wie bereits erwähnt, nicht dessen einzige Beteiligung an Eisen-bahnstrecken. Zu Beginn der neunziger Jahre des 19. Jahrhunderts wurde aus diesem Grunde der Gedanke diskutiert, die verschiedenen Konsortien in einer gemeinsamen Aktiengesellschaft zusam-menzuführen.[31] Die ersten Verhandlungen über die Bildung einer großen zentralen Aktiengesellschaft wurden im Jahre 1892 in die Wege geleitet. Die Hauptleitung der unter maßgeblicher Beteiligung von Bachstein betriebenen Bahnen lag in Darm-stadt. Dort saß auch sein wichtigster Geldgeber, die Bank für Handel und Industrie. Daher wurde

Abb. 6
Die SEG-Kastenlok
Nr. 80, die 1890 von der
Firma Henschel in Kassel
gebaut wurde.
Maschinen dieses Typs
wurden aufgrund ihrer
Sicherheitsbauweise,
bei der alle beweglichen
Teile verkleidet waren,
vor allem im städ-
tischen Personenverkehr
eingesetzt. Bereits die
Dampfbahn Mannheim-
Feudenheim hatte solche
Lokomotiven betrieben.
StadtA MA – ISG

Das zähe Ringen um den Nahverkehr

Abb. 7
Die Bergstraße: Bereits Ende des 19. Jahrhunderts stellte sie einen Anziehungspunkt für Ausflügler und Touristen dar. Speziell aus den Städten der Region ergossen sich jedes Wochenende die Erholungssuchenden in den Odenwald – aber nur dorthin, wohin Bahnverbindungen bestanden.
StadtA MA – ISG

von hier aus noch im gleichen Jahr der erste Schritt zur Umwandlung in eine Aktiengesellschaft getan: eine Eingabe an das Großherzoglich Hessische Ministerium der Finanzen sowie an alle anderen Finanzbehörden derjenigen Staaten, in denen Bachsteins Eisenbahnstrecken lagen.[32] Jedoch erst drei Jahre später erhielt Bachstein aus dem Ministerium „grünes Licht". Auch die Regierungen der anderen Staaten, auf deren Territorien Bachsteins Bahnen lagen, stimmten zu. Und so wurde am 11. Februar 1895 die Süddeutsche Eisenbahngesellschaft (SEG) mit ihrer Eintragung in das Handelsregister zu Darmstadt aus der Taufe gehoben (Abb. 6).[33]

In Mannheim bahnte sich auf kommunalpolitischem Gebiet derweilen ein Wandel an, der unmittelbar mit den Interessen der neugegründeten Süddeutschen Eisenbahngesellschaft kollidieren sollte. Bisher hatte die Stadt Mannheim sich darauf beschränkt, wirtschaftliche Vorteile aus dem Betrieb von privaten Bahnen auf ihrer Gemarkung zu ziehen. Im letzten Jahrzehnt des 19. Jahrhunderts gewann aber eine andere Auffassung beständig an Boden.[34] Dies geschah sowohl vor dem Hintergrund der rapiden Stadtentwicklung, als auch der sich verändernden Mehrheiten im Stadtrat: Die Sozialdemokraten gewannen auch in Mannheim zunehmend mehr Wählerstimmen.[35] Beschrieben wurde diese Entwicklung im Verwaltungsbericht der Stadt Mannheim für 1895-1899. Hier heißt es: „Erst im letzten Jahrzehnt trat ein Umschwung der

Anschauungen ein, und heute betrachtet es die Stadtgemeinde nicht nur aus allgemein wirtschaftlichen, sondern auch aus gesundheitlichen und sozialpolitischen Rücksichten als ihre besondere Pflicht, ihrerseits die Stadt mit einem Netz von Vorortbahnen zu umgeben und diese Aufgabe nicht auch fernerhin privaten Erwerbsgesellschaften zu überlassen."[36]

Die Grundzüge einer solchen Verkehrspolitik stellte eine Denkschrift der Stadtverwaltung an die Großherzogliche Regierung in Karlsruhe aus dem Jahre 1898 vor.[37] Dieser Bericht bildet den Ausgangspunkt einer aktiven Verkehrspolitik der Stadt Mannheim. In ihm werden nicht nur die Ziele festgelegt, sondern auch deutlich die Beweggründe dargestellt, aus denen heraus die Stadt Mannheim öffentlichen Nahverkehr in eigener Regie nun für unentbehrlich betrachtete.[38] An einigen Ausführungen ist dies besonders offensichtlich erkennbar: „Die Stadtgemeinde Mannheim trägt sich bereits seit längerer Zeit mit der Absicht, ihrerseits derartige Vorortbahnen anzulegen, und zwar sollen alle diese Bahnen im Interesse der Billigkeit, Schnelligkeit und Sicherheit des Betriebes, soweit dies irgend angeht, elektrisch betrieben werden. [...] Vor allem ist es hier die Tarifbemessung und die Einrichtung des Fahrplans, bei denen die Stadtgemeinde als Unternehmerin der Bahn in erster Linie die Interessen des Publikums berücksichtigen wird, während sich der private Kapitalist ausschließlich von eigennützigen Beweggründen leiten lassen wird."[39]

Neben der inhaltlichen Aussage dieses letzten Satzes ist die Wortwahl beachtenswert. Wie auch in anderen Abschnitten der Denkschrift, zeigt sie deutliche Züge des damaligen sozialdemokratischen Sprachgebrauchs.[40] Weiterhin wird angeführt: „Die für die Großindustrie nothwendige Arbeiterschaft soll derselben zur Verfügung gestellt werden, ohne dass die Ansiedelung dieser Arbeiter in Mannheim stattfindet. Das Mittel dazu sollen die Vorortbahnen bieten."[41] Mehr Arbeiter in der Stadt würden zu steigenden sozialen Problemen führen, die vor allem in wirtschaftlich schlechten Zeiten die Stadtverwaltung finanziell und organisatorisch überfordern könnten. Die Stadt Mannheim sah sich selbst als Mittelpunkt einer Wirtschafts-Landschaft (Abb. 7), als deren großer Arbeitgeber; die Rolle des großen Wohnortes mochte sie aber nicht ausfüllen.

Ralph Stephan

Dies ist auch vor der zu dieser Zeit rasanten Bevölkerungsentwicklung – ca. 5.000 Neubürger im Jahr – nicht weiter verwunderlich.

Die Verwaltung der Stadt Mannheim leitete aus ihrer führenden regionalen Stellung den Anspruch ab, für den ganzen Wirtschaftsraum die Siedlungs- und Verkehrspolitik ordnend zu gestalten. Konflikte mit den Landgemeinden und den privaten Verkehrsunternehmen wurden damit gleichsam vorprogrammiert. Die Konfrontation zwischen Stadt und SEG begann am 23. Mai 1899. Damals teilte die Süddeutsche Eisenbahngesellschaft der Stadtgemeinde mit, dass sie beabsichtige, eine Bahnverbindung von Käfertal nach Wallstadt und weiter nach Heddesheim zu erstellen. Die SEG sprach hierbei den Wunsch nach unentgeltlicher Überlassung des auf der Mannheimer Gemarkung liegenden Geländes aus.[42] Der Stadtrat wies die Möglichkeit einer kostenlosen Überlassung, geradezu vorhersehbar, von sich. Er erklärte sich jedoch dazu bereit, stadteigene Grundstücke auf eine bestimmte Zeit zu verpachten. Die Bedingungen hierfür sollten ein Rückkaufrecht der Bahnanlagen und die Einflussnahme auf die Tarifgestaltung und die Fahrpläne sein. Das entsprach den Mindestforderungen, die die Stadt sich in ihrer Denkschrift selbst auferlegt hatte.

Da die SEG diese Bedingungen nicht annahm, kam es zu Verhandlungen zwischen beiden Seiten, in denen sich die unterschiedlichen verkehrspolitischen beziehungsweise verkehrswirtschaftlichen Standpunkte deutlich manifestierten.[43] Immerhin kam es im September 1899 zu einer „Vorläufigen Vereinbarung" zwischen der SEG und der Stadtgemeinde über die neu zu errichtende Bahnstrecke Industriehafen-Heddesheim. In dieser wurde festgelegt, dass die Stadt die Konzession erwerbe und die Bahn baue. Die Gesellschaft sollte das rollende Material stellen und den Betrieb führen. Es war daran gedacht, eine „Eisenbahngesellschaft" zu bilden, in die beide Vertragspartner ihre Bahnen einbringen sollten und der Gewinn nach einem sich hieraus ergebenden Schlüssel aufzuteilen wäre.[44] Die Stadt Mannheim stellte weiterhin die zum Betrieb einer elektrifizierten Strecke Mannheim-Käfertal notwendigen Einrichtungen und führte den Betrieb auf eigene Rechnung. Die SEG wiederum baute jene Strecke auf eigene Kosten zweigleisig aus und gestattete der Stadt die Benutzung derselben für den elektrischen Betrieb gegen eine Vergütung.[45]

Aufgrund dieser Vereinbarung arbeitete nun die SEG einen Vertragsentwurf aus, der ab Dezember 1899 die Grundlage für weitere, offenbar zähe,

Abb. 8
Bautrupp der SEG
Gleisbau war zu Beginn
des 20. Jahrhunderts
hauptsächlich Handarbeit. Nur das Schotterbett wurde durch Schotterwaggons maschinell
aufgefüllt. Das Verlegen
der Schwellen und Schienen erfolgte dann mittels
Muskelkraft.
StadtA MA – ISG

Das zähe Ringen um den Nahverkehr

Abb. 9 (oben)
Der im Jahre 1909 fertig gestellte Bahnhof Heddesheim
Er war der Endpunkt der Neubaustrecke von Mannheim über Käfertal, die gemeinsam von der SEG und der Stadt Mannheim errichtet wurde. Die Lokomotive links ist die Lok Nr. 57, die zweitälteste Maschine des Unternehmens. Sie trat 1887 auf der Strecke Mannheim-Weinheim ihren Dienst an.
StadtA MA – ISG

Abb. 10 (rechts)
Es ist heute kaum mehr vorstellbar, wie viel Dampfausstoß eine Lokomotive vor hundert Jahren auf ihrem Weg zurückließ. Unter klimatisch schlechten Bedingungen, wie im Winter, verschwand das Zugende förmlich im Rauch. Für die Bewohner an der Strecke war dies kein auf Dauer hinnehmbarer Zustand. Die SEG, und später die OEG, blieben jedoch auf ihren Überlandstrecken zum Teil bis in die fünfziger Jahre beim Dampfbetrieb.
StadtA MA – ISG

einjährige Verhandlungen bildete, bis im Januar 1901 die Zustimmungen sowohl des Aufsichtsrates der SEG, des Stadtrates von Mannheim als auch der Karlsruher Regierung vorlagen. Dieser Vertrag wurde zur Basis eines neuen Kapitels der öffentlich-privaten Verkehrszusammenarbeit.[46]

Spannungsgeladene öffentlich-private Zusammenarbeit

Die Vereinbarung zwischen der SEG und der Stadt Mannheim von 1901 steckte deutlich die gegenseitigen Interessensfelder ab und zeigte auf, wo man hoffte, sich ergänzen zu können. Die SEG verzichtete hierin ausdrücklich auf die Vorrechte, die sich aus ihren Konzessionen ergaben. Die Stadtgemeinde erwarb die Konzessionen für den Bau neuer Streckenverbindungen (Abb. 8), beauftragte jedoch die SEG mit denselben. Die neuen Linien – vor allem die anstehende Verbindung Industriehafen-Heddesheim – sollten zusammen mit den bereits bestehenden Strecken der SEG eine Betriebsgemeinschaft bilden, aber im jeweiligen Eigentum der Vertragspartner bleiben.[47] Erstmals waren mit dieser Vereinbarung in Baden Privat- und Kommunalwirtschaft zu einer gemeinsamen Verkehrspolitik übereingekommen. Es ist aber deutlich, dass die Initiative dazu von der öffentlichen Seite – der Stadt Mannheim – kam, die ihre Interessen bezüglich des Verkehrswesens in kürzester Zeit so ausgeweitet hatte, dass sie einfach mit denen der

Privatwirtschaft in Berührung kommen mussten.[48] Es sollte ein ganz wesentliches Charakteristikum der städtischen Verkehrspolitik bleiben, die Maximalziele hinter das im Moment Erreichbare zu stellen. Bei der nächsten Gelegenheit wollte die Stadt Mannheim größeren Einfluss auf den Nahverkehr gewinnen.

Es verwundert nicht, dass sich die „Vernunftehe" zwischen Stadt und Süddeutscher Eisenbahngesellschaft in der Folge mit Konfliktstoffen beladen zeigte. Denn die Stadt Mannheim musste auch wesentliche Nachteile in Kauf nehmen. So war es von vornherein ein schwerwiegendes Opfer, dass die Stadt ihre Vorortlinien nicht selbst bauen konnte, sondern dies der SEG überlassen musste. Auch hinsichtlich der Fahrplan- und Tarifgestaltung war dem Stadtrat im Vertrag lediglich das Recht eingeräumt worden, seine Wünsche zu äußern. Die Aufstellung selbst erfolgte jedoch durch die SEG.[49] Damit hatte die Stadt Mannheim ihr Ziel einer einheitlich günstigen Tarifgestaltung verfehlt. In der Praxis hatte das jedoch nur geringe Auswirkungen, denn die SEG hielt sich in ihrer Tarifgestaltung eng an das, was die städtischen Verkehrsbetriebe ihren Fahrgästen abverlangten. Die Fahrpläne mussten seitens der SEG im Takt an die städtischen Verbindungen angeglichen werden.

Ralph Stephan

An den folgenden Ereignissen gemessen, war die „Vernunftehe" der Stadt Mannheim und der Süddeutschen Eisenbahngesellschaft in Vielem fruchtbar gewesen. Im August 1905 wurde der Stadt als Teilhaberin der Betriebsgemeinschaft die langersehnte Konzession für die Strecke Mannheim-Käfertal-Heddesheim (Abb. 9) erteilt.[50] Diese Strecke wurde im Mai 1909 dem Verkehr übergeben. Auch der im Vertrag von 1901 vorgesehene zweigleisige Ausbau bei gleichzeitiger Elektrifizierung der Strecke Mannheim-Käfertal wurde, wie beidseitig beabsichtigt, 1906 vollendet.[51]

Deutlich erkennbar werden die Auseinandersetzungen über die Elektrifizierung (Abb. 10) in der Bürgerausschussvorlage vom 31. Oktober 1910: „Insbesondere mutet der Zustand, dass nach dem Vertrag die neuen Vorortbahnlinien mit Dampf betrieben werden müssen, in einer Zeit, die sich bereits der Elektrifizierung der Vollbahnen nähert, geradezu anachronistisch an", schrieb hier die Stadtverwaltung.[52] Es hatte sich tatsächlich eine ungewöhnliche Konstellation herausgebildet: Die öffentliche Hand trat für Fortschritt ein, drängte vorwärts, strebte nach Neuerungen, gab sich unbürokratisch; die Privatwirtschaft hingegen setzte auf das Beharren, mied Neuland und zeigte sich unbeweglich. Das lässt sich aber anhand der einzelnen Zielsetzung erklären. Die Stadtgemeinde hatte sich an sozialpolitischen und allgemeinwirtschaftlichen Zwecken und Zielen orientiert. In ihrem Streben nach vollkommener Befriedigung der vorhandenen Verkehrsbedürfnisse neigte sie mitunter dazu, der technischen Entwicklung vorauszueilen, denn die Elektrifizierung der Hauptbahnen stand 1910 noch keineswegs auf der Tagesordnung. Der wahrscheinlich wesentliche Grund, warum die Stadt auf eine Elektrifizierung drängte, ist jedoch weder in den Verhandlungen zu Tage getreten noch wird er in einem überliefernden Dokument angesprochen: Die Stadt Mannheim hoffte auf ein einträgliches Geschäft durch Energielieferungen aus ihrem gemeindeeigenen Elektrizitätswerk.

Die privatwirtschaftlich arbeitende SEG konnte kein anderes Ziel haben, als das vorhandene Verkehrsbedürfnis möglichst ertragreich auszunützen. Eine technische Neuerung auf einem Streckenabschnitt einzuführen, hätte der einheitlichen Betriebsführung der SEG eher geschadet, denn

noch waren die „alten" Strecken zu jung, um ausreichende Investitionsrücklagen zu erwirtschaften.[53] Die Stadtgemeinde war demgegenüber in einer viel besseren finanziellen Lage und besaß den Spielraum zu experimentieren. Die steigende Prosperität der deutschen Wirtschaftsentwicklung machte sich um die Jahrhundertwende ganz deutlich im Stadtsäckel bemerkbar. Die spannungsgeladene, doch erfolgreiche Zusammenarbeit erhielt 1909/10 eine überraschende Wende, die die Stadtverwaltung wie folgt bezeichnete: „Der Umschwung kam hier überraschend und plötzlich, indem es einer Gruppe rheinischer Großindustrieller und Städte gelang, die Majorität des Aktienkapitals der Süddeutschen Eisenbahngesellschaft in andere Hände zu bringen."[54]

Konfliktentschärfung durch Hugo Stinnes

Die Entwicklung, die die Zusammenarbeit zwischen SEG und der Stadt Mannheim auf eine ganz neue Grundlage stellen sollte, vollzog sich zunächst räumlich weit entfernt: in Essen. Dort hatte der Großindustrielle Hugo Stinnes zusammen mit einigen Geschäftspartnern Einfluss auf all das gewonnen, was zum Betrieb von Eisenbahnen notwendig war. Das war an erster Stelle die Aktienmehrheit des Rheinisch Westfälischen Elektrizitätswerks. Dazu gehörten aber auch Stinnes eigene Kohlengruben – das größte deutsche Unternehmen in seiner Branche – sowie Straßen- und Vorortbahnen

Abb. 11
Die Hauptwerkstatt Mannheim der Süddeutschen Eisenbahngesellschaft
Die Aufnahme ist um das Jahr 1900 entstanden. Ganz rechts im Bild ist die Frontpartie einer „Katze" erkennbar; so nannte man kleine Rangierlokomotiven. Die Belegschaft lässt deutlich die Rangunterschiede erkennen, wie sie zu dieser Zeit in Werkstätten üblich waren: der Herr mit dem Bart und der Taschenuhrkette (ganz links) ist der Meister, die Lehrlinge hingegen haben am Boden Platz genommen.
StadtA MA – ISG

Das zähe Ringen um den Nahverkehr

im Kohlen- und Industrierevier.[55] Hugo Stinnes hatte dabei einen sehr speziellen Weg entwickelt, fremde Unternehmen in seinen Konzern mit einzubeziehen. Den Unternehmen wurde weitgehende Selbstständigkeit in der Geschäftsabwicklung belassen und Hugo Stinnes brachte sich stets „nur" in die Position eines Mehrheitsbeteiligten.[56]

Hugo Stinnes bewies in den achtziger und neunziger Jahren des 19. Jahrhunderts eine erstaunliche Einsicht in die Notwendigkeiten privat- und kommunalwirtschaftlicher Abläufe. Er gründete das erste Gemischtwirtschaftliche Unternehmen (GWU) auf deutschem Boden. Dieses umfasste sowohl private Unternehmen als auch kommunale Betriebe. In dieser konzernartigen Unternehmensform konnten sowohl Wirtschaft als auch öffentliche Hand ihre Interessen miteinander verflechten und selbst risikoreiche „Neulandgewinnung" relativ sorgenfrei betreiben.[57] Die Erscheinung des GWU, bei dem Hugo Stinnes Hauptgesellschafter war und dessen Kernstück das Rheinisch-Westfälische Elektrizitätswerk (RWE) bildete, bedeutete einen geänderten Inhalt des Kapitals überhaupt. Sein vordringliches Interesse galt den Energieträgern und der Grundstoffindustrie. Kohle, Eisen, Stahl, elektrischer Strom, Maschinen und Geräte waren auf absehbare Zeit zum Hauptbedarf einer industriellen Gesellschaft geworden. Daher konnte Unternehmern und Anlegern wie Stinnes die kurz- und mittelfristige Rentabilität eines Unternehmens nebensächlich sein. Wichtig war jedoch, dass der feste Absatz für ihre Produkte und Dienstleistungen (Abb. 11) gesichert wurde.[58]

Im Jahre 1908 verkaufte eine Bank der RWE für 16 Millionen Mark Aktien des kurz zuvor auf 26 Millionen Mark erhöhten Kapitals der SEG. Die Gelegenheit für das RWE konnte nicht günstiger sein. SEG-Gründer Herrmann Bachstein war am 4. Februar 1908 gestorben. Sein Sohn trat völlig unvorbereitet die Nachfolge des Vaters in der Centralverwaltung an und hatte weder die Erfahrung noch den nötigen Einblick in die Geschäftsvorgänge, um das Unternehmen kraftvoll zu leiten.[59] Diese personelle Führungsschwäche dürfte der Auslöser für den Aktienkauf gewesen sein. Der Erfolg war überwältigend: Das RWE war nun im Besitz der Aktienmehrheit der SEG.[60] Mit den neuen Machtverhältnissen innerhalb des Unternehmens waren die Voraus-

setzungen dafür geschaffen, den Weg freizumachen für eine neue Phase der Verkehrspolitik in der Region Mannheim. Denn in Mannheim formierte sich derweil ein neues Interesse: der Erwerb des Elektrizitätswerks in Rheinau. Eine wirtschaftliche Verbindung zwischen diesem großen Energielieferanten und den Vorortbahnen – die selbstverständlich nach dem Willen der Stadt alle zu elektrifizieren waren – lag geradezu auf der Hand.[61] Die Stadtverwaltung hatte das Elektrizitätswerk zum Objekt ihres energiepolitischen Interesses erwählt, damit sie einerseits einen Energieerzeuger für den steigenden eigenen Bedarf habe und andererseits durch die Monopolrechte auch die umliegende Region an die eigene Stromversorgung anbinden könne.

Die neuen „Machthaber" der SEG ihrerseits waren vom Ruhrgebiet her bereits ein vorteilhaftes Zusammengehen von öffentlichen und privaten Unternehmen gewohnt. Die vormaligen Sorgen der SEG über Schmälerungen der Gewinne durch neue Techniken und Organisationsformen teilten sie nicht. In dieser Situation war der einzig gangbare Weg derjenige, den die neuen Inhaber der Aktienmehrheit bei der SEG bereits vom RWE her kannten: ein gemischtwirtschaftliches Unternehmen von Verkehrs- und Versorgungsbetrieben, an dem sowohl private wie öffentliche Teilhaber Aktien besitzen sollten. In den Verhandlungen zwischen SEG, Neue Rheinau AG und der Stadt Mannheim wurde ab 1909 die Gründung einer Aktiengesellschaft projektiert. Diese sollte Oberrheinische Eisenbahngesellschaft heißen und ihren Sitz in Mannheim finden. In ihr sollten sich die Stadtgemeinde und Vertreter der Privatwirtschaft als Partner finden und ihre Interessen koordinieren.[62]

Die geplante Oberrheinische Eisenbahngesellschaft AG sollte nach dem Willen der an ihr Beteiligten folgende Betriebe und Objekte unter ihrem Dach vereinigen:

1. Das Gleisdreieck Mannheim-Heidelberg-Weinheim-Mannheim der SEG
2. Die der Stadt Mannheim gehörige und von der SEG betriebene Vorortbahn Käfertal-Heddesheim
3. Das Elektrizitätswerk Rheinau der Neuen Rheinau AG
4. Das Elektrizitätswerk Ladenburg der Rheinischen Schuckert-Gesellschaft[63]

Ralph Stephan

Im Jahre 1909 nahmen die Verhandlungen zwischen der Stadt Mannheim, der SEG, der Rheinischen Schuckert-Gesellschaft und der Neuen Rheinau AG unter Beteiligung der Süddeutschen Disconto-Gesellschaft konkrete Gestalt an.[64] Noch nach Weihnachten 1909 trafen sich die Beteiligten zu einem Gespräch im Hotel Nassauer Hof zu Wiesbaden. Hugo Stinnes war persönlich anwesend. Bei dieser Besprechung wurden die gemeinsamen Zielsetzungen bereits klar umrissen:

1. Die beteiligten Unternehmen werden zu einer Aktiengesellschaft zusammengelegt.
2. Für alle Teile der Gesellschaft sollen einheitliche Betriebsbedingungen gelten.
3. Für aufzunehmende Anleihen soll die Stadt Mannheim die Garantie übernehmen.

Uneinigkeit bestand aber in zwei Punkten: Welche Linien würde die Stadt Mannheim nun genau in die Gesellschaft einbringen? Und wer würde die Aktienmajorität erhalten? Die Stadt Mannheim beanspruchte 51 Prozent des Aktienkapitals, während die Vertreter der privaten Unternehmen „diesen Anspruch für unerfüllbar erklären mit Rücksicht auf die anderen im Demarkationsgebiete berührten Kommunalinteressen. Dagegen sind alle Beteiligten darüber einig, dass gegen eine kommunale Majorität, richtig verteilt auf die bedeutenden Kommunen des Demarkationsgebietes, nichts einzuwenden sei."[65]

Die Gründungsverhandlungen der OEG blieben von der Öffentlichkeit keinesfalls unbemerkt. Im Gegenteil: Gerade die Presse nahm daran lebhaften Anteil und trug maßgeblich dazu bei, die Gründung zu einem bedeutsamen Ereignis der Mannheimer Kommunalpolitik zu stilisieren. Hierbei wurde vor allem deutlich, wie unterschiedlich die Ansichten der einzelnen im Stadtrat vertretenen Parteien zu der Übereinkunft mit privaten Unternehmen waren und welch unterschiedliche Auffassungen es zum Thema der regionalen Verkehrspolitik gab. Der „Generalanzeiger" schrieb in seiner Ausgabe vom 29. Oktober 1910 auf Seite 4: „Soviel wir hören, hat die Vorlage in allen Fraktionen eine günstige Beurteilung gefunden. Nur die sozialdemokratische Fraktion soll prinzipielle Bedenken geäußert haben, da sie, entsprechend dem sozialdemokratischen Kommunalprogramm, die Übernahme der Erstellung und des Betriebes der Vorortbahnen auf allgemeine Rechnung der Stadt wünscht."

Der ideologische Standpunkt der deutschen Sozialdemokratie war 1900 auf dem Internationalen Sozialistenkongress in einer Resolution „Der Sozialismus in den Gemeinden" festgelegt worden. Öffentliche Verkehrsmittel, Badeanstalten, Krankenhäuser und andere Einrichtungen für das Volk sollten hiernach grundsätzlich kommunalisiert werden.[66] So trat pünktlich zur Bürgerausschusssitzung am 31. Oktober 1910 die „Volksstimme", Sprachrohr der Mannheimer Sozialdemokratie, auf den Plan. Wenn die sozialdemokratische Fraktion einem gemischtwirtschaftlichen Unternehmen zustimme, wurde in der „Volksstimme" ausgeführt, so habe sie sich von der Unmöglichkeit überzeugt, in diesem speziellen Fall ihre Ziele zu erreichen, und sie deshalb im projektierten Betrieb das kleinere Übel gegenüber dem jetzigen Zustand sehe.[67] Überraschenderweise befand sich die sozialdemokratische Fraktion hier in erstaunlicher Übereinkunft mit den Nationalliberalen. Deren Abgeordneter Dr. Sickinger erklärte vor dem Bürgerausschuss unter dem Beifall des Hauses: „Im gegebenen Fall ist die Hälfte mehr als das Ganze".[68]

Die Bürgerausschusssitzung vom 31. Oktober 1910 markierte auf Seiten der Stadt den Schlusspunkt der Vorverhandlungen und umriss ihre Interessen bei Gründung der OEG. Oberbürgermeister Paul Martin unterstrich in dieser Sitzung die Bedeutung

Abb. 12
Mannheims Oberbürgermeister Paul Martin
In seine Amtszeit von 1908 bis 1913 fiel die Gründung der Oberrheinischen Eisenbahngesellschaft. Seine kommunale Verkehrspolitik hatte einen wesentlichen Anteil an der Einigung mit der SEG über die Bildung eines Gemischtwirtschaftlichen Unternehmens nach Vorbild der RWE.
StadtA MA – ISG

Das zähe Ringen um den Nahverkehr

Abb. 13
Der Bahnhof Mannheim
der Süddeutschen Eisen-
bahngesellschaft mit den
Gebäuden für Personen-
und Güterabfertigung
Das Bahnhofspersonal ist
vollständig angetreten.
Der Herr mit Hund in der
Mitte ist Sigmund Nettel,
Direktor der Mannheimer
Verwaltung der SEG bis
1911.
StadtA MA – ISG

der von der Verwaltung zur Abstimmung einge-
reichten Vorlage damit, dass es „einer der Haupt-
zwecke und Haupteffekte dieser Vorlage [ist],
dass sie ein außerordentliches Stück Mannheimer
Industrie-Politik enthält."[69] Die jubelnden Worte,
in denen er den Erfolg der Verhandlungen pries,
hoben die Angelegenheit jedoch weit ab von der
rein wirtschaftlichen Ebene. Für Paul Martin (Abb.
12) war die Zusammenlegung städtischer und privater Verkehrs- und Versorgungsunternehmen ein
Stück Geschichte, das er nahtlos in die Reihe der
erfolgreichen Entwicklungen stellte, die die Stadt
Mannheim bis dahin durchlaufen hatte. Es war der
erste große politische Erfolg, den Martin in seiner
erst zweijährigen Amtszeit vorzuweisen hatte. Und
diesem mochte er wohl gern einige Beachtung
widerfahren lassen. Das Ende seiner Rede, „dem
Wagemutigen lacht das Glück", galt daher hauptsächlich der eigenen Person. Das Glück war ihm an
diesem Tag tatsächlich hold: Der Bürgerausschuss
nahm die Vorlage zur Gründung der OEG einstimmig an.[70]

Die OEG-Verträge
Die eigentliche Gründung der Oberrheinischen
Eisenbahn-Gesellschaft AG sollte nach der politischen Billigung des Konzeptes noch einige
Monate auf sich warten lassen. Erst im Juli 1911
wurde das Unternehmen in das Handelsregister
eingetragen und mit einer kleinen Feier im Mann-

heimer Rathaus aus der Taufe gehoben. Die beiden
Vorstandsmitglieder des jungen Unternehmens
kamen aus der Privatwirtschaft: Sigmund Nettel
von der SEG und Oskar Bühring von der Rheinischen
Schuckertgesellschaft. Damit saßen sowohl ein
Fachmann für Verkehrswesen als auch einer für
Energieversorgung an der Spitze der Gesellschaft,
was die doppelte wirtschaftliche Zielsetzung ver-
deutlichte.[71]
    Die Gründungsversammlung wählte in den Auf-
sichtsrat sieben Vertreter der Stadt Mannheim,
unter ihnen auch Oberbürgermeister Paul Martin
sowie Theodor Frank, den Direktor der Süddeutschen Disconto-Gesellschaft, und vier Vertreter
aus dem Umkreis der RWE, darunter Hugo Stinnes.
Zwei weitere Privatunternehmer rundeten den Aufsichtsrat ab, sodass hier eine paritätische Besetzung
von kommunalen und privaten Mitgliedern gegeben war.[72] Die grundlegenden Bestimmungen über
das Wesen der neuen Gesellschaft fanden ihren
Niederschlag in vier Verträgen. Im Gründungsvertrag wurden die Objekte, Konzessionen, Strecken,
Leitungen, Anlagen, Immobilien und Grundstücke
aufgeführt, die jeder der fünf Gründer mit in die
OEG brachte. Die Neue Rheinau AG brachte laut
§2,3 alle Anlagen und Grundstücke als Eigentum in
die OEG ein. Die Rheinische Schuckert-Gesellschaft
brachte das Elektrizitätswerk Ladenburg ein. Das
Grundkapital der Aktiengesellschaft wurde in §3
auf acht Millionen Mark festgesetzt. Die Verteilung
des Aktienkapitals regelte der §4, wonach dieses
von den Vertragschließenden in folgendem Verhältnis übernommen wurde:

Stadt Mannheim	51 %
Süddeutsche Eisenbahn-Gesellschaft	26 %
Neue Rheinau Gesellschaft	11,5%
Rheinische Schuckert-Gesellschaft	10,5%
Süddeutsche Diskonto Gesellschaft	1 %

    Die Stadt Mannheim hatte die Aktienmehrheit
zugesprochen bekommen. Sie trat die Rolle des
Finanziers der Gesellschaft an (§6), wodurch sich
auch ihr Mehrheitsanteil an den Aktien rechtfertig-
te. Sie gab alle Garantien für Zahlungen von Zinsen
und Tilgungsbeträgen und erklärte sich auch dazu
bereit, für alle weiteren Bauvorhaben das erforder-
liche Kapital bereitzustellen.
    Der Gesellschaftsvertrag stellte die Satzung der
neugegründeten Aktiengesellschaft dar. Die Sat-

Ralph Stephan

zung bestimmte als Gegenstand des Unternehmens grundsätzlich die Erbauung, den Erwerb, die Pachtung und den Betrieb von Bahnen, insbesondere von elektrischen und Dampfbahnen. Zum Gegenstand des Unternehmens gehörten aber nach §2 auch alle Geschäfte, die mit diesem Betrieb in Zusammenhang standen. Damit waren vor allem die energiewirtschaftlichen Betätigungen der OEG gemeint. Im Gründungsvertrag war festgeschrieben worden, dass für die nächsten zehn Jahre Oskar Bühring von der Rheinischen Schuckertgesellschaft und Siegmund Nettel von der SEG den Vorstand zu bilden hätten. Die OEG hatte sich also zunächst über Jahre hinweg an Vorstände aus der Privatwirtschaft gebunden.

Der Einbringungsvertrag legte die Werte der eingebrachten Objekte, Vermögen und Konzessionen fest und regelte einzelne gegenseitige Verbindlichkeiten. Auch der Ausgabemodus der Aktien wurde hierin kodifiziert. An eingebrachten Sach- und Vermögenswerten wurden in §1 als Forderungen wie folgt festgelegt:

Stadt Mannheim	694.000 Mark
Süddeutsche Eisenbahn-Gesellschaft	8.093.000 Mark
Neue Rheinau AG	1.716.000 Mark
Rheinische Schuckert-Gesellschaft	1.400.000 Mark

Den mit über sieben Millionen Mark größten Einzelposten machen dabei verständlicherweise die Betriebsanlagen der SEG aus. Es fällt sofort ins Auge, dass die Stadt Mannheim, deren Eigentumsanteile an der OEG am höchsten ausfallen sollten, die geringsten Forderungen stellte. Aus der Stadtkasse wurden deshalb zunächst weitere 365.000 Mark eingezahlt, was die Gesamtforderungen auf über eine Million Mark erhöhte.

Das letzte Teilwerk der Verträge, der Betriebsvertrag, beinhaltete in den §§ 1 bis 3 eine verkehrstechnische Regelung, die als ein pragmatischer Kompromiss zwischen OEG und der Stadt Mannheim bezeichnet werden kann. Beide Seiten gestatteten sich nämlich gegenseitig, die Bahnanlagen des jeweils anderen mitzubenutzen, damit den Reisenden keine umständlichen Umsteigeaktionen zugemutet werden mussten. Die dadurch anfallenden Kosten wurden durch Zahlungen von Bahngeldern abgeglichen. Für die Kunden war es aber von ganz

besonderem Vorteil, dass nach dem Betriebsvertrag die Fahrpläne koordiniert wurden. Es war nun einfach und ohne Umsteigen möglich, von den am Gleisdreieck liegenden Gemeinden in die Stadt (Abb. 13) zu kommen. Durch die Koppelung der Fahrpläne war auch ein unkomplizierter Anschluss mit der Mannheimer Straßenbahn zu den Arbeitsstätten gewährleistet.

Abb. 14
Die Energieversorgung wurde mit Gründung der OEG zu einem integralen Pfeiler des Unternehmens. Der Ausbau des Stromnetzes expandierte, ausgehend vom Kraftwerk Rheinau, rasch: Hier wird eine Überlandtrasse am Rangierbahnhof Mannheim errichtet. StadtA MA – ISG

Eine erfolgreiche Unternehmensgründung

Die Vertragsbedingungen der OEG-Gründung spiegeln in weiten Teilen die Gegensätzlichkeit privater und kommunaler Interessen wider. Das war bei dem zähen Ringen um deren Ausarbeitung auch nicht anders zu erwarten gewesen. Dass die neugegründete Gesellschaft einen Kompromisscharakter hatte, brachte jedoch nicht nur Konfliktlösungen mit sich, sondern begünstigte auch die Weiterführung von Interessenskonflikten, nun innerhalb des Unternehmens. Die Aktienmajorität gewährleistete für die Stadt Mannheim keineswegs die Wahrung ihrer Interessen. Sie bedeutete grundsätzlich nur, dass die Stadt das zahlenmäßige Übergewicht der Anteilseigner in der Generalversammlung stellte. Die Abwicklung aller Geschäftsvorgänge in Aktiengesellschaften vollzog sich aber seit jeher im Vorstand und im Aufsichtsrat. Die Generalversammlung kontrolliert dieses nur und beschließt die unternehmenspolitischen Zielrichtungen.[73] Eines der wichtigsten Rechte jeder Generalversammlung ist die Bestellung der Aufsichtsratsmitglieder und

Das zähe Ringen um den Nahverkehr

des Vorstandes. Genau um diese Rechte jedoch war die Generalversammlung der OEG beschnitten. Wie schon erwähnt, war der Vorstand des Unternehmens auf zehn Jahre namentlich festgelegt.

Der Generalversammlung und ihrer Mehrheitsgruppierung blieb daher nur ein Einspruchsrecht gegen die Beschlüsse und die Geschäftsführung des Vorstandes. Diesen bei Nichtgefallen durch einen neuen zu ersetzen, war nicht möglich. Die Aktienmajorität war somit in der Lage, nur bremsend auf die Führung der Geschäfte einzuwirken. Die Durchsetzung eigener Konzepte blieb Theorie. Dieser Umstand wirkte sich in den Jahren nach der OEG-Gründung vor allem in einem Bereich aus: bei der Elektrifizierung (Abb. 14). Obwohl es eines der erklärten Ziele der Stadt Mannheim gewesen war, die Vorortbahnstrecken zu elektrifizieren, gelang das im Wesentlichen nur bei Neubaustrecken.[74] Die teuren nachträglichen Stromleiterbauten wurden von der Geschäftsleitung der OEG nur schleppend in Angriff genommen. Das erste Stück des Gleisdreiecks wurde 1915 zwischen Käfertal und Weinheim elektrifiziert (Abb. 15) , dann geschah weitere zwölf Jahre lang in dieser Hinsicht nichts mehr.[75]

Das Einbringen von Interessen und ihre Durchsetzung erfolgten, wie bereits angesprochen, nicht in der Generalversammlung, sondern im Aufsichts-

rat und in der Frage der Besetzung des Vorstandes. Die Verhältnisse im Aufsichtsrat zeigen auf den ersten Blick, dass das zahlenmäßige Überwiegen des kommunalen Kapitalanteils im Aufsichtsrat bereits nicht mehr zum Tragen kam. Den sieben städtischen Vertretern standen ebenfalls sieben Vertreter aus der Privatwirtschaft gegenüber.[76] Die eigentliche Geschäftsführung der OEG fiel dank des vertraglichen Rechtes, den Vorstand aus ihren Reihen zu stellen, den privaten Gesellschaftern zu. Sie hatten damit im täglichen Geschäftsbetrieb einen ähnlichen Einfluss wie in einem rein privaten Unternehmen. Diesen gewonnen zu haben, dürfte ihnen einen wesentlichen Vorzug gegenüber den städtischen Vertretern ermöglicht haben: die bei weitem größere und reichhaltigere Erfahrung. Für die Stadt Mannheim waren die Verhandlungen über die OEG-Verträge Neuland gewesen. Die Folgen einzelner Bedingungen waren für sie weit mehr spekulativ als für ihre privaten Partner. Darüber hinaus war ihre Verhandlungsführung derjenigen der privaten Gesellschaften nicht gewachsen.

Trotz ihres relativ geringen Anteils am Unternehmenskapital trug die Stadt Mannheim durch ihre Kreditbürgschaft die finanzielle Hauptlast. Die Privatgesellschafter hingegen hatten zum Gesamtaktienkapital nur relativ wenig beigetragen, konnten aber für die Umsetzung ihrer Interessen innerhalb der OEG aus dem Füllhorn der billigen kommunalen Kredite schöpfen. Hinzu kam die Tatsache, dass durch die Garantie über 16 Millionen Mark Obligationen der Stadt wesentliche finanzielle Ressourcen für eigene Verkehrsprojekte entzogen waren. Es muss jedoch relativiert werden, dass trotz aller problematischen Vertragsbedingungen die Vorteile aus den OEG-Verträgen nicht einseitig bei den privaten Gesellschaftern lagen. Die Gründung der OEG war in dieser konkreten Situation eine Notwendigkeit gewesen, worüber auch seltene politische Einmütigkeit herrschte. Die neue Gesellschaft schuf eine neue, bessere Situation im Verkehrswesen, vor allem in Bezug auf Kundenfreundlichkeit und Nutzungsmöglichkeiten. Für die von der Stadt Mannheim vertretene Allgemeinheit musste das als Fortschritt gewertet werden.[77]

Ganz wesentliche Ziele ihrer Verkehrspolitik hatte die Stadt sich mit Gründung der OEG erfüllt, andere wurden zumindest nicht auf Dauer verstellt,

Ralph Stephan

wenn doch zunächst die finanzielle Lage es nicht erlaubte, weitere Großprojekte anzugehen. Der ausbrechende Erste Weltkrieg mit der Inflation in Folge schuf neue Fakten und Notwendigkeiten, die es nicht erlaubten, eine Erfolgskontrolle anhand der Unternehmenstätigkeit durchzuführen. Einzig der Ausbau des Kraftwerkes Rheinau war von einem solch bleibenden Erfolg gekrönt, dass sich im Jahre 1936 dessen Stromversorgungsgebiet über die gesamte nordbadische Rheinebene erstreckte.[78] Die Vorlage vom 31. Oktober 1910 stellt zufrieden fest: „So führt auch die allseitige finanzielle Würdigung des neuen Unternehmens zu dem Ergebnis, dass der Eintritt der Stadt in die Oberrheinische Eisenbahngesellschaft ihr ganz erhebliche finanzielle Vorteile gegenüber der gegenwärtigen Lage verschaffen wird."[79]

Und in der Tat: Die OEG-Aktien warfen in den Jahren 1911 bis 1919 jeweils vier Prozent Dividende ab. Die Gründung der Oberrheinischen Eisenbahngesellschaft erwies sich als kaufmännischer Erfolg.[80]

1 Vgl. MVG, Achse und Schiene, S. 25f.

2 Vgl. MVG, Betriebsgeschichte, S. IIIf. und 9f.

3 Vgl. MVG, Achse und Schiene, S.34 und MVG, Verkehrsgeschichte, S.37-39. Gleichzeitig war De Féral mit seinem Pferdebahnbetrieb in Heidelberg dem politischen Druck der Stadt Heidelberg ausgesetzt, die seine Strecken für eine Fremdenverkehrsstadt als nicht ausreichend betrachtete. Vgl. Basten, Heidelberger Straßenbahnen, S .8.

4 Vgl. MVG, Achse und Schiene, S. 59-71 und MVG, Betriebsgeschichte, S. 41-44.

5 Vgl. MVG, Betriebsgeschichte, S. 53.

6 Vgl. Löhr, Straßenbahnverbindung, S. 47 und MVG, Betriebsgeschichte, S.19. Konzession veröffentlicht im Verwaltungsbericht 1895-99, Band II, S. 497-508.

7 Stadtratsprotokoll vom 5. Juli 1883, Stadtarchiv MA, Duplikationsfilm 58, S. 190.

8 Vgl. OEG, 40 Jahre, S. 8 und Fischer, Konzessionen, S. 26.

9 Veröffentlicht als Denkschrift von H. Haas: Die projektierte Nebenbahn Weinheim-Viernheim-Käferthal-Mannheim und ihre muthmaßliche Rentabilität, Weinheim 1884.

10 Vgl. Weßbecher, OEG, S.54f.

11 Tatsächlich wird im Jahre 1898 seitens der Süddeutschen Eisenbahngesellschaft festgestellt, dass der Gütertransport durch das Unternehmen nur noch ein Viertel des Betrags pro Tonne koste, als zuvor durch Landspediteure. Vgl. OEG-Archiv, Akte 1/12/120.

12 Vgl. Weßbecher, OEG, S. 14.

13 Vgl. Scheyrer, Rhein-Neckar-Bahn, S. 27-30.

14 Vgl. Weßbecher, OEG, S. 14 und MVG, Verkehrsgeschichte, S. 104.

15 Es handelte sich hierbei um die Linien Hohenebra-Ebenleben und Ilmenau-Großbreitenbach, deren Genehmigungsurkunden in Concessionen SEG abgedruckt sind, S. 73, 83, 153 und 155. Vgl. auch Rammelt, Thüringen/Sachsen, S. 7.

16 Vgl. Chronik Bachstein, S. 6 und Rammelt, Thüringen/Sachsen, S. 9f.

17 Vgl. Chronik Bachstein, S. 5.

18 Vollständige Auflistung der Konzessionen in: Concessionen SEG.

19 Vgl. Hecht, Mannheimer Banken, S. 55-59.

20 Vgl. Hecht, Mannheimer Banken, S. 4-12; Rammelt, Thüringen/Sachsen, S. 9-12 und Rheinische Hypothekenbank, 100 Jahre.

21 Veröffentlicht im Staats-Anzeiger für das Großherzogthum Baden, Nr. XXXIII 1886, S. 255-262.

22 Vollständige Sammlung der Verträge in: OEG-Vertragssammlung, S. 1-148.

23 Vgl. MVG, Betriebsgeschichte, S. 51.

24 Vgl. MVG, Betriebsgeschichte S. 19.

25 Artikel 13 der Konzession Mannheim-Weinheim, Staats-Anzeiger für das Großherzogthum Baden, XXXIII 1886, S. 259.

26 Der Vertrag mit dem Prophyrwerk Leferenz befindet sich im OEG-Archiv, Akte Geschäftsberichte, Betriebsrechnungen. Die hier aufgeführten Bestimmungen finden sich im §2 wieder.

27 Staats-Anzeiger für das Großherzogthum Baden, XXXIII 1889, S. 298-306.

28 Erhalten ist ein Gleisbauplan aus dem Februar 1889, der den Anschlusspunkt einer solchen Strecke in das Netz der Mannheimer

Das zähe Ringen um den Nahverkehr

Straßenbahn zeigt; MVG, Betriebsgeschichte, S. 30.

29 Vgl. Verwaltungsbericht 95-99, Band II, S.495f und OEG, 40 Jahre, S. 9. Die Konzession ist im Staats-Anzeiger für das Großherzogthum Baden, XXI 1890, S. 204-206 abgedruckt. Die Verträge mit den Gemeinden befinden sich in der OEG Vertragssammlung.

30 Staats-Anzeiger für das Großherzogthum Baden, XXXV 1891, S. 349-352.

31 Vgl. Rammelt, Thüringen/Sachsen, S. 12f.

32 Vgl. Chronik Bachstein, S. 10 und Rammelt, Thüringen/Sachsen, S. 12.

33 Vgl. MVG, Betriebsgeschichte, S. 39.

34 Nicht nur in Mannheim begannen sich die Interessen der Kommunen am Verkehr herauszubilden. Das 1889 erschienene Buch „Verstadtlichung der Straßenbahnen" hatte den Gemeinden eine willkommene Argumentationshilfe für kommunale Aktivitäten im Verkehrswesen geliefert.

35 Die Zusammensetzung des Mannheimer Stadtrates findet sich im Verwaltungsbericht 95-99, Band I, S. 29-32.

36 Verwaltungsbericht 95-99, Band II, S. 489.

37 Abgedruckt im Verwaltungsbericht 95-99, Band II, S. 489-501.

38 Der Prozess kommunalpolitischer Willensbildung im Industrialisierungszeitalter wird bei Krabbe, Kommunalpolitik anhand der Städte Dortmund und Münster exemplarisch vorgestellt.

39 Verwaltungsbericht 95-99, Band II, S. 489.

40 Weitere Beispiele für diesen Sprachgebrauch sind: „Gewinnrate einiger Großkapitalisten", „industrielle Reservearbeiterschaft" oder „privatwirthschaftlicher Nutzen einiger großkapitalistischer Unternehmungen".

41 Verwaltungsbericht 95-99, Band II, S. 500.

42 Vgl. Sammlung Bürgerausschussvorlagen 1901, S. 39.

43 Vgl. Sammlung Bürgerausschussvorlagen 1901, S. 39 und MVG, Betriebsgeschichte, S. 45.

44 Die vorläufige Vereinbarung ist abgedruckt in der Sammlung Bürgerausschussvorlagen 1901, S. 41.

45 Vgl. MVG, Betriebsgeschichte, S. 47.

46 Vertrag veröffentlicht im Verwaltungsbericht 1900-02, S. 452-459 und in Sammlung Bürgerausschussvorlagen 1910, S. 1030-1034; vgl. auch MVG, Betriebsgeschichte, S. 53-55.

47 Sammlung BAS 1910, S. 1030, §1.

48 Bei Walz, Eisenbahn, S.147 wird hingegen behauptet, dass erst 1905 erstmals öffentliche Hand und Privatgesellschaften auf der Strecke Mosbach-Murnau ein Abkommen über die Arbeitsteilung zwischen Gleisbau und Betrieb abschlossen. Das Abkommen zwischen Stadt Mannheim und SEG wurde von Walz nicht beachtet, weil es sich hierbei „nur" um eine Vorortbahn handelte.

49 §11 des Vertrags, Sammlung BAS 1910, S. 1031.

50 Vgl. MVG, Betriebsgeschichte, S. 69 und 73.

51 Vgl. MVG, Betriebsgeschichte, S. 77 und 95.

52 Bürgerausschussvorlage vom 31. Oktober 1910, S. 7.

53 Dies ist einem Schreiben der SEG-Direktion an das Großh. Hess. Ministerium der Finanzen vom 23.8.1910 zu entnehmen, OEG-Archiv, Akte 1/12/120.

54 Bürgerausschussvorlage vom 31. Oktober 1910, S. 7.

55 Vgl. Raphael, Stinnes, S. 78-82 und Wulf, Stinnes S. 22-26. Die jüngste Zusammenfassung zur Biographie Hugo Stinnes' vor dem Ersten Weltkrieg befindet sich in Hatke, Hugo Stinnes, S. 9-17.

56 Vgl. Raphael, Stinnes, S. 83-84.

57 Vgl. Pohl, Stadtwerk, S. 21-36. Zur Entstehung und Entwicklung gemeinwirtschaftlicher Unternehmen vgl. Pohl, Gemeinwirtschaftliche Unternehmen, S. 7-20.

58 Vgl. z.B. Meyers Großes Taschenlexikon: Stinnes, Hugo und: Stinnes-Konzern.

59 Vgl. Chronik Bachstein, S. 7.

60 Vgl. Passow, Unternehmungen, S. 36-39.

61 Vgl. Rhein-Neckar AG, Versorgungswirtschaft, S. 60. Zur Frage der wirtschaftlichen Entwicklung kommunaler Versorgungswerke vgl. Pohl, Kommunale Unternehmen, S. 126-129.

62 Teile des Schriftverkehrs zwischen den Beteiligten sind im OEG-Archiv, Akte Gründung der Gesellschaft und Akte 1/12/120 enthalten. Es fehlen leider die meisten Besprechungsprotokolle.

Ralph Stephan

63 Umrissen in der Bürgerausschussvorlage vom 31. Oktober 1910, S. 8 und in den Schreiben im OEG-Archiv, Akte Gründung der Gesellschaft.

64 Protokoll der Besprechung vom 18. Dezember 1909, OEG-Archiv, Akte 1/12/120. Vgl. auch MVG, Verkehrsgeschichte, S. 108.

65 Protokoll der Verhandlung in Wiesbaden vom 29. Dezember 1909 betr. Gründung einer Gesellschaft: Mannheimer Vorortbahnen und Elektrizitätswerke, OEG Archiv, Akte Gründung der Gesellschaft.

66 Abdruck des deutschsprachigen Protokolls in Congrès socialiste, S. 396.

67 Eine Kopie des Artikels, leider nicht der ganzen Zeitungsausgabe, befindet sich im OEG-Archiv, Akte Mannheim-Heidelberg-Weinheim.

68 Zit. nach Mannheimer Tageblatt vom 1. November 1910.

69 Generalanzeiger vom 1. November 1910, S. 4.

70 Vgl. Verwaltungsbericht 1910, S. 109.

71 Vgl. 40 Jahre OEG, S. 5f. sowie §7 des Gründungsvertrages, der Bestandteil der Öffentlichen Urkunde der OEG ist.

72 Eine namentliche Auflistung aller Aufsichtsratsmitglieder und deren Amtszeiten befindet sich in 40 Jahre OEG, S. 5.

73 Eine zeitgenössische Rechtsquelle hierfür stellt das Rechts-Lexikon für Kaufleute und Gewerbetreibende dar, das sich auf den Seiten 7-14 mit den Aktiengesellschaften befasst. Maßgeblich für die Verfassung von Aktiengesellschaften sind die §§210-273 (hier vor allem §225) des HGB in der Fassung von 1884.

74 Vgl. MVG, Verkehrsgeschichte, S. 110.

75 Vgl. Commerzbank, Pioniere, S. 628.

76 Namentliche Besetzung der Aufsichtsratsposten bei OEG, 40 Jahre, S. 5.

77 Geschäftsbericht OEG für 1911, S. 5.

78 Vgl. Eder-Herrmann, OEG, S. 7.

79 Bürgerausschussvorlage vom 31. Oktober 1910, S. 21.

80 Vgl. Commerzbank, Pioniere, S. 627.

Literatur- und Quellenverzeichnis

Archive, Quellen und Chroniken:

Archiv der Oberrheinischen Eisenbahngesellschaft AG, Stadtarchiv Mannheim

Beiträge zur Mannheimer Statistik, herausgegeben vom Amt für Stadtentwicklung und Statistik der Stadt Mannheim

Chronik der Centralverwaltung für Secundairbahnen Herrmann Bachstein GmbH zu Berlin, OEG-Archiv

Concessionen, Verträge etc. etc. der Süddeutschen Eisenbahn-Gesellschaft zu Darmstadt, Darmstadt 1895

Handelsgesetzbuch in der Fassung vom August 1884

Histoire de la IIe Internationale: Congrès Socialiste International Paris 23.-27. Septembre 1900, Genève 1980

Konzessionen und Verträge SEG 1898, OEG-Archiv, Stadtarchiv Mannheim

Mannheimer Verkehrs-Aktiengesellschaft/ Rabe, W. (Hg.): Betriebsgeschichte, Mannheim 1978

Öffentliche Urkunde über Gründungs-, Gesellschafts- und Einbringungsvertrag der Oberrheinischen Eisenbahn-Gesellschaft AG in Mannheim 1911

OEG Vertragssammlung, Verträge 1887-1911

Rechts-Lexikon für Kaufleute und Gewerbetreibende, Erlangen 1891

Sammlung Bürgerausschusssitzungen 1901, Stadtarchiv Mannheim, Bibliothek

Sammlung Bürgerausschusssitzungen 1910, Stadtarchiv Mannheim, Bibliothek

Sammlung OEG-Geschäftsberichte 1911-1920, OEG-Archiv, Stadtarchiv Mannheim

Stadtgemeinde Mannheim: Gründung der Oberrheinischen Eisenbahn-Gesellschaft, Mannheim o.J.

Verwaltungsbericht der Großherzoglich Badischen Hauptstadt Mannheim für die Jahre 1895-1899, Band I und II, Stadtarchiv Mannheim, Bibliothek

Verwaltungsbericht der Großherzoglich Badischen Hauptstadt Mannheim für die Jahre 1900-1902, Stadtarchiv Mannheim, Bibliothek

Verwaltungsbericht der Großherzoglich Badischen Hauptstadt Mannheim für die Jahre 1910, Stadtarchiv Mannheim, Bibliothek

Verwaltungsbericht der Großherzoglich Badischen Hauptstadt Mannheim für die Jahre 1911, Stadtarchiv Mannheim, Bibliothek

Das zähe Ringen um den Nahverkehr

Darstellungen

R. Basten und C. Jeanmaire: Heidelberger Straßenbahnen, Villigen (AG) 1986

F. Baumüller: 50 Jahre Großkraftwerk Mannheim, in: Mannheimer Hefte 1971, Heft 3, S.31-36

A. Blaustein: Mannheims Wirtschaft, Mannheim 1913

W. Borchmeyer: 40 Jahre Süddeutsche Eisenbahngesellschaft, Essen 1935

P. Buchert: Der Rheinauhafen in Geschichte und Gegenwart, Mannheim 1984

Commerzbank AG (Hrsg.): Pioniere des Verkehrs – Deutsche Eisenbahn- und Straßenbahn-AG 1835-1985, Frankfurt 1985

I. Eder-Herrmann: Die OEG – ihre Entwicklung und ihre wirtschaftliche und soziale Funktion für den Rhein-Neckar-Raum, Zulassungsarbeit (maschinenschriftlich) der Pädagogischen Hochschule Heidelberg 1976

Energie- und Wasser-Werke Rhein-Neckar AG (Hrsg.): Mannheim – Versorgungswirtschaft gestern und heute, Mannheim 1966

H.-J. Enzweiler: Staat und Eisenbahn, Frankfurt 1995

H. Fischer: Die Entwicklung der Konzessionen der OEG und ihre Bedeutung für den Mannheimer Nahverkehr, maschinenschriftlich, Mannheim 1951

W. Fischer (Hrsg.): Die Geschichte der Stromversorgung, Frankfurt 1992

H. Gutzler: Das Rheinauer Industrie- und Hafengebiet von 1873 bis 1914, Heidelberg 1961

H. Haas: Die projektierte Nebenbahn Weinheim-Viernheim-Käferthal-Mannheim und ihre muthmaßliche Rentabilität, Weinheim 1884

B. Hatke: Hugo Stinnes und die drei deutsch-belgischen Gesellschaften von 1916, Stuttgart 1990

F. Hecht.: Die Mannheimer Banken 1870 bis 1900, Leipzig 1902

K. Hilse: Verstadtlichung der Straßenbahnen, Wiesbaden 1889

D. Höltge: Oberrheinische Eisenbahn-Gesellschaft, Gifhorn 1976

A. Juedtz: Die Entwicklung des öffentlichen Nahverkehrs der Stadt Mannheim, Mannheim 1976

A. Kuntzemüller: Die badischen Eisenbahnen 1840-1940, Freiburg 1940

G. Löhr: 100 Jahre Straßenbahnverbindung Mannheim-Feudenheim 1884-1984, in: Feudenheimer Guckloch, 1984, S. 47

G. Löhr: Mannheim-Feudenheimer Geschichte, Mannheim-Feudenheim 1985

Mannheimer Verkehrs-Aktiengesellschaft (Hrsg.): Auf Achse und Schiene – 100 Jahre Nahverkehr in Mannheim, Mannheim 1978

H. Metzerath (Hrsg.): Stadt und Verkehr im Industriezeitalter, Köln/Weimar/ Wien 1996

Oberrheinische Eisenbahn-Gesellschaft AG (Hrsg.): Zum 40-jährigen Bestehen der Oberrheinische Eisenbahn-Gesellschaft AG, Mannheim 1951

Oberrheinische Eisenbahn-Gesellschaft AG (Hrsg.): 75 Jahre OEG 1911-1986, Mannheim 1986

R. Passow: Die gemischtprivaten und öffentlichen Unternehmungen auf dem Gebiet der Elektrizitäts- und Gasversorgung und des Straßenbahnwesens, Jena 1912

H. Pohl: Vom Stadtwerk zum Elektrizitätsgroßunternehmen, Stuttgart 1992

H. Pohl und W. Treue (Hrsg.): Gemeinwirtschaftliche Unternehmen, Stuttgart 1988

H. Pohl und W. Treue (Hrsg.): Kommunale Unternehmen – Geschichte und Gegenwart, Wiesbaden 1987

G. Raphael: Hugo Stinnes, Berlin 1925

H.-D. Rammelt: Archiv deutscher Klein- und Privatbahnen - Thüringen/Sachsen, Berlin 1994

H. Rehm: Städtische Verkehrsunternehmungen mit besonderer Berücksichtigung der Städte Mannheim, Ludwigshafen und Heidelberg, Mannheim 1931

Rheinische Hypothekenbank (Hrsg.): 100 Jahre Rheinische Hypothekenbank, Frankfurt 1971

H. Rings: Rheinau, Mannheim 1988

F. Scheyrer: Geschichte der Main-Neckar-Bahn, Darmstadt 1896

G. Seeber: Kommunale Sozialpolitik in Mannheim 1888-1914, in: Südwestdeutsche Schriften 8 (1989), S. 210

L. Tolxdorff: Der Aufstieg Mannheims im Bilde seiner Eingemeindungen, Stuttgart 1961

W. Walz: Die Eisenbahn in Baden-Württemberg, Stuttgart 1979

H. Weßbecher: Die OEG und ihre Bedeutung für Mannheim als Handels- und Industriestadt im Spiegel der Statistik, maschinenschriftlich, Mannheim 1951

P. Wulf: Hugo Stinnes – Wirtschaft und Politik 1918-1924, Stuttgart 1979

Hanspeter Rings

Der Mannheimer Spaziergänger – Impressionen aus dem 18. und 19. Jahrhundert*

Warum einem Thema wie der Kultur und Geschichte des Mannheimer Spaziergängers näher treten? Abgesehen von der reizvollen Weite des Themas, die von stadtgeschichtlichen bis hin zu philosophischen Aspekten reicht, gibt es zwei engere Gründe: Der erste ist eine aufschlussreiche philosophische und kulturgeschichtliche Publikation von Wolfgang von der Weppen über den Spaziergänger im Allgemeinen. Und stößt man zweitens auf eine historische Studie wie die von Gudrun M. König zur Kulturgeschichte des Spaziergangs zwischen 1780 und 1850, so ist man einer Behandlung des Gegenstands ein weiteres Stück näher gekommen – zumal sich in einer Stadt wie Mannheim, malerisch gelegen zwischen Rhein und Neckar, Ansichten und Schriften mit dem Motiv des Spaziergängers rasch finden.[1] (Abb. 1 und 2)

Doch bevor wir uns im alten Mannheim nach Spaziergängern umtun, gehen wir zunächst einen Schritt zurück, einen Siebenmeilenschritt sogar, ein paar Millionen Jahre gleich auf einmal: Für einen

Moment sei die urmenschliche Entwicklung vom Gehen auf vier Beinen hin zum aufrechten Gang betrachtet.[2] Dabei ist zu berücksichtigen, dass Gehen physikalisch gesehen eine Art verhindertes Fallen ist, und zwar auf der jeweils bodenkontaktfreien Beinseite. Der evolutionäre Vorteil einer solchen im Grunde bizarren Fortbewegungsart, angesiedelt zwischen Vorwärtsstreben, Fallen und Schweben, ist in der Wissenschaft durchaus umstritten. Einigkeit besteht allerdings darin, dass die Aufrichtung unserer Vorfahren vor etwa fünf bis acht Millionen Jahren begann und sich der Fuß allmählich vom Greif- zum Gehwerkzeug wandelte.[3] Ein Erklärungsansatz für die Aufrichtung des Menschen ist die so genannte Savannentheorie, nach der zu Urzeiten in Afrika das Klima trockener wurde, die Savannen sich ausdehnten und die Regenwälder sich zurückzogen (Abb. 3). Diesen äußeren Umständen passten sich die Vorläufer des heutigen Menschen an und richteten sich auf, da zum einen der aufrechte Körper der Sonneneinwirkung

Abb. 1
Kolorierte Rheinansicht der Stadt Mannheim
Andreas Bissel
Nach einer Zeichnung von Theodor Ferdinand Denis
Ca. 1820
rem
Links die Mühlauinsel mit dem Mühlauschlösschen, ein ehemals beliebtes Ausflugsziel; ferner mutmaßlich Spaziergänger, die sich auf die Mannheimer Seite übersetzen lassen. Auf dem Treidelpfad ist im Hintergrund ein Kärcher als Staffage.

Der Mannheimer Spaziergänger

Abb. 2
Das Mühlauschlösschen
auf der Mühlauinsel
Karl Kuntz
1812
StadtA MA – ISG
Im Vordergrund spaziert
ein im Stil der Zeit
gekleidetes Paar.

Abb. 3
Die Meerkatze versucht,
sich aufrecht stehend
einen besseren Überblick
zu verschaffen.
Uganda
2010
Foto: Gerhard Rietschel

und damit dem Wasserverlust in geringerem Maße ausgesetzt ist, zum anderen die aufgerichtete Haltung einen weiteren Überblick über die Landschaft ermöglicht, was der Feindvermeidung, aber auch der Nahrungs- und Partnersuche förderlich ist.[4]

Dem modernen Menschen beschert der aufrechte Gang aufgrund gestiegenen Lebensalters allerdings eine Neigung zu Oberschenkelhalsbrüchen, Senk- und Plattfüßen sowie Krampfadern infolge langjähriger Blutstauung. Dafür dürfte das Gehen beziehungsweise Spazierengehen aber auch manchem Leiden prophylaktisch entgegenwirken, wie es schon die Medizin des 18. Jahrhunderts zu verkünden wusste.

Der Philosoph Ernst Bloch sieht im aufrechten Gang des Menschen sogar einen Wanderer durch die Geschichte: „Ja man kann sagen, auch der aufrechte Gang des Menschen, dieses unser Alpha, worin die Anlage zur vollen Ungebeugtheit, also zum Reich der Freiheit liegt, geht selber immer wieder verwandelt und genauer qualifiziert durch die Geschichte der immer konkreteren Revolutionen."[5] Zumindest aber ist der moderne zivilisierte Mensch – abseits von einem möglichen revolutionären Impetus – auch zu einem moderat und zweckfrei Gehenden, zum Spaziergänger geworden. Hierfür relevant diagnostiziert Norbert Elias in seinem Werk über den Prozess der Zivilisation für unsere Breiten eine beträchtliche Zivilisierung des Lebens ab dem 16./17. Jahrhundert.[6] Eindringlich stellt er dar, wie immer größere Lebensareale des Menschen befriedet werden, Wälder, Wiesen und Berglandschaften aufhören, Gefahrenzonen zu sein, kurzum: Räuber, Raubritter und Raubtiere sich mehr und mehr auf dem Rückzug befinden. Dafür werde die Welt zunehmend durch Handelswege

Hanspeter Rings

und den Verkehr insgesamt modelliert, was zu dieser Befriedung nicht unmaßgeblich beitrage, trotz der nach wie vor bestehenden Gefahr von Übergriffen, insbesondere auch auf Reisen. Insgesamt jedoch wandelt sich der gefahrvoll-dunkle Ort der Natur langsam hin zu jenem in der Dichtung schon längst besungenen Idyll des locus amoenus: Das Naturerlebnis sollte zu einem gefahrfreien Ereignis der womöglich reinen Lust des Spaziergängers und Naturmalers werden. Allerdings wissen wir über den Mannheimer Spaziergänger in der frühen Neuzeit, als Festung und Stadt Mannheim 1606/07 gegründet wurden, kaum etwas, dennoch sticht aus diesem Wenigen ein Brief der Liselotte von der Pfalz heraus, eine der tragischsten Figuren in der Geschichte der Stadt. Verheiratet wurde sie an den französischen Hof, um kriegerische Übergriffe der Franzosen auf die Pfalz und Mannheim über eine verwandtschaftliche Allianz zu verhindern, doch es sollte anders kommen (Abb. 4). Der französische Sonnenkönig Ludwig XIV. scheute sich nicht, Erbansprüche, die der Liselotte nach seiner Auffassung zustanden, zum Vorwand zu nehmen, die hiesigen Lande im Pfälzischen Erbfolgekrieg brutal zu brandschatzen. Damit wurde Mannheim nach dem Dreißigjährigen Krieg im Jahr 1689 ein zweites Mal dem Erdboden gleich gemacht.

Dass Liselotte hierzulande ihre glücklichsten Jahre verbracht und als junges Mädchen womöglich auch manchen Spaziergang unternommen hatte, entnehmen wir indirekt einem Brief von ihr aus dem Jahr 1722, etwa zwei Monate vor ihrem Tod. Dort schreibt sie über eine pfälzische Landkarte: von der „schönen Karte, worinnen ich schon viel spazirt habe; bin schon von Heidelberg bis nach Frankfurt, von Mannheim nach Frankenthal ... . Mein Gott, wie macht einen dieses an die alten guten Zeiten gedenken, die leider nun vorbei sind."[7]

Im Zuge des Wiederaufbaus wurde die Festung Friedrichsburg mit der Stadt Mannheim vereinigt; als Ersatz für die Doppelsternanlage entstand nun ein einheitlicher die Stadt umschließender Festungsstern. Zur Bekrönung ihrer Topographie erhielt die Stadt, nach der Residenzverlegung unter Kurfürst Karl Philipp 1720 von Heidelberg nach Mannheim, ein Schloss, dessen Bau rund 40 Jahre später als abgeschlossen gelten konnte. Rheinseitig war dem Prunkbau ein vergleichsweise kleiner geometrischer, französischer Ziergarten vorgelagert für die Lustwandelbarkeit der höfischen Gesellschaft (Abb. 5). Der „einfache Mann" hingegen verlustierte sich möglicherweise auch hierzulande vor den Stadttoren, frei nach Goethes „Faust", da mit Frühlingsbeginn wieder Scharen von Spaziergängern sonn- und feiertags durch die Stadttore ziehen, hin ins grüne Tal: „Hier bin ich Mensch, hier darf ich's sein."[8] Doch spazierten die Menschen auch auf dem mit Bäumen bepflanzten, um die Stadt führenden Festungswall, der für einige Jahrzehnte erfreulicherweise mehr dem Lustwandeln, dem Spaziergang, denn seiner eigentlichen kriegerischen Bestimmung dienen sollte. Den Windungen der Bastionen folgend waren, einmal um die Festung herum, 5.300 Schritte zurückzulegen.[9] Wir wissen um diese friedliche Nebenfunktion des Festungssterns nicht nur von Ansichten, die den von Bäumen gesäumten Weg auf dem mit Erde aufgeschütteten Festungswerk zeigen, sondern auch aufgrund eines nahe des Festungssterns im Bereich des heutigen Quadrats N 5 eingerichteten Entbindungshauses. Denn wegen der neugierigen Blicke der Wall-Gänger hatte man die Fenster des Gebäudes bis fast oben hin zugemauert. Entbunden wurden dort insbesondere Opfer „galanter Ausschweifungen", so der Heidelberger und Mannheimer Mediziner Franz Anton Mai, vor allem also ledige Frauen. Allerdings fanden sie im Entbin-

Abb. 4
Elisabeth Charlotte
Prinzessin von der Pfalz,
Herzogin von Orléans
und Schwägerin von
König Ludwig XIV.,
bekannt als Liselotte
von der Pfalz (1652-1722)
Johann Baptist de Ruel
zugeschrieben
Ca. 1667
Eichenzell, Museum
Schloss Fasanerie

Der Mannheimer Spaziergänger

Abb. 5
Plan der Stadt Mannheim
Joseph Anton Baertels
Kupferstich
1758
StadtA MA – ISG

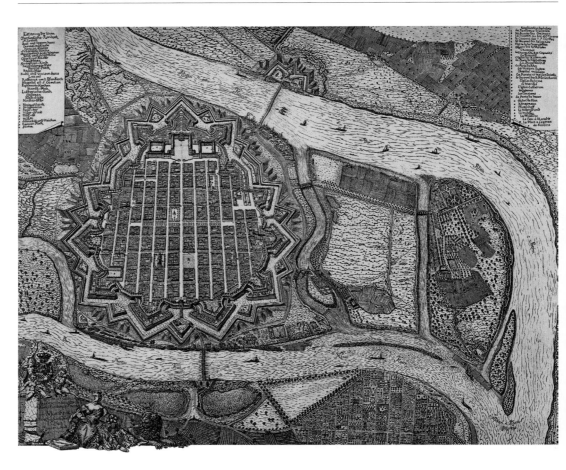

dungshaus erst Aufnahme, nachdem sie – gemäß kurfürstlicher Anordnung – eine allfällige Haftstrafe für „ohnehrliche" (ledige) Schwangere von sechs Wochen bei Wasser und Brot abgebüßt hatten. Auch diese Bewandtnis spricht für die Richtigkeit von Kurfürst Karl Theodors Wort in einem Brief an Voltaire, dass das 18. Jahrhundert Ähnlichkeit habe mit den Sirenen: eine Hälfte schöne Nymphe und die andere ein grässlicher Fischschwanz[10] (Abb. 6).

Hinzu kam die strenge Hierarchisierung der Gesellschaft in die überbürgerlichen Wesen[11] von Adel und die bürgerlichen und unterbürgerlichen Schichten. Dabei war schon das Bürgerrecht mit einer erheblichen gesellschaftlichen Reputation verbunden und an ein gebührendes Einkommen gebunden. Erging sich der Adel – und vielleicht noch der gehobene Bürger – lustwandelnd im Müßiggang, so der überwiegende Teil der erwachsenen Restbevölkerung vor allem in Arbeitsgängen: Die einen lustwandelten gemächlichen Schritts, die anderen eilten ihren Tagesgeschäften nach.[12] Das Privileg, Zeit zu haben, war insbesondere dem Adel vorbehalten. So zeigen es auch die zeitgenös-

sischen Veduten, die Landschafts- und Stadtbilder, welche die Wirklichkeit freilich nicht immer eins zu eins abbilden, bis zu einem gewissen Grad sogar eine nur vorgestellte Realität repräsentieren. Denn zweifellos wird auch der „gestresste" Höfling, der zu früher Stunde dem Morgenmenschen Karl Theodor Rede und Antwort zu stehen hatte, bisweilen aus seinem angestammten Müßiggang aufgeschreckt sein. Andererseits wird das Gesinde hin und wieder einen Schritt beiseite getan haben und die Arbeit vergessend vor sich hin spaziert sein. Von diesen beiden Ausprägungen sozialen Verhaltens zeigen die stereotypen Ansichten der Zeit freilich nichts: Auf ihnen ist der „große Mann" im Müßiggang begriffen, und der „kleine Mann" wird – als Staffage – auf einem Arbeitsgang beziehungsweise bei der Arbeit abgebildet. Dabei repräsentieren die Ansichten die Oberschicht über- und die gesellschaftliche Majorität der niederen Schicht unterzählig.

Ferner wird der Schichtkontrast bisweilen farblich hervorgehoben. Ein Guckkastenblatt von ca. 1780 des Schlosses, genretypisch grell koloriert, nutzt hierzu die gängigen Komplementärfarben

Hanspeter Rings

Rot und Grün. Der gehobene wohl situierte bürgerliche Stand scheint dabei – bei aller Vorsicht der Interpretation – durchweg in Grün, der Adelsstand in Rot gehalten, was einer durchaus gängigen Farbsymbolik entsprach[13] (Abb. 7).

Häufiger jedoch erfolgte die Akzentuierung der Oberen durch die Einblendung sozial niedrig stehender Personen. Auf den Bildern taucht beispielsweise oft der Kraxenträger als Staffage beziehungsweise soziale Folie der gesellschaftlichen Oberschicht auf. Solche Träger transportierten in ihren Flechtkörben Waren und Güter vielerlei Art und erfüllten damit eine wichtige Funktion im städtischen Warenverkehr (Abb. 8). Eine bildliche Kenntlichmachung des sozialen Gefüges spiegelt sich übrigens auch in der höfischen Tischdekoration mit Porzellanfiguren, deren Spektrum von der Bettlerwelt bis hin zur vornehmen Rokokogesellschaft reichte.[14]

Sowieso unterschieden sich Ober- und Unterschicht in ihrem Äußeren, doch stellt die zeitgenössische Ansicht die Unterschicht längst nicht so heruntergekommen dar, wie sie oft gewesen sein dürfte. Gut betucht war die feine Herrschaft buchstäblich noch am Leib; die Ärmeren hatten dagegen nicht selten nur ein „Kleid" beziehungsweise

eine – oft an vielen Stellen geflickte – Garnitur, und im Winter zogen sie mehrere Kleidungsschichten übereinander, um die fehlenden Wintersachen zu ersetzen. Dagegen ist die hohe Herrschaft standesgemäß und voller Pomp ausgestattet. Eine gestellte Spaziergesellschaft präsentiert einige typische zeitgenössische Accessoires (Abb. 9). Bei den Personen handelt es sich um die erwachsenen unehelichen, gleichwohl in den Adelsstand erhobenen Kinder

Abb. 6
Das 1749 errichtete Zucht- und Waisenhaus in Q 6
Gebrüder Klauber
Kolorierter Stich
1782
StadtA MA – ISG
Dem wenig einladenden Motiv entsprechend zeigt das Bild als Figurenstaffage einzig Militär und Gesinde; auf ein Spaziergänger-Idyll wird verzichtet.

Abb. 7
Prospect des Churfürstlichen Schlosses zu Mannheim
Guckkastenblatt
Georg Matthäus Probst
Ca. 1780
StadtA MA – ISG

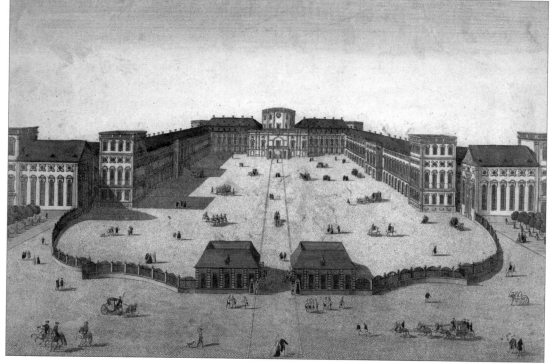

Der Mannheimer Spaziergänger

Abb. 8
Die Baum-Allee in den
Planken
Gebrüder Klauber
Stich
1782
StadtA MA – ISG

Kurfürst Karl Theodors samt Ehepartnern und Kindern, huldvoll arrangiert unter der Devotionalie des kurfürstlichen Medaillons: Gelenkt sei der Blick auf den vornehmen Damenspazierstock, das praktische Drittbein der korsettgeschnürten hochabsätzigen Dame von Welt.[15] Und beim Herrn durfte auf dem Spaziergang der Hut nicht fehlen, selbst wenn er sich bei opulenter Puderperücke als kaum aufsetzbar erwies. Tatsächlich gab es Hüte, so genannte Chapeaubas, die zum Aufsetzen kaum gedacht waren, sondern vor allem dem höfischen Grußritual per Verbeugung und Hut dienten. Zumindest ist dies aus dem stilbildenden Frankreich bekannt. Bisweilen deutete der Herr das Hutziehen samt Verbeugung auch ohne Hut an. Dieses Ritual einer gleichsam spätevolutionären Unterwerfungsgeste gestaltete sich fein bemessen in der Verbeugungstiefe, je nach Rang des zu grüßenden Gegenübers. Als „Diener" beziehungsweise „Einen-Diener-Machen" bezeichnete man die männliche Höflichkeitsbezeugung durch eine tiefe Verbeugung. Natürlich hatte bei diesem Begrüßungsritual der Hut des Rangniederen als erster zu zucken. Mutmaßlich geht dieses Höflichkeitsverhalten auf das sächsische Lehensrecht zurück, nach welchem der Lehensmann vor seinem Lehensherrn sein Rüst-

zeug vollständig abzulegen hatte, auch den Helm und die untergelegte Kappe: wehrlos sollte er vor seinen weltlichen Herrn treten. Dies dürfte auch der Grund dafür sein, dass das Hutritual bei Frauen – begründet in ihrer „nachgeordneten" sozialen Stellung – nie ein Thema war. Die Begrüßungsvariante des Händeschüttelns sollte sich dann wohl erst in der zweiten Hälfte des 19. Jahrhunderts verhaltensdominant durchsetzen.[16]

Ferner trug der Herr von Stand auf dem Spaziergang häufig seinen Degen, den er freilich weder benutzen musste noch zu benutzen wusste. Doch als Statussymbol war er ein notwendiges Zubehör, was allerdings von den zeitgenössischen Philanthropen in der Nachfolge Rousseaus als so gesundheitlich abträglich wie sinnleer und eitel kritisiert wurde. Nach ihrer Auffassung führte das einseitige Gewicht des Degens einzig zu bleibenden Haltungsschäden. Ebenso lehnten sie zu enge Korsetts bei den ausladenden Reifröcken ab, überdies hohe Damenschuhe als fußschädigend.[17]

Im Zusammenhang mit dieser Gesundheitsbewegung entdeckte die Medizin des ausgehenden 18. Jahrhunderts, etwa die eines Christoph Wilhelm Hufeland, die diätisch-seelische Funktion des Spaziergangs. Hufelands seinerzeit höchst populäres

Hanspeter Rings

Werk trägt den Titel „Kunst, das Leben zu verlängern". Hierzu kommentiert übrigens der zeitgenössische Schriftsteller, Philosoph und Ironiker Karl Julius Weber (1767-1832): „Der dümmste Fähnrich von Adel konnte sicher darauf rechnen, General zu werden, wenn er recht alt wurde, folglich war sein wichtigstes Buch Hufelands ‚Kunst, das Leben zu verlängern‘".[18] – Noch war die Medizin von der so genannten Säftetheorie beeinflusst. Nach deren Idee regt das Gehen den Umlauf der Säfte an, vor allem dann, wenn nicht bloß der Leib, sondern auch die Seele bewegt wird. Eine ähnliche Vorstellung hatten schon die alten Inder: Der Mönch, der geht, ist rein, wie der Fluss, der fließt. Ja, beim wahren Promenieren tritt der Mensch in einem kairotischen Moment womöglich in die erfüllte, heilige Zeit ein; Franz Kafka formuliert zu dieser sakralen Zeit wie als Apotheose des Augenblicks: „Es gibt ein Ziel, aber keinen Weg; was wir Weg nennen, ist Zögern." Kaum anderes meint das bekannte zenbuddhistische Diktum:„Der Weg ist das Ziel." (Oder, wie die Citybank so säkularisiert wie kommerzialisiert wirbt: „Ihr Ziel ist unser Weg!") Und bei den Peripatetikern (eventuell von griechisch peripatein:

umherwandeln), den Schülern und Anhängern des Aristoteles, diente die Gewohnheit, im Gehen zu denken und auch vorzutragen, zur Lösung festsitzender Gedanken. Nietzsche greift diese Vorstellung dann gewohnt drastisch auf:„ [...] Das Sitzfleisch ist gerade die Sünde wider den heiligen Geist. Nur die ergangenen Gedanken haben Wert."[19]

Ende des 18. Jahrhunderts und an der Wende zum 19. popularisierten das langsame ziellose Gehen Romane wie „Anton Reiser" (1785) von Karl Philipp Moritz, Goethes „Die Leiden des jungen Werthers" (1774) oder Johann Gottfried Seumes „Spaziergang nach Syrakus" (1802). Lasst uns gehen, so wird's besser gehen, heißt es sinngemäß bei letzterem. In den Lexika des frühen 19. Jahrhunderts war das lustvoll gepflegte Spazieren bisweilen noch ein erklärungswürdiges Verhalten, wobei die etymologischen Wurzeln des Worts im Lateinischen zu suchen sein dürften (spatior, auf und ab oder spazieren gehen). Dass der Spaziergang auch schon immer probates Mittel gegen unerwünschte Auskundschafter war, sei nicht verschwiegen.

Wenn bislang vom Spaziergänger, kaum jedoch von der Spaziergängerin die Rede war, so orientiert

Abb. 9
Als Spaziergänger-Idyll arrangiertes Familienbild der Kinder Kurfürst Karl Theodors mit ihren Ehepartnern
Johann Baptist Hoechle
1790
rem
Zu den Personen vgl. „Lebenslust und Frömmigkeit. Kurfürst Carl Theodor (1724-1799) zwischen Barock und Aufklärung", hrsg. v. A. Wieczorek, H. Probst und W. König, Regensburg 1999, Katalogband S. 47f.

Der Mannheimer Spaziergänger

sich dies an der Repräsentation des Geschlechter-verhältnisses auf den Veduten. Mit den hier prä-sentierten Ansichten und über sie hinaus lässt sich mit der breiter angelegten Arbeit von G. M. König sagen, dass der Anteil der Männer auf den Bildern sowohl im 18. als auch 19. Jahrhundert etwa doppelt so hoch ist wie jener der Frauen. Männer zunächst gehen spazieren, Frauen sind bisweilen nur die schöne Staffage. Ferner ist ungeklärt, ob die Frau von Stand sich allein auf einen Spaziergang bege-ben konnte, ohne damit despektierliche Anfein-dungen zu provozieren. Gänge weiblicher Dienst-boten waren hiervon offensichtlich ausgenommen.

Dann taucht im Zeitalter des Bürgertums bis Mitte des 19. Jahrhunderts auf den Ansichten zunehmend der bürgerliche Spaziergänger auf – löst das Bürgertum in diesen Jahrzehnten den Adel in seiner gesellschaftlichen Vorrangstellung ab, so auch beim Spaziergang.[20] Einiges spricht für den folgenden sozialen Prozess: Einerseits geriet das Muße-Haben – angestammtes Privileg des Adels – in Verruf, ward zum negativ besetzten Müßiggang, andererseits imitierte das gehobene Bürgertum die statushohe Muße, allerdings kombiniert mit beruflicher und finanzieller Rührigkeit als addi-tiver gesellschaftlicher Tugend. Gleichwohl weiß sich auch der gehobene Bürger des 19. Jahrhun-

derts, wie schon sein adliges Vorbild, abzugrenzen von der Dienst- und Gesindeschicht, die auf den Abbildungen einzig wieder illustrativ und unterre-präsentiert als Staffage ihrem Gewerbe nachgeht. Die wirklich Elenden, die Armen und Bettler, finden nach wie vor keinen Eingang in die Bilder.

Ferner ist die Promenade im 18. und vor allem frü-hen 19. Jahrhundert ein geschätzter „Heiratsmarkt-platz", bestand doch kaum Gelegenheit zur Annä-herung der gut betuchten Geschlechter: fast nur auf Bällen, gar in der Kirche, vielleicht im Biergarten und eben auf dem Spaziergang. Goethe gibt hierzu in „Wilhelm Meisters Lehrjahren" indirekt Auskunft: „Mariane dagegen wollte nicht Wort haben, daß sie ihn so lange nicht bemerkt hätte; sie behauptete, ihn schon auf dem Spaziergange gesehen zu haben, und bezeichnete ihm zum Beweis das Kleid, das er am selbigen Tag angehabt; sie behauptete, daß er ihr damals vor allen anderen gefallen, und daß sie seine Bekanntschaft gewünscht habe."[21]

Möglicherweise ist das unter Jugendlichen noch heute bekannte „Miteinandergehen" als erste ge-schlechtlich motivierte Partnerschaft ein Rudiment des ehemals gemeinsamen Spaziergangs. Nicht auszuschließen ist, dass sich die Geschlechter, wenn sie sich beim ersten Vorbeigehen, ja Mitein-andergehen zögerlich ins Auge blickten, auf dem typisch biedermeierlich-sonntäglichen Familien-spaziergang befanden, in brütender Hitze über Stock und Stein (Abb. 10), wie ihn Spitzweg so treff-lich dargestellt hat.[22]

Es waren insbesondere die biedermeierlichen Kleinbürger, die den Sonntag gleichsam zum Tag des Spaziergangs erhoben, die jene – bis heute nachwirkende – deutschtypische Sonntagswelt entstehen ließen. Nicht zuletzt lässt sich dieses kleinweltliche Idyll als Ausfluss des „Systems Met-ternich" nach den Karlsbader Beschlüssen von 1819 deuten, das weite Kreise zur politischen Untä-tigkeit verdammte und ein in der Tendenz zurück-gezogenes kleinbürgerlich-beschauliches Leben hervorrief. Doch war der Sonntagsspaziergang auch nach der Deutschen Revolution nicht mehr wegzudenken, einem Karl Marx jedenfalls galt er Mitte der 1860er Jahre selbst im englischen Exil als unerlässliches körperliches Tun. Bei schönem Wetter gehörte der Sonntag seiner Frau und den Töchtern, dann brach er mit ihnen zum Spaziergang

Abb. 10
„Der Sonntagsspazier-gang"
Carl Spitzweg
Um 1841
Salzburger Museum,
Carolino Augusteum

Hanspeter Rings

Abb. 11
Der Mannheimer Schloss-
park
Paul Karg
1819
rem

auf, um nach längeren Wanderungen in einfachen Schenken Ginger Ale (eine mit Bierhefe vergorene Ingwerlimonade), Brot und Käse zu konsumieren.[23]

Andere Quellen berichten von Spaziergängern im Schlossgarten sowie in den „grünen Quadraten" beziehungsweise Gartenarealen rund um die Stadt, die nach Niederlegung der Festung um 1800 entstanden waren (zum Beispiel die heutigen Quadrate E 7 und F 7 oder O 7 und P 7)[24], ferner auf der Schwetzinger Chaussee oder auf der Mühlauinsel und am Hafen. Doch zunächst hatten die Koalitionskriege Ende des 18. Jahrhunderts die Menschen nicht ins Freie gelockt, sondern in die Keller getrieben, wo sie zusammengepfercht kauerten und hofften, dass der Sturm bald vorüberziehe. Als die Kanonen dann schwiegen, waren weite Teile der Stadt zerstört. So lag der Westflügel des Schlosses noch verrußt und ohne Dach da, als die Bürgerschaft sich zu Beginn des 19. Jahrhunderts nachhaltig für die Anlage eines Schlossgartens einsetzte. Doch erst als sich die – seit 1819 im Schloss verwitwet wohnende – Prinzessin Stéphanie (seit 1811 Großherzogin) mit den Mannheimern zusammentat und Großherzog Karl Friedrich 1808 per Brief nachdrücklich auf den hohen Erholungswert eines solchen Schlossgartens hinwies, ordnete der dessen Anlage an. Damit

befand man sich auf der Höhe der Zeit. Denn es lag nicht nur die Entfestigung der Städte, sondern auch die Einrichtung öffentlichen Grüns auf dem durch die Schleifung der Festungsanlagen gewonnenen Terrain im Trend.[25] Die „Allgemeine deutsche Real-Encyklopädie für die gebildeten Stände" (Conversations-Lexikon) von 1831 kann unter dem Eintrag „Mannheim" vermerken, dass der Schlossgarten (Abb. 11) in Form einer schönen neuen englischen Anlage erholsame Spaziergänge biete, sich solche Ausflugsziele ferner auf der Mühlauinsel fänden.

Der Schlossgarten wurde im englischen Stil angelegt, mit weit ausschwingenden Wegen und Arealen, die noch heute in der Anmutung nachvollziehbar sind, auch wenn das Grünareal seit der zweiten Hälfte der 1860er Jahre durch die nach Ludwigshafen führende Eisenbahnlinie durchschnitten wird. Für die Großherzogin und ihre Töchter trennten die Gartenarchitekten in dem Gesamtareal ein eigenes Terrain ab, das „Prinzessgärtchen" beim Westflügel. Schatten spendende Kastanienbäume säumten die Spazierwege, auch an der so genannten Seufzerallee, die nach Stadthistoriker Friedrich Walter – apropos Annäherung der Geschlechter – ihren Scherznamen nicht ohne Grund erhalten haben soll. Von der Mitte der 1860er Jahre wissen wir zudem, dass

Der Mannheimer Spaziergänger

Abb. 12
Floßbindeplatz am
Neckar beim Kleinen
Rhein
David Mayer
Ca. 1805
Kurpfälzisches Museum
der Stadt Heidelberg

dem Grün – bislang kaum beachtet – der Charakter eines Kurparks zugeschrieben werden kann, denn „... in den Frühstunden wandeln stets, wie in einem Kurort eine Menge von Männern und Frauen daselbst, um entweder die von einem Apenzeller Sennen bereiteten Molken, oder die von einem hiesigen Chemiker erzeugten künstlichen Mineralwasser zu trinken."[26] Das Mineralwasser war noch eine Besonderheit, und die bei der Käseherstellung als Nebenprodukt anfallende wässrige Molke galt als dosiert abführender Trank. Beide Produkte waren typisch für Kurparks.

Dann gab es noch mit Sträuchern und Spazierwegen versehene Areale, die so genannten Concaven auf der ost-südlichen Flanke der Stadt – in etwa auf dem heutigen Ringstraßen-Areal –, welche die Stadtväter nach der Entfestigung angelegt hatten, die indes in unmittelbarer Nähe des offenen von Fäkalien und Abfällen geprägten Abwasserkanals lagen. Möglicherweise mied die vornehme Schicht dieses Terrain, so dass sich hier ein Treffpunkt für die gesellschaftlich weniger Angesehenen eröffnete, doch das ist Spekulation.[27]

In besonderem Maße war die Stadt sowohl im 18. als auch 19. Jahrhundert Anziehungspunkt für Reisende gehobenen Stands, die buchstäblich nicht nur ein Hemd am Leib hatten, sondern in ihren Equipagen mit einer Batterie Koffer anreisten. So weilte beispielsweise 1785 der aus Württemberg stammende Gottfried Edler von Rotenstein in der Stadt, besuchte fast jeden Abend das weit über Mannheim hinaus bekannte Nationaltheater; und den Tag über vergnügte er sich auf Spaziergängen oder nahm einen Spaziernachen, mit dem er sich zur Neckarspitze rudern ließ, dorthin, wo sich der sandsteingefärbte gelbe Neckar mit dem grünen Rhein der Alpen vereinigt (Abb. 12). Aus Rotensteins Aufzeichnungen wissen wir obendrein, dass ihn ein Spaziergang auf die Schwetzinger Chaussee führte, um die dort gelegene große Windmühle ausgiebig zu begutachten. Schon bei seiner Anfahrt nach Mannheim hatte sie ihm imponiert, denn sie sei das erste, was sich einem zeige, wenn man aus dem Württembergischen anreise.[28] (Abb. 13)

Die Stadt beherbergte in den 1780er Jahren freilich noch einen weiteren berühmten Gast, einen sogar, der eine Elegie mit dem Titel „Der Spaziergang" verfassen sollte, allerdings erst rund ein Jahrzehnt nach seinem hiesigen Aufenthalt. „Und die Sonne Homers, siehe! Sie lächelt auch uns", so schließt Friedrich Schillers Dichtung – und der Stern hat ihm gewiss auch auf der Mühlauinsel geschienen, einem beliebten Ziel für Spaziergänger im 18. und 19. Jahrhundert. Der Dichter lenkte dorthin seine ausgiebigen Spaziergänge, hatte dort sogar einen Lieblingsplatz – schattig gelegen unter einer immensen Schwarzpappel nahe der alten Neckarmündung und nahe der so genannten Sternschanze. Wir wissen von diesem Schiller'schen Ruheplatz aus einem 1858 von Friedrich Götz veröffentlichten

Hanspeter Rings

Autographenwerk mit dem Titel „Geliebte Schatten", das den Ort beschreibt und künstlerisch frei abbildet (Abb. 14). Das Bild zeigt weniger eine Pappel, eher eine Eiche, somit dürfte auch die restliche Gestaltung als einigermaßen frei zu bezeichnen sein. Allerdings ist die Perspektive mit der Jesuitenkirche im Hintergrund topographisch durchaus stimmig. Ferner sind im Rückteil der Abbildung sowohl das kurfürstliche Mannheim als auch das des Handels und Tourismus mit dem „Hotel de l'Europe" an der Hafeneinfahrt und Mastspitzen angedeutet.

Freilich war der idyllische Ort als Ziel des Spaziergangs und Leseplatz keine sonderliche Eigenart Schillers, sondern ein seinerzeit schichttypisches Verhalten des bildungsbeflissenen Adligen und des gehobenen Bildungsbürgers. Gelesen wurde aber auch beim Gehen selbst, auf dem Spaziergang, so beispielsweise in Goethes „Die Wahlverwandtschaften": „Ottilie hatte diesen Nachmittag einen Spaziergang an den See gemacht. Sie trug das Kind und las im Gehen nach ihrer Gewohnheit. So gelangte sie zu den Eichen bei der Überfahrt. Der Knabe war eingeschlafen; sie setzte sich, legte ihn neben sich nieder und fuhr fort zu lesen."[29] Von solchem Leseverhalten sprechen auch Quellen des 17. Jahrhunderts, etwa das christliche Erbauungsbuch „The pilgrim's progress" von John Bunyan: Darin wird einem mit dem Namen „Christ" von einem mit dem Namen „Evangelist" die schmale Pforte des hellen Lichts zur Seligkeit jenseits der Felder gewiesen. Bevor „Christ" jedoch dorthin eingeht, schweift er hinaus in die Felder „.... und las oder betete dabei und verbrachte auf diese Weise einige Tage. So sah ich ihn eines Tages im Feld umhergehen, seiner Gewohnheit nach in einem Buch lesend, während er in tiefer Bekümmernis wie zuvor ausrief: ‚was soll ich tun, daß ich selig werde?'(Apostelgeschichte 16,30)"[30]

Die Pappel, die Friedrich Schiller einst Schatten gespendet hatte, fiel 1840 der Axt zum Opfer, weil die Garnison durch sie die Hervorrufung von Blitzschlag und damit eine Gefährdung des nahen Pulvermagazins bei dem Areal der ehemaligen Sternschanze befürchtete. Zu diesem Zeitpunkt soll der Baum über 300 Jahre alt gewesen sein.[31] Karl Heinrich Hoff führt in seinen Erinnerungen hierzu aus: „Der Spaziergang um die Mühlauinsel war so

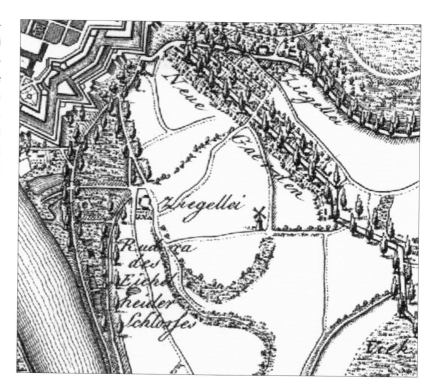

schön als der am Rhein hinauf durch die Stephanienpromenade. Es stand dort eine Pappel, wie ich nirgendwo ein solches Prachtexemplar gesehen habe. Der große Baum war ein Wahrzeichen von Mannheim, das man von ferne sah, man mochte kommen, von welcher Seite man wollte. Er war an hundert Fuß hoch und drei Männer könnten ihn nicht umklammern."[32] Somit wuchs er dort seit

Abb. 13
Die große Windmühle auf der Situationskarte von Mannheim (Ausschnitt)
Gezeichnet von Artillerieleutnant Johann Heinrich Haas
1801
StadtA MA – ISG

Abb. 14
Schillers Lieblingsplatz auf der Mühlauinsel
Aus: Friedrich Götz (Hrsg.): „Geliebte Schatten", s. Anm 31

Der Mannheimer Spaziergänger

etwa 1540, also schon zu Zeiten des Dorfes Mannenheim, Jahrzehnte vor der Stadtgründung 1607. Tatsächlich kann die sich bevorzugt ufernah ansiedelnde Pyramidenpappel, eine Form der Schwarzpappel (populus nigra), rund 300 Jahre alt werden.[33] Zudem sagt uns die Überlieferung, dass von ihren hohen Ästen aus der Feind im Dreißigjährigen Krieg die Friedrichsburg ausgekundschaftet haben soll.[34]

Den Standort der Pappel präsentiert möglicherweise die Baertel'sche Vogelschau von 1758, die als vergleichsweise zuverlässige bildliche Wiedergabe der Stadt gilt. Bei genauem Hinsehen lässt sich auf der Ansicht bei der Sternschanze beziehungsweise beim Pulvermagazin nur ein einziger Baum als hochgewachsene Pappel ausmachen, was bis dato nicht beachtet wurde.[35] Damit kann der Schiller'sche Lieblingsplatz über die schriftliche (siehe Anm. 31) und topographische Überlieferung mit einiger Evidenz lokalisiert werden. Projiziert man einen modernen Stadtplan über dieses Areal – ausgerichtet nach der Sternschanze –, so zeigt sich, dass die Schillerpappel heute am westlichen Ufer des Verbindungskanals stünde, etwa gegenüber vom Musikpark (Abb. 15 und 16).

Dorthin also spazierte der Dichter während seiner Mannheim-Aufenthalte zwischen 1782 und 1785, sinnierte dort im Schatten des Baums möglicherweise über den Text seiner Antrittsrede vor der Kurpfälzischen Deutschen Gesellschaft am 26. Juni 1784, die später in überarbeiteter Fassung als „Die Schaubühne als moralische Anstalt" bekannt werden sollte. Oder las er in Johann Joachim Winckelmanns „Geschichte der Kunst des Alterthums" als

Vorbereitung seiner Studien im Mannheimer Antikensaal? Schließlich soll er, nach dem Verleger Friedrich Götz, unter dem „Säuseln und Rauschen" des Baums an seinem Don Carlos gearbeitet haben. – Als dann die Pappel 1840 gefällt wurde, war Schiller zur Dichter-Ikone avanciert, so dass die Menschen bei der Verklafterung des Baums Holzsplitter an sich nahmen und zu Hause zu „theuren Angedenken legten". Ferner tauchte in diesen Jahren die Idee auf, an diesem bevorzugten Leseplatz des Dichters ein Schiller-Denkmal zu errichten, das jedoch nicht zur Ausführung kam.[36]

Um auf die Schiller'sche Elegie „Der Spaziergang" zurückzukommen – die Sonne lächelte gewiss auch am Ausfluss des kleinen Rheins in den Neckar, ebenfalls ein Ort, den Spaziergänger mit Vorliebe ansteuerten. Der gefeierte Mannheimer Mime August Wilhelm Iffland, der erste Franz Moor in Schillers „Räubern", besaß dort Ende des 18. Jahrhunderts wassernah einen Erholungsgarten mit Häuschen. Als es Iffland 1797 dann nach Berlin zog, übernahm Wolfgang Heribert Freiherr von Dalberg, Leiter des Großherzoglichen Hof- und Nationaltheaters, dieses Gartenareal. Heute erinnert hieran einzig noch die nah gelegene Dalbergstraße.[37] (Abb. 17)

Werfen wir einen weiteren Blick auf das biedermeierliche Mannheim des frühen 19. Jahrhunderts, eine beschauliche, malerisch an Rhein und Neckar gelegene Stadt: Mit dem Schlossgarten und den grünen Randquadraten auf dem ehemaligen Festungsterrain sowie der grünen Mühlauinsel besaß die Ansiedlung einen vergleichsweise hohen Erholungswert. Mannheim verstand sich auch als

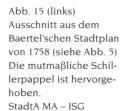

Abb. 15 (links)
Ausschnitt aus dem Baertel'schen Stadtplan von 1758 (siehe Abb. 5) Die mutmaßliche Schillerpappel ist hervorgehoben.
StadtA MA – ISG

Abb. 16 (rechts)
Projektion Stadtplan 2006 über den Stich von Matthäus Merian von ca. 1645 (Zustand der Stadt vor ihrer Zerstörung 1622), ausgerichtet nach der Sternschanze
FB Geoinformation und Vermessung

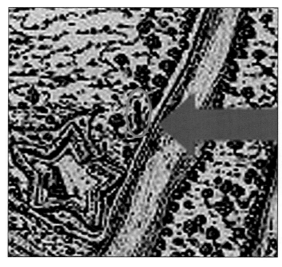

Hanspeter Rings

Kur- und Erholungsstadt, in der sich gutbetuchte Fremde mit Vorliebe niederließen. Um ein Beispiel anzuführen: Gräfin Sara Spencer und ihr Sohn Graf Friedrich domizilierten ab 1832 in einem Anwesen in dem noch überwiegend von Grünanlagen geprägten Stadtrandquadrat O 7. Es handelt sich um die Dynastie der Spencer, der späterhin auch die 1997 tödlich verunglückte Lady Diana Frances Spencer, erste Ehefrau des britischen Thronfolgers Prinz Charles, entstammte.[38]

Eine um 1830 entstandene Lithographie des Paradeplatzes vermittelt die Anmutung sonntäglichen Promenierens, dem Sonnenstand nach zu urteilen vormittags (Abb. 18). Wie im Ancien Régime, so vertrug auch in der heraufziehenden bürgerlichen Ära der Spaziergang keine Eile. Eile und Geschäftigkeit eignete traditionell ein eher proletarischer Zug. Ob die Mannheimer davon wussten, dass es in diesen Jahren in Paris très chic gewesen sein soll, beim Promenieren eine Schildkröte bei sich zu führen, um sein Gehtempo zu disziplinieren, wir wissen es nicht.[39]

Zwar weist die Geibel'sche Ansicht einige maltechnische Unzulänglichkeiten auf, dennoch gewährt sie Einblick in die aktuellen Modetendenzen,

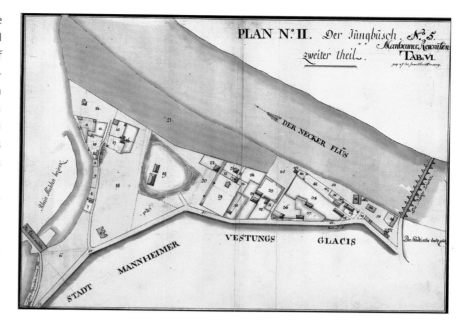

freilich ohne der Realität, wie sie von uns auch nur vermutet werden kann, vollends gerecht zu werden. Wieder ist die Armut – abgesehen von insbesondere zwei Staffagefiguren der Unterschicht (Karrenfahrer im Vordergrund und Magd am Brunnen) –, wieder ist der verschmutzte Flickenteppich ärmlicher Bekleidung ausgeblendet. Dafür stehen die

Abb. 17
Renovationsplan des Areals beim Neckarhafen 1793/94
StadtA MA – ISG
Das Gartenhaus Ifflands ist im Gartenstück 15 (links im Bild) rot eingezeichnet.

Abb. 18
Der Paradeplatz in Mannheim
C. Geibel
Kolorierte Lithographie
Ca. 1830
StadtA MA – ISG
Rechts an der Ecke in D 1, 5 ist der „Pfälzer Hof" zu sehen.

Der Mannheimer Spaziergänger

Abb. 19
Mannheimer Hutmode
und Empirekleider zu
Beginn des 19. Jahrhunderts
StadtA MA – ISG

Abb. 20 (rechts)
Beilagenplan zu J.G.
Riegers „Historisch-topographisch-statistischer
Beschreibung von Mannheim" von 1824
(Ausschnitt der Pappelallee zwischen Rhein und
Neckar)
StadtA MA – ISG

gut betuchten Bürger und Militärs im Vordergrund, deren Kleidung nicht selten vom aktuellen Blau bestimmt wird; berücksichtigt man indes fehlende Licht- und Waschechtheit, so dürften die Farben wohl selten so strahlend gewesen sein wie dargestellt. Obwohl das Blatt zahlreiche Personen zeigt, dürfte die Präsentation des Stadtbilds als Ausdruck früher Stadtwerbung im Vordergrund gestanden haben. Dabei war die traditionelle Schulung des Auges, soziale Hierarchien in den Bildern zu lesen, noch präsent, so dass sich soziale Unterschiede bis hin in subtile Varianzen von Kleidung und Accessoire merklich machten. Lebendig war noch das Diktum „Kleider machen Leute" als Resultat hierarchischer Reglements des Ancien Régime.[40]

Jene, die mit der Zeit gingen, trugen Kappen diversen Zuschnitts; aktuell elegant war der Zylinder, welcher auf dem besten Weg war, den Zweispitz abzulösen. Und etwa ab den 1830er Jahren kamen auch zunehmend die langen Hosen auf, die so genannten Pantalons. Als mondän galt der taillierte Gehrock für den Herrn. In der Damenwelt gehörte der weit ausladende Reifrock inzwischen der Vergangenheit an, nun waren die weniger gebauschten knöchellangen Kleider oder Röcke – Schürzen beim Gesinde – an der Tagesordnung, ebenso die Kopfbedeckung; sei's der elegante Hut, die Haube oder das schlichte Kopftuch. Allerdings steckte sich die junge Dame bisweilen das Haar auch keck mit einem Kamm hoch und verzichtete auf die Kopfbedeckung. Die Taille des vornehmen Empirekleids war vergleichsweise bequem nach oben gerutscht.[41] (Abb. 19)

Angenommen, es sei auf der Geibel'schen Ansicht wirklich Sonntagvormittag, vielleicht wird man in Kürze im Pfälzer Hof in D 1, einem der ersten Gasthöfe der Stadt, zu Mittag speisen, sodann einen Spaziergang in die nahe Umgebung unternehmen. Möglicherweise ist man Fremder und hat glücklicherweise die beliebte und ausführliche „Historisch-topographisch-statistische Beschreibung Mannheims" von 1824 des Johann Georg Rieger zur Hand, in der attraktive Spaziergänge empfohlen werden (Abb. 20): Treten wir schon vors Neckartor und befinden uns in dem sich um die Stadt schmiegenden Grünkranz, unter Pappeln geht's weiter entlang am Neckarhafen mit Kran, Schlachthaus und Brennholzmarkt. Dann führt der Weg zu

einem Badehaus, vorbei an der laut klappernden Mühle kommen wir auch schon am Rhein bei der Schiffsbrücke an. Damit sind wir virtuell mit wenigen Schritten die 1817 am Kleinen Rhein angelegte Pappelallee zwischen Neckar und Rhein abgegangen. Hätten wir den Weg rechts Richtung Mühlauinsel gesucht, so wären wir – über die hölzerne Thomsonbrücke – beim in der Karl-Philipp-Zeit erbauten und Ende des 19. Jahrhunderts im Zuge von Industrialisierung und Umschlaggeschehen am Mühlauhafen abgerissenen Mühlauschlösschen angelangt.[42]

Doch auch das erste Hafenbecken (Abb. 21) war nach seiner Eröffnung 1840 ein beliebtes Ausflugsziel. Genretypisch ist die raumgreifende Geste des vornehmen Herrn in dem abgebildeten Hafen-Idyll. Und wieder wird die gehobene Schicht auf der Folie der Unterschicht – Magd oder Kindermädchen und Träger – abgrenzt. Vielleicht sind auch Touristen auf

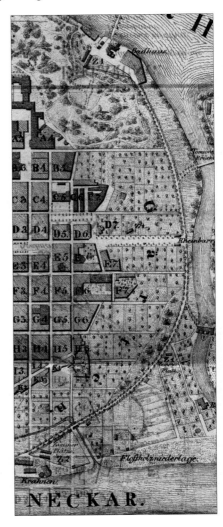

Hanspeter Rings

Abb. 21
Mannheimer Freihafen
S. Bühler
1840
StadtA MA – ISG
Links ist das Längsgebäu-
de der Großherzoglichen
Zolldirektion, an der
Hafeneinfahrt das „Hotel
de l'Europe" mit aufge-
setzter Fahne zu sehen.

dem Bild, befindet sich doch direkt an der Hafeneinfahrt beim Rhein eines der vornehmsten Hotels
der Stadt, das „Hotel de l'Europe". Bei ihm legten die
Dampfschiffe an, welche immer größer werdende
Scharen Rheintouristen beförderten, die auch
gerne den modernen Mannheimer Hafen besichtigten. So gibt Karl Geib in seiner Schrift „Malerisch
historische Sehenswürdigkeiten der Neckargegend
von Mannheim bis nach Heilbronn" von 1847 als
Sehenswürdigkeit das Gebäude der Großherzog-

lichen Zolldirektion im Freihafen an. Indes war auch
das Neckarareal bei der Kettenbrücke (Abb. 22) belebt mit Reisenden, mit Militärs und Spaziergängern, die sich vorteilhaft von der arbeitenden
Schicht, von den Waren und Koffer buckelnden Kar-
chern abzuheben wussten.

Zum 400-jährigen Stadtjubiläum wurde dem
modernen Spaziergänger in dem Areal am Verbindungskanal eine neue – heute bis zur Kurt-
Schumacher-Brücke angelegte – Promenade

Abb. 22
Kettenbrücke über den
Neckar
F. Hablitscheck nach
William
Stahlstich
Ca. 1850
StadtA MA – ISG

Der Mannheimer Spaziergänger

Abb. 23
Projektierte Promenade
am Verbindungskanal
zwischen Neckar und
Rhein; der bislang fertig
gestellte Abschnitt ist rot
eingekreist.
StadtA MA – ISG

zwischen Neckar und Rhein übergeben (Abb. 23). Augenfällig, wenn auch bislang kaum zur Kenntnis genommen, steht dieser neue Spaziergang in der topographischen und kulturgeschichtlichen Tradition der erwähnten Pappelallee von 1817.[43] Doch hat sich der Spaziergänger über die Jahrhunderte hinweg gewandelt: War es im 18. Jahrhundert der adlige Müßiggänger, so in der ersten Hälfte des 19. Jahrhunderts der bürgerliche Spaziergänger. In der zweiten Hälfte kam im Zuge der Industrialisierung die proletarische Schicht hinzu, die partiell Verhaltensmuster des Bürgertums, wie etwa den Sonntagsspaziergang, imitierte. Damit wurde, um hierzu einen knappen Ausblick zu geben, Ende des 19. Jahrhunderts der Luisenpark einer auch immer stärker industriell bestimmten Stadtbevölkerung als Erholungsgebiet und Areal des Spaziergängers übergeben, ferner der weitgehend in Vergessenheit geratene Neckarpark auf dem Areal des heutigen Klinikums (Abb. 24).

Es bleibt abzuwarten, ob und wie der Spaziergang am Verbindungskanal in Zukunft angenommen werden wird, welche neobürgerliche gesellschaftliche Durchmischung sich dort längerfristig einfinden wird. 2007, als der Verfasser den diesem Text zugrundeliegenden Vortrag erarbeitete, konnte man den dortigen Spaziergang als einen der multifunktionalen Art erleben: Gehen kombiniert mit Event in der am Wasser stehenden Kultur-Container-Stadt CONTENT.17. Es erwartete den Stadtwanderer beispielsweise eine Performance unter dem Titel „SophieSpinnt". Die Künstlerin Sophie Sanitvongs werkte hierzu mit ihrem Spinnrad in einem der dort stehenden Container ohne kommerzielle Absicht, einzig als Kunstperformance und um mit den Menschen, den Spaziergängern, ins Gespräch zu kommen …

Bedauerlicherweise macht die Promenade am Verbindungskanal mittlerweile einen abschnittweise eher verwahrlosten Eindruck und dient als

Abb. 24 (unten links)
Neckarpark auf dem Areal
des heutigen Klinikums
Ca. 1910
StadtA MA – ISG

Abb. 25 (unten rechts)
Promenadenabschnitt
bei der Kauffmannmühle
mit Blick zum Neckar
2009
StadtA MA – ISG

Hanspeter Rings

Domizil nicht immer privilegierter Schichten, wie sie gerade für den Jungbusch mit strukturbestimmend sind, freilich durchmischt mit Studenten und Beschäftigten aus der Kreativbranche der anliegenden Popakademie, des Musikparks und Studentenwohnheims. Auf der Promenade entwickelt sich seit einigen Jahren eine soziale Eigendynamik, deren freier Verlauf gewiss begrüßenswert ist, wenn man stadtpflegerische und stadtgestalterische Aspekte dabei stets im Blick behält (Abb. 25).

* Der nachfolgende Beitrag basiert auf einem Vortrag, den der Verfasser am 4. Juli 2007 im Friedrich-Walter-Saal des Stadtarchivs – ISG gehalten hat und der zum Zwecke der Veröffentlichung leicht umgearbeitet wurde.

1 W. von der Weppen: Der Spaziergänger. Eine Gestalt, in der Welt sich vielfältig bricht, Tübingen 1995. Der 2009 verstorbene Wolfgang von der Weppen war in der Nachfolge von Prof. Dr. Herbert Kessler seit 2002 der Erste Vorsitzende der in Mannheim gegründeten Sokratischen Gesellschaft, deren Bestand im Stadtarchiv-Mannheim – ISG verwahrt wird. G. M. König: Eine Kulturgeschichte des Spaziergangs. Spuren einer bürgerlichen Praktik 1780 – 1850, Wien 1996.

2 Bzw. von der „quadrupeden" zur „bipeden" Vorwärtsbewegung.

3 Der Greifreflex ist beim modernen Menschen nur noch im Kleinstkinderalter zu beobachten.

4 Eine andere Forschungsrichtung geht von einer Aufrichtung des Menschen schon zu Zeiten der Regenwälder in Afrika aus. Auf die Aspekte der Feindvernichtung, Nahrungs- und Partnersuche wies mich Herr Dr. Gerhard Rietschel hin.

5 E. Bloch: Das Prinzip Hoffnung, Kap. 18. Werkausgabe Bd. 5. Frankfurt a. M. 1985, S. 274.

6 N. Elias: Über den Prozeß der Zivilisation. Soziogenetische und psychogenetische Untersuchungen, Bern 1969.

7 Zit. n. E. Kopsch: Liselotte von der Pfalz über Mannheim, in: U. Nieß und M. Caroli (Hrsg.): Geschichte der Stadt Mannheim. Bd. I 1607 – 1801, Ubstadt-Weiher 2007: S. 236-237, hier S 237.

8 J. W. von Goethe, Faust. Der Tragödie 1. Teil, Vor dem Tor.

9 Vgl. F. Walter: Mannheim in Vergangenheit und Gegenwart, Bd. 1, Mannheim 1907, S. 685f.

10 Vgl. M. Krauß: Armenwesen und Gesundheitsfürsorge in Mannheim vor der Industrialisierung 1750 – 1850/60, Sigmaringen 1993, S. 56f.; E. Seidler: Lebensplan und Gesundheitsführung. Franz Anton Mai und die medizinische Aufklärung in Mannheim, Mannheim 1975, S. 19, 37f.

11 Ein Wort Gottfried Kellers, vgl. Der grüne Heinrich. Erste Fassung. Mit Zeichnungen Gottfried Kellers und seiner Freunde, Frankfurt a. M. 1978 (1854/55), S. 43.

12 Der Unterschied zwischen Adel und gehobenem Bürgertum ist auf den Bildern bisweilen nur schwer decodierbar.

13 Vgl. König, wie Anm. 1, S. 275f. und Anm. 80. Ein Guckkastenbild beispielsweise, das den Petersdom und den Vatikan zeigt (ca. 1780), arbeitet ähnlich mit den Farben Rot und Grün, vgl. die Abb. in „Mannheim auf Achse. Mobilität im Wandel 1607 – 2007" (Katalog), Landesmuseum für Technik und Arbeit in Mannheim 2007, S. 21.

14 Vgl. B. Beaucamp-Markowsky: Pariser Kaufrufe in Frankenthal. Wie man im 18. Jahrhundert Zaster beschaffte, in: Mannheimer Geschichtsblätter. Neue Folge 11/2004, S. 255-265.

15 Vgl. König, wie Anm. 1, S. 288.

16 Vgl. ebd. S. 259ff.

17 Vgl. J. J. Rousseaus „Träumereien eines einsamen Spaziergängers" und „Emile"; König S. 207f.

18 K. J. Weber: Demokritos, der lachende Philosoph. München 1966 (1832-1835), S. 220.

19 Vgl. König, wie Anm. 1, S. 216; Swami Vivekananda: Vedanta. Ozean der Weisheit. Eine Einführung in die spirituellen Lehren und die Praxis des geistigen Yoga in der indischen Vedanta-Tradition, Bern 2003, S. 22; von der Weppen, wie Anm. 1, S. 77, 105, 112 (F. Kafka: Hochzeitsvorbereitungen auf dem Lande); F. Nietzsche: Götzen-Dämmerung Nr. 33.

20 Vgl. König, wie Anm. 1, S. 13, 79, 85. Der „Bürgersteig" war auch Teil des Rufs der Französischen Revolution nach Bürgerrechten als Idee einer Republik der Fußgänger wider die Kutsche als Adelssymbol.

21 J. W. von Goethe: Wilhelm Meisters Lehrjahre, 1. Buch, 15. Kap, S. 63 (Hamburger Ausgabe).

22 Die Begriffe „Vergehen" und „Vorbeigehen" enthüllen eine Beziehung zwischen Gehen, Spazierengehen und Geschichte, die sich mit dem Reich des Vergangenen beschäftigt. Dass hier die enge Beziehung von Raum und Zeit – Raum, in dem man geht, und Zeit, die vergeht – sprachlich aufscheint, sei nicht verschwiegen.

Der Mannheimer Spaziergänger

23 Vgl. Gespräche mit Marx und Engels, hrsg. von Hans Magnus Enzensberger, Frankfurt a. Main 1973, S. 310.

24 Vgl. H. Rings: Das Grüne Quadrat. Mannheimer Stadtgrundriss und -bild im Vormärz (1815-1848) – Impressionen, in: Mannheimer Geschichtsblätter. Neue Folge 7/2000, S. 233-261.

25 Dass honorige Mannheimer Bürger sich mit einem erheblichen Darlehen an dem von Gartendirektor Zeyher geleiteten Großprojekt beteiligten, trug gewiss zu seinem Gelingen bei, vgl. Walter, wie Anm. 9, Bd. 2, S. 8of.

26 Vgl. C. A. Fickler: Chronik der Stadt Mannheim 1864. StadtA MA - ISG, Kl. Erw. Nr. 37, 2, S. 101.

27 Vgl. J. Fischer: Erinnerungen eines Alt-Mannheimers aus der zweiten Hälfte des 19. Jahrhunderts, in: Mannheimer Geschichtsblätter 31 (1930) Nr. 1: Sp 3-16, Sp. 4; Rings, wie Anm. 24, S. 241f.

28 Vgl. S. Mörz: Reiseeindrücke eines Württembergers in Mannheim, in: U. Nieß und M. Caroli (Hrsg.): Geschichte der Stadt Mannheim, Band 1, 1607-1801, Ubstadt-Weiher 2007: S. 560-563; Rotenstein, Gottfried Edler von: Briefe über Mannheim vom Jahr 1785, in: Mannheimer Geschichtsblätter 13 (1912), Sp. 204-213, 224-234, 243-249.

29 J. W. von Goethe: Die Wahlverwandtschaften Zweiter Teil, 13. Kap., S. 454 (Hamburger Ausgabe).

30 J. Bunyan: Pilgerreise zur seligen Ewigkeit (The pilgrim's progress from this world to that which is to come, 2 Bde. 1678, 1684), Lahr 1996, S. 24.

31 Vgl. Friedrich Götz (Hrsg.): Geliebte Schatten: Bildnisse und durchziehende Autographen der sechs größten Dichter und National-schriftsteller Deutschlands aus den letzten hundert Jahren: Klopstock, Wieland, Herder, Lessing, Schiller, Göthe. Mannheim, Verlags-buchhandlung Friedrich Götz 1858, S. 7-8: Die Passage, welche die Verortung des Pulvermagazins und der Pappel mit ziemlicher Wahrscheinlichkeit ermöglicht, lautet: „Auf dem nordwestlichen Rande der, mit ihrem südöstlichen Gestade den Mannheimer Freihafen begränzenden, Mühlau-Insel, bei dem Damm und Graben, welcher dieselbe von ihrer äussersten Spitze, der sogenannten Bonadies-Insel, trennt, unfern der Einmündung des Neckars in den Rheinstrom [alte Neckarmündung, Verf.], und den Ufergeländen nahe, wo das verbündete Befreiungsheer in der Nacht des 1. Januar 1814, unter blutigem Kampfe auf das linke Rheinufer übergehend, damit seinen Sieges-Einzug in das französische Kaiserreich begann; an dieser Stätte überschaute weithin die Gegend eine uralte, hochgewachsene, mit breiter Astkrone geschmückte Schwarzpappel (populus nigra) bis in das Jahr 1840. Nur auf kurze Strecke vom militairischen Gebäude entfernt, welches die Pulvervorräthe der Garnison verschliesst, wuchs mehr als dreihundert Jahre der ehr-würdige Riesenbaum." (S. 7) Vgl. ferner Historisch merkwürdige Bäume, in: Mannheimer Geschichtsblätter 25 (1924), Sp. 223-227, hier 223f.

32 Zit. nach ebd. Sp. 224.

33 Für fachliche Beratung hierzu danke ich Herrn Dr. Gerhard Rietschel.

34 Vgl. J. G. Rieger: Historisch-topographisch-statistische Beschreibung von Mannheim und seiner Umgebung, Mannheim 1824, S. 316.

35 Möglicherweise ist die Pappel – allerdings sehr viel weniger eindeutig – auch auf dem Merian-Stich von ca. 1645 (Stand vor der Zerstörung 1622) eingezeichnet.

36 Vgl. Götz, wie Anm. 31, S. 7-8; S. Käthow: „Kurpfalz ist mein Vaterland!" Der Chronologie zweiter Teil, in: A. Wieczorek und L. Homering (Hrsg.): SchillerZeit in Mannheim, Mainz 2005, S. 75-83, hier S. 80; dies.: Was der Dichter las – Was der Dichter sah, in ebd. S. 121-128, hier S. 124; vgl. Historisch merkwürdige Bäume, in: Mannheimer Geschichtsblätter 25 (1924), Sp. 223- 227, hier 224. F. Walter: Wo hat Schiller in Mannheim gewohnt?, in: Mannheimer Geschichtsblätter 6 (1905) Nr. 5, S. 125-134, hier S. 133 Anm. 10. Die Schillerpappel ist nicht zu verwechseln mit der anlässlich der Schillerfeiern 1859 auf dem alten Messplatz als Freiheitssymbol gepflanzten Schillerlinde. Für die topographische Projektion (Abb. 16) wurde aus vermessungstechnischen Gründen der Merian-Plan zugrunde gelegt.

37 Vgl. Rings, wie Anm. 24, S. 253. Beschlussdatum des Gemeinderats zur Benennung der Dalbergstraße: 25. Mai 1962.

38 Vgl. Rings, wie Anm. 24, S. 255.

39 Vgl. W. Benjamin: Das Passagen-Werk. Gesammelte Schriften (Hrsg. R. Tiedemann), Bd. V.1., Frankfurt a. M. 1991, Abschnitt M 3,8, S. 532.

40 Vgl. D. Damler: Heiland im Marderpelz. Albrecht Dürers Selbstbildnis als juristisches Manifest, in: FAZ vom 29. April 2009.

41 Vgl: T. Kosche: Was trugen jene Badner im Biedermeier, die sich die Biedermeiermode nicht leisten konnten?, in: LTA-Forschung. Reihe des Landesmuseums für Technik und Arbeit in Mannheim, Heft 11 (1993).

42 „Zahlreiche Schätze Indiens" (Rieger), sprich Kolonialwaren wie Kaffee, Kapern und Korinthen lagerten am Neckarhafen, vgl. J. G. Rieger: Historisch-topografisch-statistische Beschreibung von Mannheim und seiner Umgebung, Mannheim 1824; H. Rings: Caffee, Capern und Corinthen – Mannheimer Hafenleben Mitte des 19. Jahrhunderts, Mannheim 2002.

43 Vgl. H. Rings: Mannheim auf Kurs. Hafen- und Schifffahrtsgeschichte der Stadt an Rhein und Neckar, Mannheim 2003, S. 64ff., 178.

Karl Heidenreich

Entstehung und Geschichte der Musikalischen Akademie des Nationaltheater-Orchesters Mannheim e.V.

Die Musikalische Akademie des Nationaltheater-Orchesters Mannheim (im Folgenden Musikalische Akademie genannt) besteht seit nunmehr 233 Jahren. Ihre Entstehung und ihre ebenso ehren- wie wechselvolle Geschichte werden nachstehend erörtert. Es handelt sich dabei um die überarbeitete und erweiterte Fassung eines Vortrags, den der Verfasser in der Veranstaltung „Orchesterwerkstatt" der Musikalischen Akademie am 29. Januar 2011 in Mannheim gehalten hat.

Die Musikalische Akademie ist älter als das Nationaltheater selbst. „Unter den weit mehr als 100 Kulturorchestern im deutschsprachigen Raum Europas können nur sehr wenige auf eine jahrhundertlange, ununterbrochene Tradition des Bestehens und Wirkens zurückblicken. Einer dieser Klangkörper ist das Orchester des Nationaltheaters Mannheim, das damit in einer Reihe mit Wien, München und Dresden steht."[1] Es ist wie bei den Wiener Philharmonikern zugleich Opern- und Konzertorchester. „Zudem ist dieses Orchester in Deutschland heute das einzig verbliebene, dessen Konzerte nicht vom Theater, der Stadt oder dem Land, sondern von den Musikern selbst veranstaltet werden."[2]

Vorläufer–Institution

Das älteste Dokument über ein kurpfälzisches Hoforchester stammt aus dem Jahre 1346, als Kurfürst Ruprecht I. an seinem Hof in Heidelberg eine „Sängerei" stiftete – also vor mehr als 650 Jahren und wahrscheinlich eine der ersten ihrer Art in Deutschland.[3] „Die Bezeichnung Sängerei bedeutete nicht, dass bei Hofe ausschließlich vokaliter musiziert wurde, sondern schloss auch Instrumentalisten ein."[4]

Als das Heidelberger Schloss 1693 zerstört und nur zögernd wieder aufgebaut wurde, fiel die Entscheidung, in Mannheim nach Versailler Vorbild das prächtige barocke Schloss zu errichten. Mannheim wurde 1720 zur kurpfälzischen Residenz und erlebte vor allem ab 1743 unter Kurfürst Karl Theodor einen ungeheuren kulturellen Aufschwung.[5]

Unter dem bereits 1741 engagierten, aus Böhmen stammenden Geiger Johann Stamitz wurde das Orchester grundlegend reformiert, vergrößert auf die Stärke der Hofkapelle in Paris und eine völlig neu- und einzigartige Spieldisziplin eingeführt.[6] Die Glanzzeit der Mannheimer Hofkapelle, der Vorgängerin des Nationaltheater-Orchesters, begann.

„Mannheimer Schule"

„Aus allen Ländern strömten die Künstler und Kunstliebhaber herbei, um das Mannheimer Orchester zu hören [...] Als ‚Mannheimer Schule' ist der damalige Mannheimer Orchesterstil in die Musikgeschichte eingegangen, und die systematischen Forschungen des Musikgelehrten Hugo Riemann [...] haben bewiesen, welch entscheidender Einfluss auf die Entwicklung der klassischen Musik, insbesondere auf Mozart und Beethoven, von Mannheim ausgegangen ist."[7]

In den Wintermonaten fanden die Musikalischen Akademien im Rittersaal des Mannheimer Schlosses statt, im Sommer in den Zirkelsälen des Schwetzinger Schlosses.[8] Die wöchentlichen Konzerte waren Gesellschaftsabende des Hofes. Zugelassen waren nur Adelige und Beamte des Hofes, ausnahmsweise Bürger und Freunde. Einen Kartenverkauf wie heute gab es nicht.[9]

Das folgenreiche Jahr 1778

Als durch Erbfolge die bayerische Kurwürde 1778 an die Pfälzer gefallen war, übersiedelten Kurfürst Karl Theodor und sein Hof nach München. Mannheim hatte aufgehört, Residenz zu sein, verlor seine wirtschaftlichen Grundlagen, die meisten seiner Sänger und Schauspieler und sein weltberühmtes Orchester.[10] Da sich in München ein leistungsfähiges Orchester und eine gute Oper befanden, blieben zahlreiche Mitglieder des Mannheimer Orchesters und Theaters stellenlos in Mannheim zurück.[11]

Der Kurfürst erließ daraufhin in München ein Dekret, wonach Theater und Orchester in Mannheim erhalten bleiben sollten; als „Hof- und Nationaltheater bzw. -Orchester" legte er sie in die Trägerschaft der Mannheimer Bürger.[12] „Bürgerliche Kunstpflege lag damals im Zuge der Zeit; so war etwa die Gründung des Leipziger Gewandhaus-Orchesters, eines nicht von einem Hof, sondern von einem städtischen Gemeinwesen unterhaltenen Klangkörpers, in jenen Jahrzehnten erfolgt."[13]

„[Heribert] Freiherr von Dalberg, der am 1. September 1778 die Leitung des neu gegründeten Nationaltheaters erhalten hatte, unternahm in Verbindung mit anderen Kunstfreunden alsbald Schritte, um durch Zusammenschluss der in Mannheim verbliebenen Musikkräfte mit den hiesigen Liebhabern die Pflege des Konzertwesens auf eine neue Grundlage zu stellen. Bereits am 27. Oktober 1778 las man hier die gedruckte ‚Ankündigung eines Liebhaber-Konzerts'. Es sei beabsichtigt, [...] nach dem Beispiel verschiedener anderer Orte ein Liebhaberkonzert in dem Saal des hiesigen Redoutenhauses (d.h. des neuerbauten Theatergebäudes) zu errichten. Man beabsichtigte, von Mitte November bis Ostern jeweils wöchentlich ein Konzert zu veranstalten. ‚Außer den Herren Hofmusicis wird es jedem Dilettanten [Anmerkung des Verfassers: hier zu verstehen als Kunst-/Musik-Liebhaber] und Liebhaber der Kunst, der abonniert ist, freistehen, sowohl in Accompagnement als in Solo oder Konzerten sich hören zu lassen. Da es bei dieser Liebhaber-Gesellschaft wesentlich nötig ist, daß Ordnung beobachtet wird, so müsste es sich jeder Dilettant gefallen lassen, die zum Konzert bestimmten Herren Directores einige Tage zuvor zu benachrichtigen, wenn er sich in einem Solo oder Konzert will hören lassen. Da hauptsächlich auf gute Wahl und Exekution von Stücken zu sehen ist, so wird sich niemand in den Konzerten können hören lassen, der nicht morgens vorher in der Probe war.' Im Gegensatz zu der im Rittersaal bei den kurfürstlichen Konzerten gebräuchlichen Sitte war ausdrücklich bestimmt: ‚Werden in dem Musiksaal keine Spieltische, wohl aber in den Nebenzimmern gelitten.' Jedermann konnte sich abonnieren oder eine Eintrittskarte kaufen."[14] Jeder Herr hatte das Recht, ein „Frauenzimmer" gratis einzuführen.

Freitag, 20. November 1778, Geburtstag der Musikalischen Akademie

Das erste Liebhaberkonzert fand an diesem Tag

statt. „Da aus den Liebhaber-Konzerten die ‚Musikalischen Akademien' des Theaterorchesters hervorgegangen sind, ist dies ihr Geburtstag."[15] „Akademie" entsprach dem Begriff „Konzert" im späten 18. und frühen 19. Jahrhundert.[16]

Der Dramaturg der heutigen Musikalischen Akademie, Hartmut Becker, wendet sich in dem zitierten Aufsatz gegen die immer wieder geäußerte Ansicht, die frühen Jahre der Musikalischen Akademie hätten sich eher auf einem dilettantischen Niveau bewegt. Hier liege vermutlich eine Verwechslung vor. Schon vor Verlegung der Hofhaltung habe in Mannheim ein Verein, die Museumsgesellschaft, existiert; deren Orchester habe in seinem Kern aus Laien bestanden, die zu besonderen Anlässen oft Berufsmusiker engagiert hätten, genau umgekehrt also wie im Falle des Nationaltheater-Orchesters, das damals für größere Besetzungen qualifizierte Laien hinzugezogen habe. Becker betont, aus der prachtvollen Hofkapelle seien 36 Musiker, etwas mehr als ein Drittel der alten Hofkapelle, in Mannheim geblieben, also Profis von höchstem Qualitätsniveau.[17]

„Das Nebeneinander von Berufsmusikern und Dilettanten führte gelegentlich zu Zerwürfnissen. Damen der Gesellschaft weigerten sich aus persönlichen Gründen, im Chor neben einer ihnen nicht genehmen Sängerin zu stehen."[18] Oder ein alter Berufsmusiker lehnte es ab, am selben Pult mit einem Amateur zu spielen.[19] Im Laufe des 19. Jahrhunderts schieden die Musikliebhaber aus. Sie wurden von den Vereinen übernommen, die wie die Musikalische Akademie die Musik pflegten und von dem Wechsel sehr profitierten.[20]

Wechselnde Veranstalter der Konzerte

Um die Jahrhundertwende 1799/1800 gerieten die bisher von einem Liebhaberkonzert-Ausschuss veranstalteten Konzerte in eine ernste Krise, nicht zuletzt wegen der Leistungen des überalterten Theaterorchesters und des gebrechlichen, fast tauben Dirigenten Ignaz Fränzl. Hinzu kam, dass als Folge der Kriegsjahre die Einnahmen aus den Abonnements zurückgingen, da die hauptsächlichen Konzertbesucher, Adel und Beamte, vom Krieg besonders betroffen waren.[21]

Intendant von Dalberg versuchte, die Konzerte zu retten. Einvernehmlich wurde ein neuer Kon-

Karl Heidenreich

zertausschuss mit der Leitung der Winterkonzerte beauftragt, in dem die Intendanz, das Orchester und die Musikfreunde vertreten waren. Die ökonomische Leitung und die Oberaufsicht über das Musikalische lagen bei der Intendanz. Die Mitwirkung in den Konzerten wurde zur Dienstaufgabe der Orchestermusiker, was diese erst nach der Zusicherung von Gratifikationen aus den Überschüssen der Konzerte akzeptierten.[22]

Die Vereinbarung hatte nur kurzen Bestand (Winterkonzerte 1802/03). Nachdem Dalberg von der Intendanz zurückgetreten war, gab sein Nachfolger, Freiherr von Venningen, zwar zunächst dem Drängen des Orchesters auf Übernahme der Konzerte nach, behielt sich jedoch die Oberaufsicht in künstlerischer Hinsicht vor und versuchte, auch Einfluss auf die Programmgestaltung zu nehmen.[23]

Die Unzufriedenheit des Publikums mit den Konzerten und Abonnementkündigungen nahm er schließlich zum Anlass, die Konzerte selbst zu leiten, das so genannte Liebhaberkonzert aufzuheben, den Konzertausschuss aufzulösen und ein mit dem Theater verbundenes musikalisches Institut unter dem Namen „Hofmusikakademie" zu errichten.[24] Das letzte von dieser Akademie veranstaltete Konzert fand am 2. März 1810 statt. Die Leitung lag wieder in den Händen des Orchesters.[25] Der Konzertausschuss, dem Musikliebhaber angehörten, erließ „neue gesetzliche Bedingnisse: Das Konzert ist ein freier Verein der Musiker zu gesellschaftlichen Zwecken..."[26] Seit dem Konzert vom 8. November 1834 führen die Konzerte den neuen Titel „Musikalische Akademie," der seitdem unverändert blieb.[27]

Verlust der Selbständigkeit im Jahr 1940

Zwei Weltkriege in der ersten Hälfte des 20. Jahrhunderts, die Hyperinflation in den Jahren 1922/23, die „Machtübernahme" der Nationalsozialisten 1933 und die bald folgende „Gleichschaltung" bedrohten zeitweilig nicht nur die wirtschaftliche Existenz der Musikalischen Akademie, sondern führten schließlich zur Abschaffung ihrer demokratischen Selbstverwaltung, einer mehr als 150-jährigen Tradition.[28]

„Die Wiederherstellung der Musikalischen Akademie des Nationaltheater-Orchesters als demokratisch strukturierter eingetragener Verein gelang erst im Jahre 1948 [...]"[29] – und zwar im Herbst.[30] Das

Orchester war wieder Rechtsträger des gemeinnützigen Vereins und Veranstalter der Konzerte. Ihm obliegt seither die künstlerische und finanzielle Verantwortung. Diese in Deutschland einmalige Eigenständigkeit ist in Fachkreisen bekannt, bei Intendanten und Chefdirigenten aber nicht unbedingt geschätzt.

Aus dem Orchester werden alle zwei Jahre der aus mindestens vier Personen bestehende Vorstand und der sechsköpfige künstlerische Beirat gewählt, der ebenfalls dem Vorstand angehört.

Selbstverwaltung Mitte der 90er Jahre in Gefahr

In der Ära von Generalintendant Ulrich Schwab (ab 1996) und Generalmusikdirektor Jun Märkl (ab der Spielzeit 1994/95) waren die Selbstverwaltung und Eigenständigkeit der Musikalischen Akademie in ernster Gefahr.[31] Jun Märkl verlangte im März 1994 – noch bevor er sein Amt in Mannheim antrat –, einen bereits mit festen Absprachen für die Leitung eines Akademiekonzerts gebundenen Gastdirigenten wieder auszuladen, was der Akademie-Vorstand unter Verweis auf seine satzungsmäßige Zuständigkeit ablehnte.

Ulrich Schwab wollte ein völliges Mitspracherecht für den Generalmusikdirektor, der auch Vorstandsmitglied der Musikalischen Akademie werden sollte; außerdem verlangte er jährliche Zahlungen von etwa 200.000 DM für die (bis dahin unentgeltliche) Bereitstellung des Nationaltheater-Orchesters. Außerdem strebte er die Kündigung der zwischen der Stadt Mannheim und der Musikalischen Akademie bestehenden Vereinbarung an.[32]

Die Kontroverse zwischen der auf Selbstverwaltung bedachten Musikalischen Akademie und der Theaterleitung wurde schließlich öffentlich. Es kam am 19. November 1997 zu einem „Gipfeltreffen" unter der Leitung des damaligen Chefredakteurs des „Mannheimer Morgen", Horst-Dieter Schiele, der das Bestreben der Musikalischen Akademie nach fortgesetzter Unabhängigkeit unterstützte.

Ulrich Schwab kündigte die bestehende Vereinbarung, die schließlich durch einen neuen, bis heute gültigen Vertrag vom 11. Februar 1998 ersetzt wurde, unterschrieben vom Generalintendanten des Nationaltheaters, dem 1. Vorsitzenden der Musikalischen Akademie e.V. und dem Kulturdezernenten der Stadt Mannheim. Darin wurde

Entstehung und Geschichte der Musikalischen Akademie

bestätigt, dass die Akademiekonzerte auf eigene Rechnung des Vereins veranstaltet werden. Hinsichtlich der Programmkonzeption für die jeweilige Konzertsaison sowie bei der Auswahl von Gastdirigenten für die nicht dem Generalmusikdirektor übertragenen vier Doppelkonzerte sind Akademievorstand und Generalmusikdirektor verpflichtet, sich um Einvernehmen zu bemühen. Für die Freistellung des Orchesters (pro Saison für acht Doppelkonzerte und jeweils fünf Proben) sind erstmals zum Abschluss des Konzertjahres 1999/2000 198.000 DM, mindestens 160.000 DM an das Nationaltheater zu bezahlen, was im Hinblick auf die damals in der Akademie vorhandenen Rücklagen vertretbar war.

Abb. 1
Hofkapellmeister Vinzenz
Lachner (1811-1893)
StadtA MA - ISG

Maßgebliche Dirigenten

In den Festschriften wird die Ära Lachner als der Beginn der Blütezeit für das Mannheimer Musikleben – Oper, Konzert- und Chorwesen – gerühmt.[33] 1834 wurde Franz Lachner berufen, wirkte allerdings nur zwei Jahre, da er Münchner Hofkapellmeister wurde. Ihm folgte als Dirigent des Nationaltheater-Orchesters sein Bruder Vinzenz Lachner (1836-1872, Abb. 1). „Das Werk Beethovens wurde jetzt zum ersten Male mit System (und Liebe) aufgeführt."[34]

1841 lud Lachner Hector Berlioz nach Mannheim ein zu einem Konzert mit eigenen Werken. Am Ende seiner Tätigkeit fand das berühmte Konzert Richard Wagners in Mannheim statt, mit Werken von Mozart, Beethoven und eigenen Kompositionen, u.a. Vorspiel zu Lohengrin, Meistersinger sowie Tristan und Isolde.[35] „Sensationell aber wirkte nicht nur die Wagnerische ‚Zukunftsmusik', sondern mehr noch die Tatsache, dass Wagner beim Dirigieren dem Publikum den Rücken zudrehte; das hatte es hier bisher nicht gegeben."[36]

Weitere bedeutende Komponisten dirigierten in der Musikalischen Akademie eigene Werke, unter anderen Johannes Brahms, Richard Strauss und Gustav Mahler.[37] „Im Konzertsaal engagierte sich Mannheim für Brahms, in der Oper für Wagner; so entging es dem leidigen Streit zwischen ‚Brahmsianern' und ‚Neudeutschen' [...]. Konzilianz [..] war schon von jeher ein Stück Mannheimer Naturell".[38]

Ende der fünfziger und Anfang der sechziger Jahre des vergangenen Jahrhunderts ist unter den dirigierenden Komponisten Paul Hindemith hervorzuheben, der mehrfach in Akademiekonzerten auftrat und schließlich zum Ehrenmitglied ernannt wurde.[39]

Aufstieg der „eigenen" Dirigenten

Bedeutend für die Musikalische Akademie waren und sind nicht nur die berühmten Gastdirigenten, sondern die „eigenen" Dirigenten, die Kapellmeister und Generalmusikdirektoren des Nationaltheater-Orchesters. Gekommen waren sie als Unbekannte, „groß" wurden sie in Mannheim und bekleideten nach ihrem Weggang Spitzenpositionen in musikalischen Metropolen im In- und Ausland, darunter Felix Weingartner, Nikolaus von Reznicek, Arthur Bodansky, Wilhelm Furtwängler, Eugen Jochum, Erich Kleiber, Karl Elmendorff, der unvergessene

Karl Heidenreich

Horst Stein, der ebenfalls zum Ehrenmitglied der Musikalischen Akademie ernannt wurde, oder Peter Schneider.[40] Wie so oft auch bei Opernsängern und Schauspielern erwies sich das Nationaltheater als „Sprungbrett" in der Karriere.

Als Gäste verpflichtete Solisten

Zur Tradition der Musikalischen Akademie gehört die Verpflichtung von Gastsolisten, darunter Musiker der internationalen Spitzenklasse, die die Konzerte bereicherten und dem Publikum wahre musikalische Sternstunden bescherten, unter anderen Pianisten wie Bruno Leonard Gelber, der Geiger David Oistrach oder der Cellist Mstislaw Rostropowitsch.[41] „Wie im Kreis der Dirigenten suchte die Musikalische Akademie auch unter den Solisten nach einer ausgewogenen Mischung von fähigen Talenten und erfahrenen Virtuosen."[42] Teil einer guten Tradition ist es aber auch, eigene Mitglieder des Orchesters als Solisten einzubinden, was das hohe künstlerische Niveau des Orchesters unterstreicht.[43]

Die Auswahl der Konzertprogramme

Die Entscheidung trifft der Vorstand der Musikalischen Akademie in Abstimmung mit dem jeweiligen Generalmusikdirektor. Nicht zu übersehen sind aber der Einfluss der Presse und vor allem des Publikums, das mit seinem Konzertbesuch letztlich über den Erfolg der Musikalischen Akademie entscheidet.[44] Bei der Programmauswahl überwiegen auch heute noch die Meisterwerke der überlieferten Konzertliteratur (Abb. 2), ohne dass sich die Akademie dem Experimentellen in der modernen Musik oder dem Zeitgenössischen verschließt.[45]

Vielbeachtet – auch überregional – waren und sind die Auftragswerke, die die Musikalische Akademie seit 1992 an profilierte zeitgenössische Komponisten jährlich vergab, von 1993 bis 2008 gefördert von der Südwestdeutschen Landesbank beziehungsweise ihrer Rechtsnachfolgerin, der Landesbank Baden-Württemberg. „Eine Tradition, auf die man in Mannheim mit Recht stolz sein darf, und die mit Sicherheit ihresgleichen in der deutschen Sinfoniekonzert-Landschaft sucht. Eine Tradition auch, die das doch größtenteils recht konservative Mannheimer Abonnenten-Publikum mit Interesse angenommen hat: Die Einführungen vor den Kon-

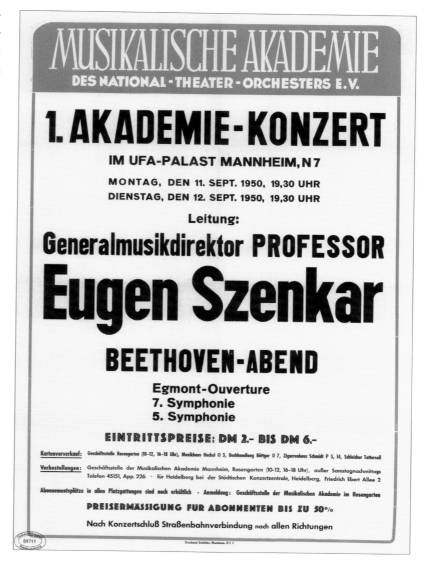

zerten, bei denen sich die Künstler dem Publikum präsentieren und über ihre Werke sprechen, sind gut besucht [...] Und unter denen finden sich in der Tat große internationale, in der Welt der neuen Musik hervorragend klingende Namen: Younghi Pagh-Pan etwa, Manfred Trojahn, Gija Kantscheli, Detlev Glanert, Violetta Dinescu und John Corigliano".[46]

Im 7. Akademiekonzert am 30. Mai 2011 startete die Musikalische Akademie mit der Uraufführung des Orchesterwerks „Mannheimer Schule" des in Heidelberg geborenen Komponisten Moritz Eggert einen erfolgreichen Neubeginn, gefördert vom Verfasser. Mit der Auftragsvergabe an den türkischen Komponisten Fazil Say wird die gute Tradition der Musikalischen Akademie im Jahr 2012 fortgeführt.

Abb. 2
Plakat mit der Ankündigung eines Konzertes der Musikalischen Akademie 1950
StadtA MA - ISG

Entstehung und Geschichte der Musikalischen Akademie

Abb. 3
Die Musikalische Aka-
demie unter GMD Horst
Stein
Ca. 1965
StadtA MA - ISG

Die Zukunft der Musikalischen Akademie

Die Konzerte der Musikalischen Akademie des Nationaltheater-Orchesters Mannheim sind seit 233 Jahren ein unverzichtbarer Teil des Musiklebens der Stadt und der Region. Neben dem hohen Standard des Orchesters, der Dirigenten und Solisten haben vor allem der demokratische Status der Konzerte, die Selbstverwaltung und das Engagement der Bürgerschaft zu den großen kulturellen Leistungen der Musikalischen Akademie beigetragen, die es zu erhalten gilt.

Nach drei Verlustjahren in Folge, die aus den Rücklagen gedeckt werden mussten, besteht aktueller Handlungsbedarf auf der wirtschaftlichen Seite. Die sehr engagierten, motivierten Musiker haben daher unter anderem den gemeinnützigen Verein für Fördermitglieder geöffnet und ein aus sechs Persönlichkeiten bestehendes Kuratorium berufen, das die Zwecke des Vereins fördert, den Vorstand berät und neue Förderer und Sponsoren sucht.[47] Mit dem Verein „Freunde und Förderer des Nationaltheater Mannheim e.V." wurde ein Kooperationsvertrag abgeschlossen, der den Mitgliedern beider Vereine Vorteile bringt. Neuen Schwung in die Akademiekonzerte brachte das Engagement von Dan Ettinger als Generalmusikdirektor des Nationaltheaters Mannheim. Wieder aufgenommen wurde die Vergabe von Auftragswerken, um mit den jährlichen Uraufführungen das Konzertprogramm zu bereichern.

Die vorstehend aufgeführten Maßnahmen und weitere Aktivitäten des Vorstands verdienen Anerkennung und Unterstützung.[48] Dennoch steht fest: Nur wenn es gelingt, die notwendigen wirtschaftlichen Rahmenbedingungen zu schaffen und zu erhalten, wird das Orchester weiter selbständig seinem einzigartigen Kulturauftrag nachkommen können.

Karl Heidenreich

Ehrenmitglieder der Musikalischen Akademie des Nationaltheater-Orchesters Mannheim e.V.,
zusammengestellt von Eginhard Teichmann

Alfred Wernicke
Soloflötist, von 1878 bis 1916 im Orchester tätig, u.a. Vorsitzender der Musikalischen Akademie, außerdem großherzoglich badischer Musikdirektor.
Richard Lorbeer
Erster Oboist, großherzoglicher Kammermusiker, 1888-1926 im Nationaltheater-Orchester tätig.
Max Schellenberger
trat 1883 dem Orchester bei, wurde 1. Solohornist, Kammermusiker; war im Vorstand der Musikalischen Akademie aktiv und wurde an seinem 60. Geburtstag zum Ehrenmitglied ernannt.
Wilhelm Furtwängler
1886-1954, war von 1915 bis 1920 1. Kapellmeister am Nationaltheater Mannheim und wurde 1930 zum Ehrenmitglied ernannt.
Dr. Fritz Reuther
1909-1983, Mannheimer Industrieller und Förderer des Nationaltheater-Orchesters, wurde 1957 zum Ehrenmitglied ernannt.
Paul Hindemith
1895-1963, Komponist, Bratschist und Dirigent, gastierte zwischen 1955 und 1960 dreimal als Dirigent eines Akademiekonzertes und wurde 1960 zum Ehrenmitglied ernannt.
Eugen Jochum
1902-1987, 1929/30 erster Theaterkapellmeister in Mannheim, dirigierte in den Jahren von 1965 bis 1979 insgesamt vier Akademiekonzerte und wurde 1969 zum Ehrenmitglied ernannt.
Walter Krause
1912-2000, Mannheimer Kulturbürgermeister und später baden-württembergischer Innenminister, bemühte sich 1963-65 um die Aufstockung des Nationaltheater-Orchesters von 67 auf 89 Musiker. Er wurde 1979 zum Ehrenmitglied ernannt.

Abb. 4
GMD Dan Ettinger und die Musikalische Akademie im Rosengarten
12. April 2010
Foto: E. Teichmann, Musikalische Akademie e.V.

Entstehung und Geschichte der Musikalischen Akademie

Horst Stein

1928-2008, Mannheimer Generalmusikdirektor von 1963-70, dirigierte nach seinem Weggang von Mannheim weiterhin bis 2001 mehrere Akademiekonzerte. Er wurde 1995 zum Ehrenmitglied ernannt.

Dr. Karl Heidenreich

*1941, Mitglied des Vorstands der Landesbank Baden-Württemberg in Mannheim, Stuttgart, Karlsruhe - Förderer der Auftragskompositionen, die in den Akademiekonzerten seit 1993 uraufgeführt werden. Er wurde 1997 zum Ehrenmitglied ernannt.

Eginhard Teichmann

*1937, von 1965 bis 2001 Cellist im Nationaltheater-Orchester, Vorsitzender der Musikalischen Akademie von 1989-99 und von 2001-03, Begründer der jährlichen Kompositionsaufträge seit 1993. Er wurde 2003 zum Ehrenmitglied ernannt.

Vorstand im Jahr 2011

Johannes Dölger, 1. Solokontrabassist, 1. Vorsitzender

Jeffrey Haigh, 1. Soloposaunist, 2. Vorsitzender

Arne Roßbach, Violinist, Geschäftsführer

Christoph Rox, Flötist, Stellv. Geschäftsführer

Christiane Albert, 1. stellvert. Soloflötistin, Schriftführerin

Ulrike Hupka, 1. Solohornistin, Künstlerischer Beirat

Eva Wombacher, Harfenistin, Künstlerischer Beirat

Friedemann Döling, Solocellist, Künstlerischer Beirat

Fumiko Nomura, stellvertr. Solopaukerin, Künstlerischer Beirat

Viorel Tarara, Violonist, Künstlerischer Beirat

Raphael Nick, Schlagzeuger, Künstlerischer Beirat

Abb. 5
Das Lessing-Gymnasium grüßt Dan Ettinger.
12. April 2010
Foto: E. Teichmann, Musikalische Akademie e.V.

Karl Heidenreich

Kuratorium

Dr. Marcus Kremer (Vorsitzender)

Prof. Kathrin Kölbl

Dr. Martin Feick

Dr. Karl Heidenreich

Kirchenmusikdirektor Johannes Matthias Michel

Prof. Dr. Achim Weizel

(zugleich 1. Vorsitzender der „Freunde und Förderer des Nationaltheaters Mannheim e.V.")

1   H. Becker: Kurzgefasste Geschichte der Musikalischen Akademie und des Mannheimer Nationaltheater-Orchesters, in: 225 Jahre Musikalische Akademie, Festschrift der Musikalischen Akademie des Nationaltheater-Orchesters Mannheim e.V. im Konzertjahr 2003/04, S. 10.

2   Ebenda S. 10.

3   Vgl. ebenda, S. 10 und H. Vogt: Die Musikalische Akademie des Nationaltheater-Orchesters Mannheim, ihre Tradition und ihre Aufgaben, in: 200 Jahre Musikalische Akademie des Nationaltheater-Orchesters Mannheim 1779-1979, S. 28.

4   H. Becker: Aufsatz Kurzgefasste Geschichte der Musikalischen Akademie und des Mannheimer Nationaltheater-Orchesters, ohne weitere Angaben, S. 2.

5   Vgl. ebenda, S. 4 und H. Vogt, wie Anm. 3, S. 28.

6   Vgl. H. Becker, wie Anm. 1, S. 10f. und H. Vogt, wie Anm. 3, S. 28f.

7   H. Vogt, wie Anm. 3, S. 28.

8   Vgl. H. Becker, wie Anm. 1, S. 11.

9   Vgl. F. Walter: Vom Liebhaberkonzert zur Musikalischen Akademie, in: 150 Jahre Musikalische Akademie des Nationaltheater-Orchesters Mannheim 1779-1929, S. 10.

10 Vgl. K. Boppel: Tradition und Verpflichtung, in: 190 Jahre Musikalische Akademie des Nationaltheater-Orchesters Mannheim, Eine Dokumentation, S. 11f.

11 Vgl. H. Vogt, wie Anm. 3, S. 29 und H. Becker, wie Anm. 1, S. 13.

12 Vgl. H. Vogt, ebenda, S. 29 und H. Becker, ebenda, S. 13.

13 H. Vogt, ebenda, S. 29.

14 F. Walter, wie Anm. 9, S. 11f.

15 F. Walter, ebenda, S. 12.

16 H. Vogt, wie Anm. 3, S. 30.

17 Vgl. H. Becker, wie Anm. 4, S. 7.

18 F. Walter, wie Anm. 9, S. 21.

19 F. Walter, ebenda, S. 21.

20 Vgl. Laux, K.: Streife durch ein Jahrhundert; Die Akademie-Konzerte von 1829-1929, in: 150 Jahre Musikalische Akademie des Nationaltheater Orchesters Mannheim 1779-1929, S. 31.

21 Vgl. F. Walter, ebenda, S. 16 ff.

22 Vgl. ebenda, S. 17f.

23 Vgl. ebenda, S. 18.

24 Vgl. ebenda, S. 19f.

25 Vgl. ebenda, S. 22f.

26 Ebenda, S. 23.

27 Vgl. ebenda, S. 26.

28 Vgl. Homering, L., in: 225 Jahre Musikalische Akademie, Festschrift der Musikalischen Akademie des Nationaltheater-Orchesters Mannheim e.V. im Konzertjahr 2003/04, S. 18ff und Becker, H.: wie Anm. 1, S. 12.

29 H. Becker, ebenda, S. 26.

30 Vgl. K. Boppel, wie Anm. 10, S. 20.

31 Das Folgende ist im Wesentlichen dem unveröffentlichten Bericht von Eginhard Teichmann „Meine Vorstandsjahre in der Musikalischen Akademie e.V. zwischen 1989 und 2000", Mannheim, im November 2007 (überarbeitet im März 2011) mit dessen Zustimmung entnommen.

32 Das Nationaltheater, bis dahin Amt 42 der Stadt Mannheim, wurde mit Wirkung vom 1. September 1996 in einen Eigenbetrieb der Stadt umgewandelt, was die Stellung des Generalintendanten erheblich aufwertet.

33 Vgl. zum Beispiel K. Boppel, wie Anm. 10, S. 14.

34 Ebenda, S. 14.

35 Vgl. H. Vogt, wie Anm. 3, S. 31.

36 Ebenda, S. 31.

37 Vgl. ebenda, S. 31ff.

38 K. Boppel, wie Anm. 10, S. 15; zur Neudeutschen Schule zählen Berlioz, Liszt und Wagner.

39 Vgl. H. Vogt, wie Anm. 3, S. 33. Die Liste der Ehrenmitglieder ist als Anlage 1 beigefügt.

40 Vgl. H. Vogt, wie Anm. 3, S. 33; H. Becker, wie Anm. 1, S. 14.

41 Vgl. H. Vogt, ebenda S. 36.

42 K. Heinz: Blick zurück auf 25 Jahre, in: 200 Jahre Musikalische Akademie des Nationaltheater-Orchesters Mannheim 1779-1979, S. 56.

43 Vgl. H. Becker, wie Anm. 4, S. 17.

44 Bis gegen Ende der 90er Jahre des 20. Jahrhunderts waren die Doppelkonzerte in dem 2.300 Sitzplätze fassenden Mozartsaal des Rosengartens ausabonniert. Die Abonnements wurden quasi vererbt.

45 Vgl. K. Heinz, wie Anm. 42, S. 56 und H. Becker, wie Anm. 4, S. 16f.; Becker verweist insbesondere auf Horst Stein und seine Verdienste bei der Aufnahme der Moderne in die Programme.

46 S. Kaulich: Die Geburt einer Tradition – Die Musikalische Akademie und ihre Auftragswerke, in: 225 Jahre Musikalische Akademie, Festschrift der Musikalischen Akademie des Nationaltheater-Orchesters Mannheim e.V. im Konzertjahr 2003/04, S. 34; Liste der Uraufführungen bis 2005 siehe ebenda, S. 42; die späteren Uraufführungen waren:

2006   Edward Rushton-Emissions für Orchester

2007   Bernd Franke -On the Square- for orchestra

2008   John Casken – Concerto for orchestra.

Mehrere große deutsche Rundfunkanstalten haben die Uraufführungen in Livesendungen direkt wiedergegeben. Vgl. H. Becker, wie Anm. 4, S. 18; die Musikalische Akademie selbst hat CD's produziert.

47 Die Mitglieder des Kuratoriums sind in Anlage 2 aufgeführt. Auch hier gibt es ein Vorbild: Bereits 1869 gründete eine Reihe Mannheimer Bürger einen „Konzertverein" mit der Aufgabe, die finanzielle Basis der Musikalischen Akademie zu sichern und zu verbreitern. Vgl. H. Vogt, wie Anm. 3, S. 33.

48 Vorstand im Jahr 2011 siehe Anlage 3.

Quellen

150 Jahre Musikalische Akademie des Mannheimer Nationaltheater-Orchesters 1779-1929, Jubiläumsschrift, herausgegeben vom Nationaltheater-Orchester

190 Jahre Musikalische Akademie des Nationaltheater-Orchesters Mannheim – Eine Dokumentation, herausgegeben von der Musikalischen Akademie des Nationaltheater-Orchesters Mannheim e.V.

200 Jahre Musikalische Akademie des Nationaltheater-Orchesters Mannheim – 1779-1979. Festschrift zum 200jährigen Jubiläum der Musikalischen Akademie des Nationaltheater-Orchesters Mannheim e.V., 29. September 1979

225 Jahre Musikalische Akademie. Festschrift der Musikalischen Akademie des Nationaltheater-Orchesters Mannheim e.V. im Konzertjahr 2003/04

H. Becker: Kurzgefasste Geschichte der Musikalischen Akademie und des Mannheimer Nationaltheaters, o. O., o. J.

Unveröffentlichter Aufsatz von E. Teichmann: Meine Vorstandsjahre in der Musikalischen Akademie e.V. zwischen 1989 und 2000, Mannheim, im November 2007/überarbeitet im März 2011

Betriebssatzung des Nationaltheaters Mannheim vom 30. Juni 1995

Harald Stockert

Das Digitalisierungszentrum im Stadtarchiv Mannheim – ISG

Erste Gehversuche und erste Erfolge

Es mutet an wie der Blick in eine längst vergangene Zeit: Als das Stadtarchiv Mannheim im Jahr 2001 seinen ersten Scanner beschaffte, wurde im Mannheimer Luisenpark das Teehaus errichtet, Erwin Teufel war Ministerpräsident von Baden-Württemberg und der SV Waldhof Mannheim stand kurz vor dem Aufstieg in die 1. Bundesliga. Es handelte sich damals um einen DIN A4-Flachbettscanner, mit welchem die auf Karton aufgezogenen Fotos der Bildsammlung digitalisiert werden sollten.

Seither hat sich nicht nur das Weltgeschehen teilweise geradezu dramatisch geändert, auch im Stadtarchiv gab es bei der Digitalisierung zahlreiche Neuerungen in technischer wie organisatorischer Hinsicht, die 2001 so noch nicht absehbar gewesen waren.

Nach den ersten Gehversuchen mit Einzelbeständen (Plakate, Fotos, Zeitungsausschnitte) wurden seit 2005 Massenbestände in Angriff genommen und mehrere Digitalisierungskampagnen (Familienbögen, historische Meldekartei) gestartet, die auch erfolgreich zum Abschluss gebracht werden konnten. Damit einher ging eine fortschreitende Professionalisierung in diesem Bereich. Mehrere neue Scanner wurden in dieser Zeit für unterschiedlichste Anforderungen angeschafft und auch eine entsprechende Serverstruktur aufgebaut, um die Daten adäquat und sicher zu speichern. Dabei konnte im Stadtarchiv eine fachliche und technische Kompetenz in diesem Bereich aufgebaut werden, die sich auch auf dem freien Markt behaupten kann. Denn die Erfolge des Stadtarchivs Mannheim – ISG im Bereich der Digitalisierung blieben in der archivischen Fachwelt wie auch bei den städtischen Dienststellen nicht unbemerkt. Im Gegenteil, wiederholt gab es Anfragen nach entsprechenden Dienstleistungen auch für externe Kunden. Ein wichtiger Meilenstein in diese Rich-

Abb. 1
Eröffnung des Digitalisierungszentrums 2009: In Anwesenheit von (von rechts nach links) Dr. Ulrich Nieß (Stadtarchiv – ISG), Prof. Carl-Heinrich Esser (Vetter-Stiftung), Kulturbürgermeister Michael Grötsch, Gerhard Widder (Vorsitzender Verein der Freunde des Stadtarchivs) sowie Peter Plachetka (Vorsitzender Mannheimer Architektur- und Bauarchiv) digitalisiert Kuno von Dungen (sitzend) am neuen A1-Scanner ein Ratsprotokoll.
Foto: Maria Schumann, Stadtarchiv Mannheim – ISG

Das Digitalisierungszentrum im Stadtarchiv Mannheim – ISG

tung war 2008 die Festanstellung von zwei Fachkräften, deren Stellen – so die Vereinbarung – sich durch externe Aufträge refinanzieren sollten.

Damit war das Digitalisierungszentrum im Stadtarchiv Mannheim – ISG geboren. Die offizielle Eröffnung (Abb. 1) fand 2009 im Beisein von Kulturbürgermeister Michael Grötsch statt. Vorgestellt wurden die neuen Räumlichkeiten, die sich fortan im 2. OG des Collini-Centers befanden. Blickfang für die anwesenden Gäste – Kolleginnen und Kollegen aus der Stadtverwaltung und anderen Archiven sowie Freunde und Gönner des Stadtarchivs – war die beeindruckende technische Ausstattung des Zentrums. Im Mittelpunkt stand dabei ein neuer A1-Buchscanner, der mit tatkräftiger Unterstützung des Vereins der Freunde des Stadtarchivs angeschafft werden konnte. Mit seiner Hilfe können seither großformatige, umfangreiche und auch gewichtige Bücher wie Ratsprotokolle oder Liegenschaftsbücher digitalisiert werden, bei denen andere Scanner „schlapp machen". Auch die Presse zeigte sich von der Vorführung beeindruckt – „Wenige Mausklicks ersetzen Wege in den Keller" (Mannheimer Morgen) beziehungsweise „Geschichte in modernem Gewand" (Rheinpfalz), so die Schlagzeilen.

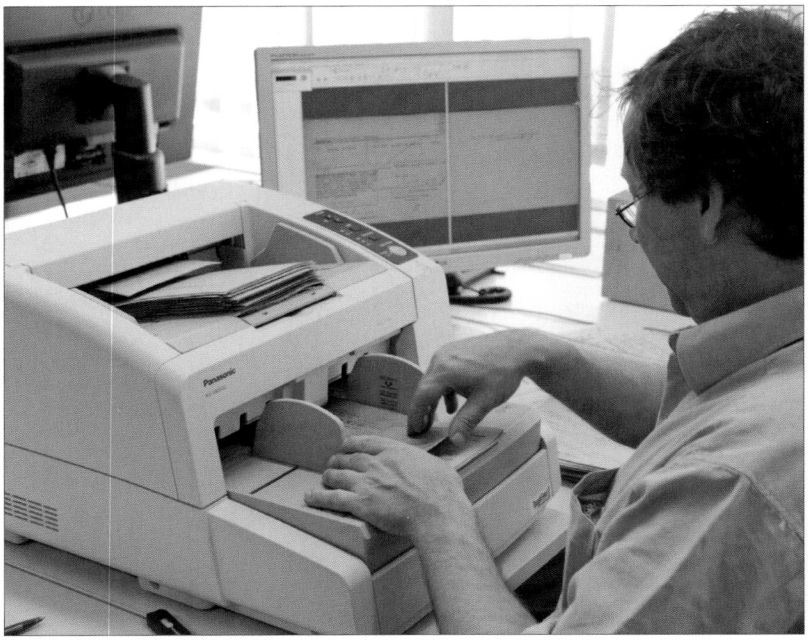

Das Digitalisierungszentrum

Es wurde nicht zu viel versprochen. Das Digitalisie-

rungszentrum des Stadtarchivs Mannheim – ISG hat seither seinen Expansionskurs fortgesetzt, sowohl hinsichtlich seiner Personal- und technischen Ausstattung wie auch in der Auftragsakquise inner- wie außerstädtisch. Es ist in der Verwaltungsabteilung des Stadtarchivs angesiedelt und wird in Form eines BgA (Betrieb gewerblicher Art) geführt. Als solcher behauptet es sich im freien Wettbewerb und konnte sich dank seiner fachlichen Erfahrung und Expertise in der Region wie in der Fachwelt einen Namen machen. Im Digitalisierungszentrum arbeiten derzeit acht Kräfte, darunter drei Festangestellte.

Beispielhaft sollen im Folgenden einige aktuelle wie auch abgeschlossene Projekte vorgestellt werden.

a) Schon seit vielen Jahren arbeitet das Digitalisierungszentrum mit dem Stadtarchiv Karlsruhe zusammen. Nachdem die eigene Plakatsammlung des Stadtarchivs Mannheim bereits weitgehend digitalisiert werden konnte, wurden seither die entsprechenden Bestände der badischen Hauptstadt in Angriff genommen. In den vergangenen Jahren wurden hierbei rund 10.000 Objekte digitalisiert, in erster Linie Plakate, aber auch Pläne, Karten und Bilder. Alle haben sie eine Gemeinsamkeit: Sie sind größer als A3 und können nicht über handelsübliche Flachbettscanner digitalisiert werden. An dieser Stelle kommt der Großformatscanner des Digitalisierungszentrums zum Einsatz, der Objekte bis zu einer Breite von knapp einem Meter einziehen kann. Hinsichtlich der Länge gelten andere Vorgaben, die noch nicht völlig ausgelotet wurden. Beim bislang extremsten Objekt in dieser Hinsicht, welches mit Hilfe des Scanners digitalisiert wurde, handelte es sich übrigens um einen technischen Leitungsplan, der eine Länge von 5,12 m und damit die Höhe von zwei Vollgeschossen eines Wohnhauses überragte.

b) Als am 3. März 2009 das Historische Archiv der Stadt Köln einstürzte, wurden mit ihm zahllose Archivalien verschüttet, beschädigt, zum Teil auch unwiederbringlich zerstört. Überraschenderweise heil blieb ausgerechnet eine Quellengruppe, deren materielle Empfindlichkeit auch dem Laien sofort präsent ist: Historische Glasplatten. Die Digitalisierung und damit dauerhafte Sicherung dieses wertvollen Bestandes war ein Teilziel im Zusam-

Abb. 2
Stephan Kunz bei der massenhaften Digitalisierung von Karteikarten über einen speziell ausgerüsteten Einzugsscanner. Entscheidend für ein auch juristisch vertrauenswürdiges Ergebnis ist die unmittelbare Qualitätssicherung. Stimmen Vorder- und Rückseite? Stimmt der Farbabgleich? Sind auch Bleistiftvermerke gut lesbar?
Foto: Maria Schumann, Stadtarchiv Mannheim – ISG

Harald Stockert

menhang mit dem Wiederaufbau. Das Stadtarchiv Mannheim – ISG, das kurz nach dem Unglück bereits eine sehr erfolgreiche Spendenaktion zu Gunsten Kölns ins Leben gerufen hatte, erklärte sich bereit, einen beträchtlichen Teil der Kölner Glasplatten kostenlos zu digitalisieren. Hierbei konnte sich das Digitalisierungszentrum bereits auf einschlägige Erfahrungen stützen. Großformatige A3-Flachbettscanner mit Durchlichteinheit und speziell zugeschnittenen Schablonen kamen hierbei zum Einsatz. Mit Hilfe dieser Scanner waren bereits zum Teil die eigenen Glasplattenbestände, die des Stadtarchivs Worms sowie der Kunsthalle Mannheim, aber auch großformatige Ektachrome digitalisiert worden: Erfahrung genug, um auch das gerettete Kölner Kulturgut dauerhaft zu sichern.

c) Die Digitalisierung von Akten (Abb. 2) stellt über den reinen Scanprozess hinaus besondere Ansprüche: Unterschiedliche Papierarten und -formate, lästige Büro- und Heftklammern oder aber Klarsichthüllen hemmen immer wieder einen schnellen Scanvorgang. Ein Projekt mit dem Fachbereich Geoinformation und Vermessung der Stadt Mannheim stand genau vor diesen Herausforderungen. Ziel war es, die Veränderungsnachweise des Liegenschaftskatasters, in welchen die Änderung von Grundstücksgrenzen festgehalten und rechtskräftig protokolliert wurden, zu digitalisieren. Hier galt es, einen eigenen Workflow zu entwickeln, um ein vollständiges und rationelles Arbeiten zu ermöglichen. Entsprechend wurde der Arbeitsprozess aufgesplittet in unterschiedliche Stationen – in der ersten Stufe mussten die Unterlagen aus Leitzordnern entnommen und entmetallisiert werden. Gleichzeitig hatte das Augenmerk eventuell vorhandenen großformatigen Plänen zu gelten, die nicht für den Einzug in einen Durchlaufscanner geeignet sind und daher über eine separate Scanstation digitalisiert werden müssen. Die Hauptarbeit fand an einem der beiden DIN A3-Durchlaufscanner statt, die in der Vergangenheit bereits knapp zwei Millionen Meldekarten bewältigt hatten. Nach dem Scannen wurden die Unterlagen archivgerecht verpackt. Dem Fachamt blieb ausschließlich der Zugriff auf die digitalisierten Kopien gestattet, wohingegen die Originalunterlagen seither in den Magazinen des Stadtarchivs verwahrt werden. Diesem Projekt kam ein ganz

besonderer Pilotcharakter zu, bildete es doch erstmals den kompletten Workflow für die Digitalisierung massenhafter moderner Aktenbestände für die Verwaltung ab.

d) Eine Kernüberlieferung von Archiven wie auch vieler städtischer Dienststellen bilden die Amtsbücher (Abb. 3). Hierzu gehören historische wie moderne Ratsprotokolle, Liegenschaftskataster, Pfandbücher, Rechnungsbände und – seit 2009 in besonderem Umfang – auch Standesamtsregister. Allesamt werden aufgrund ihres historischen wie auch rechtlichen Werts häufig von internen wie externen Kunden benutzt; eine Digitalisierung dieser Bände könnte hier erhebliche Arbeitserleichterungen mit sich bringen – im wahrsten Sinne des Wortes, haben doch manche Bände ein Gewicht von über 15 kg! Diese Bände werden im Digitalisierungszentrum des Stadtarchivs Mannheim mit Hilfe von mittlerweile zwei Buchscannern gescannt. Je nach Format beziehungsweise Gewicht kommen hierbei der eingangs erwähnte A1- beziehungsweise ein neu angeschaffter, etwas schnellerer A2-Scanner zum Einsatz. Schonend für Material und Buchrücken können somit hochqualitative Dateien erstellt werden. Diese werden pro Buch in einer speziellen PDF-Datei zusammengefasst und anschließend den Benutzern zur Verfügung gestellt.

Ein besonderes Highlight in dieser Beziehung war die Digitalisierung des „Goldenen Buches" der Stadt Mannheim. In diesem haben sich seit der Nachkriegszeit zahlreiche Prominente aus den Bereichen Politik, Kultur und Wirtschaft beim

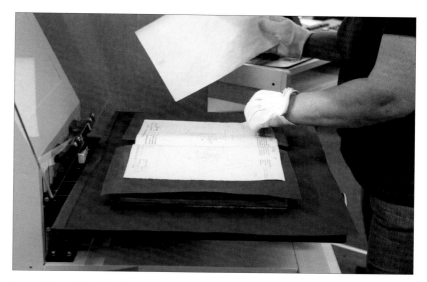

Abb. 3
Geduldige Feinarbeit: Ein Amtsbuch des Vermessungamts wird Seite für Seite mit Hilfe eines Buchscanners digitalisiert. Der Höhenausgleich über die selbstjustierende „Buchwippe" sorgt dafür, dass der Rücken des Bandes nicht bricht. Hinterleger und Spezialglas sorgen dafür, dass jede Seite bis in die Ränder scharf und farbecht aufgenommen werden. Verzerrungen durch den Falz werden digital ausgeglichen.
Foto: Maria Schumann, Stadtarchiv Mannheim – ISG

Das Digitalisierungszentrum im Stadtarchiv Mannheim – ISG

Besuch in der Quadratestadt verewigt. Ob Konrad Adenauer oder Willy Brandt, der Publizist Alfred Grosser oder die Olympiasiegerin Birgit Fischer – sie alle haben sich in das Goldene Buch eingetragen. Die Digitalisierung dieses Objekts war insofern sehr anspruchsvoll, da das Buch von einem Kalligraphen professionell mit Tinte und Tusche gestaltet ist; insbesondere die vielen verwendeten glänzenden Silber- und Goldfarben stellte große Anforderungen an Kontrast- und Helligkeitseinstellungen, um unerwünschte Spiegelungen zu vermeiden. Dennoch – die Mühe hat sich gelohnt, das digitale Goldene Buch ist ein Aushängeschild des Digitalisierungszentrums.

Weiter in der Wissensgesellschaft

Es ließen sich noch zahlreiche weitere Projekte an dieser Stelle aufzählen. Entscheidend ist, dass das Dienstleistungsspektrum des Zentrums permanent erweitert und neue technische Entwicklungen mit einbezogen werden. So wurde vor kurzem in die Anschaffung von Diascannern investiert, ebenso in eine Arbeitsstation für das Erstellen und Schneiden von digitalen Filmen. Auch verfügt das Stadtarchiv über das technische Know-How im Umgang mit moderner Bildbearbeitungssoftware.

Den größten Arbeitsbereich der Zukunft wird aller Voraussicht nach die Digitalisierung von Akten und Amtsbüchern darstellen. Nachdem sich die Archive in den vergangenen Jahren vornehmlich auf die Zimelien in den Sammlungen konzentrierten, ist das Einscannen der Massenbestände das nächste, naheliegende Ziel.

Auch die interessierte Öffentlichkeit, die mittlerweile gewohnt ist, jede Information in Sekundenschnelle über das Internet zu recherchieren, erwartet entsprechende Schritte von den Archiven. Denn diese können in der heutigen Wissensgesellschaft nicht mehr als Schatzkammern der wertvollen Kulturgüter überleben, sondern müssen sich zu modernen Informationszentren weiterentwickeln. Diesem Ziel hat sich auch das Stadtarchiv Mannheim – ISG mit seinem Digitalisierungszentrum verpflichtet. Vision ist, im Jahr 2020 und damit knapp 20 Jahre nach der Anschaffung des ersten Scanners, das historische Archivgut der Stadt Mannheim online zu haben!

Freilich: Trotz aller technischen Fortschritte kommt es auch im digitalen Bereich zuweilen zu skurrilen, wenn nicht gar ironischen Wendungen: 1984 erreichte die erste E-Mail Deutschland. Adressat war ein Karlsruher Informatik-Professor. Diese Email liegt heute nur noch als Textausdruck vor. 2009 wurde sie wieder in ihr Ursprungsformat transferiert und gewissermaßen redigitalisiert (Abb. 4).

Wo? Selbstverständlich im Digitalisierungszentrum des Stadtarchivs Mannheim – ISG.

Abb. 4
Unscheinbar, aber ein Dokument der Technikgeschichte: Die erste E-Mail, die in Deutschland empfangen wurde, wird am Großformatscanner digitalisiert – die elektronische Form dieser E-Mail ist längst untergegangen.
Foto: Maria Schumann, Stadtarchiv Mannheim – ISG

Andreas Schenk und Ulrich Nieß

Dipl.-Ing. Peter Plachetka zum 75. Geburtstag

Am 22. August 2011 feierte Dipl.-Ing. Peter Plachetka, der Vorsitzende des Mannheimer Architektur- und Bauarchivs e. V. (MAB) seinen 75. Geburtstag. Er leitet den Förderverein des Stadtarchivs Mannheim – ISG seit nunmehr 21 Jahren und hat sich wie kein anderer in besonderer Weise um die Dokumentation der architektonischen Entwicklung Mannheims verdient gemacht. Unter seinem Vorsitz gelang dem MAB nicht nur die mehrbändige Fortschreibung des Standardwerks „Mannheim und seine Bauten" von 1906, sondern konnten auch bedeutende Architektennachlässe gesichert und in die Sammlungen des Stadtarchivs überführt werden. Damit konnten die Lücken in der Überlieferung der Baugeschichte unserer Stadt, bedingt durch die Zerstörung der Bauakten im Zweiten Weltkrieg, in wichtigen Teilen geschlossen werden.

1936 in Breslau geboren, verschlug es Peter Plachetka durch die Kriegs- und Nachkriegsereignisse in unsere Region. Nach einer Maurer- und Bauzeichnerlehre studierte er in Mainz Architektur. 1960 zog er nach Mannheim, wo er zunächst für die GBG im gemeinnützigen Wohnungsbau, dann ab 1974 für deren Tochterunternehmen Mannheimer Gesellschaft für Wohnungs- und Städtebau (MWS) als Projektleiter arbeitete und in dieser Funktion unter anderem für den Wiederaufbau von K 1, den Neubau des Stadthauses N 1, das Carl-Benz-Stadion und den Werkhof der MVV am Luisenring verantwortlich zeichnete. Peter Plachetka war Vorsitzender des Technischen Ausschusses des Verbandes badischer Wohnungsunternehmen und der Gewerkschaft HBV Nordbaden. Darüber hinaus wirkte er über 25 Jahre ehrenamtlich als Richter am Arbeitsgericht und Landes-arbeitsgericht Mannheim.

Als das Mannheimer Architektur- und Bauarchiv 1989 auf Initiative des langjährigen Baudezernenten Niels Gormsen und in enger Kooperation mit dem Stadtarchiv ins Leben gerufen wurde, gehörte der Wahl-Mannheimer Plachetka zum Kreis der Gründungsmitglieder. 1990 wurde er in den Vorstand des Vereins gewählt, um sogleich als Nachfolger des nach Leipzig berufenen Gormsen mit dem Amt des Vorsitzenden betraut zu werden.

Seitdem lenkt er die Geschicke des Vereins, in dem sich Architekten, Ingenieure, Vertreter des Bauhandwerks und der Bauindustrie sowie an Architekturgeschichte Interessierte zusammengefunden haben, um das Stadtarchiv bei der Sammlung baugeschichtlicher Dokumente zu unterstützen.

Erste Erfolge bei der Suche nach Unterlagen in Firmen- und Privatarchiven konnte Peter Plachetka 1992 mit der Übernahme der Nachlässe der Architekten Julius Benzinger und Johannes Böhm vermelden. Dank seines unermüdlichen Einsatzes kam es in den folgenden Jahren zu zahlreichen weiteren Neuzugängen, die als Ersatzüberlieferung von unschätzbarem Wert für das Gedächtnis der Stadt sind. Ausdrücklich erwähnt sei hier die Übernahme der Plansammlung des Architekten der Christuskirche, Christian Schrade, die 2003 gesichert und als Depositum dem Stadtarchiv übergeben werden konnte. Peter Plachetka selbst verzeichnete die rund 3.000 Pläne, so wie er auch andere mit Hilfe des MAB übernommene Bestände

Dipl.-Ing. Peter Plachetka zum 75. Geburtstag

in ehrenamtlicher Arbeit inventarisierte, darunter Plansammlungen der Firma Bopp & Reuther sowie der Architekten Andreas Plattner, Ernst Würthwein und Max Schmechel.

Seiner Weitsicht sind weitere Aktivitäten des MAB in Zusammenarbeit mit dem Stadtarchiv zu verdanken. 1991 lud Peter Plachetka zum ersten Mal zur Vortragsreihe „Bauen in Mannheim – gestern und heute" ein. Mit ihr lenkt der Verein seit nunmehr 20 Jahren den Blick auf herausragende Gebäude, städtebauliche Entwicklungen sowie Mannheims Architekten und deren Werk. Auch Stadtteilrundgänge und Exkursionen sind Teil der Öffentlichkeitsarbeit, bei der es Plachetka über die Informationsvermittlung hinaus auch darum geht, zum sensiblen Umgang mit dem gebauten Erbe vergangener Epochen anzuregen.

Einen weiteren Schwerpunkt der Tätigkeit des MAB bildet die Herausgeberschaft architekturgeschichtlicher Publikationen. Bereits 1992 erschien der Bildband „Mannheim. Photographien 1876-1930". Zwei Jahre später folgte „Architektur in Mannheim 1918-1939". 1999 wurde die Ausstellung „Eine neue Stadt muß her! Architektur- und Städtebau der 50er Jahre in Mannheim" mit Begleitschrift auf den Weg gebracht. Zu nennen sind vor allem auch die Prachtbände über das Schloss und Mannheims Villen: „Die kurfürstliche Residenz zu Mannheim" (2006) und „Mannheimer Villen. Bürgerliche Architektur und Wohnkultur in den Quadraten und der Oststadt" (2009), des Weiteren die Monographie „Das Palais Lanz in Mannheim. Französische Architektur im deutschen Kaiserreich" (2008), die Festschrift zum 125-jährigen Bestehen des Architekten- und Ingenieurvereins Rhein-Neckar (2010) sowie als jüngste Publikation der Bildband über Stadtsitze, Landschlösser und adlige Lebenswelten in der Kurpfalz (2011).

Als das eigentliche Vorzeigewerk des MAB dürften jedoch die sechs Bände von „Mannheim und seine Bauten 1907-2007" (2000, 2002, 2004, 2005, 2006, 2008) gelten, die als Fortschreibung der bekannten Dokumentation von 1906 entstanden sind. Alle Bände wurden aus Spenden finanziert

– einen eindrucksvolleren Vertrauensbeweis in das MAB und seinen Vorsitzenden hätte es nicht geben können. Auch als Autor hat Peter Plachetka am Gelingen dieser Reihe mitgewirkt und in Band 5 die Regelwerke des sozialen Wohnungsbaus in der Nachkriegszeit in den Blick genommen. Herausforderungen nicht scheuend, präsentierten MAB und Stadtarchiv im Jahr des 400. Stadtjubiläums eine große Ausstellung zur Buchreihe. Damit nicht genug, rief Plachetka nach dem Abschluss dieses Mammutprojekts das Amt eines Stadtbauschreibers ins Leben, um das aktuelle Baugeschehen in Mannheim weiter verfolgen und dokumentieren zu lassen. Damit soll die Basis für ein Nachfolgewerk über die Bautätigkeit seit 2007 geschaffen werden.

Ohne das weitsichtige Engagement Peter Plachetkas wäre das MAB nicht die Institution, als die sie sich heute darstellt. Der Verein zählt gegenwärtig rund 120 Mitglieder. Damit gehört er nicht zu den größten, gleichwohl hat er Großes geleistet. Peter Plachetka hat in den 21 Jahren, in denen er dem MAB vorsteht, vieles ins Rollen gebracht, nicht zuletzt auch den „Mannheimer Stein", jene Auszeichnung, die seit 1998 regelmäßig an Persönlichkeiten und Unternehmen verliehen wird, die sich um die Erforschung der Baugeschichte Mannheims verdient gemacht haben. Er agiert jedoch lieber im Hintergrund, ist dafür aber umso beharrlicher, wenn es um das Sammeln von Bauplänen oder die Akquirierung von Geldern nicht nur für Bücher und Ausstellungen, sondern auch für die technische Ausstattung des Stadtarchivs geht. So hat er gemeinsam mit unserem zweiten Förderverein, den Freunden des Stadtarchivs, die Finanzierung des Digitalisierungszentrums ermöglicht, in dem unter anderem auch die mit Hilfe des MAB übernommenen Baupläne digitalisiert und so der Öffentlichkeit zugänglich gemacht werden. Auch dies ist ganz im Sinne des MAB-Vorsitzenden.

Wir wünschen Peter Plachetka viele weitere Lebensjahre an der Seite seiner Gattin Elke und im Kreise seiner Familie sowie viel Gesundheit und Kraft – nicht zuletzt, um gemeinsam noch viele weitere Steine ins Rollen zu bringen.

Anja Gillen, Petra Castellaneta und Dieter Wolf für das Stadtarchiv Mannheim – ISG

In Memoriam Dr. Heinz Villinger

„Hochgeschätzt in unserm Land
ist das edle Ehrenamt,
denn es kostet den Betreiber
allenfalls n'en Kugelschreiber."[1]

Am 4. April 2011 starb im hohen Alter von 92 Jahren Dr. Heinz Villinger. Mehr als zehn Jahre engagierte sich der promovierte Jurist ehrenamtlich im Stadtarchiv Mannheim – ISG. Seine Mitarbeit in der gewohnt souverän-bescheidenen Art, mit bestechender Intelligenz und auf der Basis breiter Allgemeinbildung realisiert, wird uns sehr fehlen!

Heinz Villinger wurde während der ersten Friedensweihnacht nach dem Ersten Weltkrieg, am 25. Dezember 1918, in Mannheim geboren. Er verbrachte seine Kindheit und Jugend in der Neckarstadt. Nach dieser Zeit rund um Carl-Benz- und Max-Joseph-Straße erfolgte der Schritt über den Neckar. Über die Schulzeit auf dem Lessing-Gymnasium hat Villinger in seinem Beitrag zu dem Sammelband aus der Feder „Mannheimer Zeitzeugen" berichtet.[2] So maßen sich beispielsweise die jungen Fußballer in den Pausen auf der Neckarwiese, der kleine Heinz und seine Mannschaft mussten sich der Parallelklasse unter der späteren Mannheimer Fußball-Legende Fips Rohr geschlagen geben. Im Deutschunterricht beschäftigten sich die Schüler etwa im Jahr 1936 mit der Frage „Was bedeutet der Sport dem jungen deutschen Menschen unserer Zeit? (Gedanken zur Olympiade 1936)".[3] Dass die politischen Zeichen der Zeit sich geändert hatten, machte auch die Tatsache deutlich, dass der Vater Heinz Villingers vom Direktor des Lessing-Gymnasiums einbestellt und mit der Forderung konfrontiert wurde, sein Sohn müsse in die Hitlerjugend eintreten, um die Zulassung zum Abitur zu erhalten. Im März 1937 schließlich erhielt Heinz Villinger sein Abiturzeugnis, meldete sich danach auf Anraten seines Lehrers freiwillig zur Wehrmacht und zum Reichsarbeitsdienst. Nach Kriegsdienst und amerikanischer Kriegsgefangenschaft kehrte Villinger, der nie der NSDAP angehörte, zunächst in seine Heimatstadt zurück, wo er kurze Zeit eine Stelle beim Statistischen Amt innehatte. Sein Studium nahm Heinz Villinger im Mai 1946 in Heidelberg auf. 1950 schrieb er seine Dissertation über „Die Tätigkeit des Schwäbischen Reichskreises auf dem Gebiet des Polizeiwesens (16. Jh.)." Seine berufliche Karriere führte den promovierten Juristen zunächst nach Saarbrücken, wo er in der Stadtverwaltung das Amt des Personalchefs bekleidete, anschließend nach Bitburg in der Eifel. Der parteilose Bewerber schaffte es in der traditionell christdemokratisch dominierten Kreisstadt auf Anhieb in das höchste städtische Amt. Zwei Jahre, von 1959 bis 1961, stand er der dortigen Stadtverwaltung vor. Hier, wo die Bevölkerung ein herzliches Verhältnis zu den vor Ort stationierten amerikanischen Streitkräften entwickelt hatte, leitete er die Städtepartnerschaft mit der Stadt Shelbyville in Kentucky ein, die der Bitburger Stadtrat dann am 20. Dezember 1961 einstimmig beschloss. Aus der Saar-Lor-Lux-Region zog es Villinger dann weiter gen Süden; am 1. Januar 1962 trat er seinen Dienst als Bürgermeister der Stadt Triberg im Schwarzwald an. In seine Amtszeit als Stadtoberhaupt der Kurstadt, die sich bis ins Jahr

In Memoriam Dr. Heinz Villiger

1969 erstreckte, fielen unter anderem die Fertigstellung des Kurhauses und – erneut – die Begründung einer Städtepartnerschaft, dieses Mal mit der südfranzösischen Stadt Fréjus. Nachdem am 22. Januar 1963 Bundeskanzler Konrad Adenauer und Staatspräsident Charles de Gaulle den deutsch-französischen Freundschaftsvertrag im Élysée-Palast unterzeichnet hatten, entstanden zahlreiche Städtepartnerschaften zwischen den beiden Nachbarländern. Im Rahmen dieser deutsch-französischen Annäherung wurde auch in Triberg am 2. September 1963 die Partnerschaftsurkunde unterzeichnet. Aus Anlass des 45-jährigen Bestehens der Partnerschaft mit Fréjus hielt Villinger im Juni 2008 in Triberg seine letzte öffentliche Rede. Seine letzten Lebensjahre verbrachte Heinz Villinger in seiner Heimatstadt Mannheim.

In recht hohem Alter nahm der geistig noch äußerst rege und Neuem stets aufgeschlossene Altbürgermeister eine völlig neue Tätigkeit in Angriff. Er stieg Ende der 1990er Jahre als ehrenamtlicher Mitarbeiter beim Stadtarchiv Mannheim ein. Seit Anfang der 1990er Jahre helfen ehrenamtliche Mitarbeiter – derzeit sind es zwischen 15 und 20 Personen – tatkräftig im Bereich der Erschließung von Archivgut mit. Insbesondere bei der Transkription und Verschlagwortung der Ratsprotokolle seit dem 17. Jahrhundert, der Ordnung und Verzeichnung außerstädtischer Bild- und Filmbestände, der Aufarbeitung außerstädtischer Nachlässe, aber auch im Rahmen der historischen Bildungsarbeit als Zeitzeugen engagieren sie sich vorbildlich. Zu diesem Kreis zählte auch Dr. Heinz Villinger. Nachdem er zunächst schifffahrtsgeschichtliche Betreffe aus den mikroverfilmt vorliegenden Beständen des Generallandesarchivs Karlsruhe exzerpiert hatte, begann er mit der Transkription der Protokollbücher des Kaufmännischen Vereins. Dieser Bestand, der im Jahr 1990 vom Bundesarchiv Berlin dem Stadtarchiv Mannheim überlassen wurde, umfasst unter sechs Nummern die Protokollbücher der Vorstandssitzungen und Versammlungen dieses Vereins aus den Jahren 1867 bis 1903.[4] Heinz Villinger verdanken wir vollständige Transkriptionen der beiden ersten Bücher (1867 bis 1871, 1879 bis 1883), die Sichtung des dritten Bandes konnte er nicht mehr abschließen. Seine aus dem ersten Protokollbuch gewonnenen Erkenntnisse stellte Villinger, der ein begnadeter Redner war, in einem eindrucksvollen und völlig frei gehaltenen Referat am 15. November 2006 im Rahmen des Vortragsprogramms des ISG vor. Unter dem Titel „Versammlung genehmigt Diener für 300 Gulden jährlich" gewährte er interessante und lebensnahe Einblicke in Organisation und Alltagsleben des Vereins. 2007 wurde Villinger vom Verein der Freunde des Stadtarchivs als Ehrenamtlicher des Jahres ausgezeichnet. Die Ehrung ging damit an den mit 88 Jahren ältesten ehrenamtlichen Mitarbeiter des Instituts, dem die Arbeit all die Jahre sichtlich Freude gemacht hat, wie in den folgenden Zeilen durchscheint:

„PS: An die Archiv-Leut'
Was uns bei Euch besonders freut,
auch wenn die Jahre 80... weisen,
wir gehör'n noch nicht „zum alten Eisen"!"[5]

In diesem Sinne gedenken wir eines an Jahren fortgeschrittenen, geistig aber jung gebliebenen und von uns allen hochgeschätzten ehrenamtlichen Kollegen, den wir alle sehr vermissen!

---

1   Heinz Villinger in einer Mail an Dieter Wolf vom 14. Juli 2002.

2   Karl Heinz Mehler, Zwischen Weltwirtschaftskrise und totalem Krieg. Mannheimer Zeitzeugen erzählen über ihr privates Leben, Mannheim 2009.

3   Drei Original-Schulhefte Heinz Villingers mit Deutscharbeiten aus den Jahren 1933-1936 bewahrt das Stadtarchiv im Bestand Kleine Erwerbungen unter der Signatur 1142 auf. Sie überstanden den Zweiten Weltkrieg im „Flieger-Alarm-Koffer" seiner Eltern.

4   StadtA MA – ISG, Kaufmännischer Verein Mannheim, Zug. 38/1999.

5   Heinz Villinger in einer Mail an Dieter Wolf.

Alfried Wieczorek

Die Metropolregion und ihre Museen. Formen der Zusammenarbeit für die Zukunft*

Einführung

2020 wird der Titel „Europäische Kulturhauptstadt" wieder an eine Stadt in Deutschland vergeben. Zusammen mit der Metropolregion Rhein-Neckar stellt sich Mannheim dieser Herausforderung und bewirbt sich um den Titel, den zuvor erst zwei deutsche Städte/Regionen – Weimar (1999) und Essen/RUHR.2010 – für sich beanspruchen durften.

Eine europäische Kulturhauptstadt hat die Aufgabe, den Reichtum des europäischen Kulturerbes in seiner ganzen Vielfalt herauszustellen. Die Bürger Europas sollen sich dadurch besser kennen lernen, mehr Verständnis füreinander entwickeln und sich der großen Gemeinschaft bewusst werden, der sie angehören. Die Grundidee der Kulturhauptstadt ist es, Kultur als Mittel zur Veränderung zu begreifen. Wichtige Bereiche städtischen Lebens und gesellschaftliche Anforderungen der Zukunft sind zusammen zu führen und daraus Maßnahmen, Investitionen und Handlungskonzepte abzuleiten. Hier stellt sich nun die Frage, was die Kulturschaffenden, die Museen, nicht nur in Mannheim sondern in der gesamten Metropolregion, dazu beitragen können, dass die Bewerbung zur Kulturhauptstadt zum Erfolg führt und vor allem die eventuelle Benennung auch nach Ablauf des Jahres der Region zu Gute kommt? Ein wesentlicher Gedanke beim Konzept der Kulturhauptstadt ist die Nachhaltigkeit. Es geht nicht allein darum, ein spannendes Jahresereignis zu gestalten, sondern darüber nachzudenken, wie die Kultur in der Gesellschaft neu positioniert werden kann. Es geht um ein Nachdenken darüber, welche Rolle die Stadt bzw. die Region durch ihre kulturelle Kraft in Deutschland, vielmehr noch in Europa, spielen könnte.

Herausforderungen bei der Schaffung nachhaltiger Strukturen

Das Programm zur Kulturhauptstadt sollte möglichst so angelegt sein, das die Stadt/Region erstmals oder erneut in den Blickpunkt europäischen Kulturinteresses rückt. Gleichsam sollen Tendenzen begründet werden, um diese Entwicklungen nach Ablauf des Kulturhauptstadtjahres aus eigener Kraft weiterzuführen. Zwei aktuelle Beispiele zeigen, wie groß die Herausforderung bei der Schaffung nachhaltiger Strukturen ist und welche Probleme es dabei zu bewältigen gilt.

Metropolregion Rhein-Main

Der Blick in eine Nachbarregion, die Metropolregion Rhein-Main, zeigt, dass hier in der durch Finanzwirtschaft politisch großen Region viel geschieht. Bei zahlreichen Museen stehen zurzeit konzeptionelle Neuausrichtungen, Profilschärfungen und Erweiterungen an. Zumeist wird dies von Sanierungs-, Erweiterungs- und Neubaumaßnahmen begleitet. Während einige Museen ihr Projekt schon beendet haben, stehen andere noch in Anfangsplanungen. Insgesamt mehr als 500 Millionen Euro werden die Träger der Museen für die Neuaufstellungen ihrer Häuser investieren. Allen Bemühungen gemeinsam ist, die Rhein-Main-Region kulturell weiter zu stärken. In einer Fachtagung im Herbst 2011 wurden Anlass und Ziele der Neukonzeption, Sammlungserweiterungen bzw. -zuspitzungen, Ausstellungs- und Forschungsprojekte und die damit verbundenen Erwartungen an die Zukunft erörtert. Von Gemeinsamkeit zur Zielerreichung war hierbei vor allem die Rede.

Essen/RUHR.2010

Eine andere deutsche Region hatte bereits die Möglichkeit eines gemeinsamen Auftritts. 2010 hat das Ruhrgebiet als Kulturhauptstadt bzw. -region Furore gemacht. Wie geht es hier weiter? Erste positive Ergebnisse zeigten, dass im Jahr 2010 ein überregionales Interesse an der Region aufgebaut werden konnte. Das verbesserungswürdige Ruhr-Image veränderte sich allmählich zum Positiven, das Ruhrgebiet gab sich geschlossen und selbstbewusst international. Die Bilanz zeigt aber auch, dass es für die Zeit nach Ablauf des Kulturhauptstadtjahres noch einen hohen Qualifizierungsbedarf gibt, um diesen hier gesetzten Standards nachhaltig zu entsprechen. So fehlt etwa eine Vernetzung der Museen des Ruhrgebietes in der Folgezeit, also

Die Metropolregion und ihre Museen. Formen der Zusammenarbeit für die Zukunft

2011, nach dem großen Start im Rahmen des Kulturhauptstadtjahres 2010. Auch finden sich kaum gemeinschaftliche Aktivitäten, die die Gemeinsamkeiten dieses großen Kulturhauptstadtjahres in die Zukunft weiterführen würden. Es fehlt schlicht die Planung für die Zeit danach. Dementsprechend sind die Besucherzahlen im Folgejahr erheblich gesunken. Sie sind nicht nur gesunken auf das Maß vor dem Kulturhauptstadtjahr, sondern liegen sogar noch darunter. Das heißt, und das ist das Problematische dabei, dass der ganze Effekt, den die Kulturhauptstadt Essen/RUHR.2010 sich eigentlich zum Ziel gesetzt hatte, verhallte, obwohl im Folgejahr erhebliche Finanzbeträge aufgewendet wurden, um genau das zu verhindern. Es fehlt hier das gemeinschaftliche Anpacken dieser Problematik und das Verständnis dafür, dass man in einer Region durchaus an gleichen Problemen arbeitet.

Diese beiden Beispiele zeigen der Stadt Mannheim und der Metropolregion, wie viele unterschiedliche Überlegungen über das Jahr 2020 hinaus mit der Bewerbung zur Kulturhauptstadt verbunden sein sollten. Bis 2020 sollte man sich Gewissheit verschafft haben, welche Wege man mit der Bewerbung gehen möchte. Ziel ist es, nicht nur im Jahr 2020 Kulturhauptstadt zu werden, sondern es müssen bis 2020 Strukturen geschaffen werden, die auch über das Kulturhauptstadtjahr hinaus fortwirken. Dann haben wir eine Nachhaltigkeit, die für unsere Stadt und unsere Region erforderlich ist und die eine solide Basis bildet, um Zukünftiges nicht nur am Leben zu erhalten, sondern auch weiterzuentwickeln.

Aktuelle Defizite in der Museumslandschaft der Metropolregion

Das Prinzip der Nachhaltigkeit kann in einer Neuprofilierung der Museen zum Ausdruck kommen. Nach einer kleinen Bestandsaufnahme der Museen der Region muss man sich hier viele Defizite eingestehen, beispielsweise gelingt es bisher in der Region noch nicht, die unterschiedlichen Museumsprogramme miteinander abzustimmen. Auch gibt es bisher keine tragfähige Vernetzung bei wichtigen musealen Fragen gegenüber Dritten, zum Beispiel der Politik. Standards, die in den neunziger Jahren bereits für kurze Zeit existierten, sind heute schon wieder verloren. Damals gab es durchaus Gemein-

schaftsaktionen, die viel bewegt haben, etwa eine Themenreihe zu den fünfziger Jahren. Damit verbunden waren Ausstellungen und Aktionen, die schon ein bisschen Aufbruchsstimmung in die Region gebracht haben, aber diese Aufbruchsstimmung ist schon lange vorbei. Es gelingt ebenfalls nicht, sich untereinander auf dem Gebiet von Öffentlichkeitsarbeit und Marketing abzustimmen. In diesem Punkt gibt es noch zu viele unbestimmte Einzelinitiativen. Doch es gibt auch Entwicklungen, die berechtigten Anlass zu Hoffnung geben, wie etwa das Stadtmarketing Mannheim, das die Bedürfnisse der Kultur und der Museen neuerdings nicht nur akzeptiert sondern nunmehr mitfördert.

Ausgangsbasis – die Museen der Region

In der Metropol-Region gibt es einige hundert Museen. Darunter befinden sich aber nur wenige Mehrspartenhäuser. Der überwiegende Teil der Museen sind so genannte Einspartenhäuser und Spezialsammlungen, das heißt sie beschäftigen sich mit einem einzigen Sammlungsbereich, zum Beispiel dem Bereich der bildenden Kunst. Die Mehrspartenhäuser sind in Bezug auf ihre Sammlungen sehr breit aufgestellt. Spezielle regionale Themen decken vor allem die kleinen, aber feinen Stadt- und Heimatmuseen ab, die von den Menschen vor Ort und der Region getragen werden. Darüber hinaus gibt es in der Region noch einige Baudenkmale mit angeschlossenen Museumsbereichen, etwa die Burg Trifels bei Annweiler, auf der im Jahr 2010 eine Ausstellung zum Thema „Trifels" wieder eröffnet worden ist.

Die Museumstypen gliedern sich in die Kulturhistorischen Museen, die Schlossmuseen, die Kunstmuseen, die Technikmuseen, die Archäologischen Museen, in die Naturkundemuseen, die Völkerkundemuseen und die Freilichtmuseen. Auch die drei in der Region vorhandenen Weltkulturerbestätten müssen in die Überlegungen mit einbezogen werden. Dazu gehören der Obergermanisch-Raetische Limes mit dem Limeskastell Osterburken, ein Baudenkmal mit angeschlossenem musealen Bereich, ebenso das Kloster Lorsch mit seinem Museumszentrum sowie der Speyrer Dom, eines der ganz wichtigen Baudenkmale der Region mit einem Domschatz, der im benachbarten Museum ausgestellt ist.

Alfried Wieczorek

Die große Mehrheit in der Metropolregion Rhein-Neckar machen die Kulturhistorischen Museen und Schlösser aus, dabei mit eingerechnet sind die archäologischen und völkerkundlichen Museen. Insgesamt gibt es hier sechs große Häuser, von denen man mehr Engagement erwarten darf: Die Reiss-Engelhorn-Museen (rem), die Kunsthalle und das Technoseum in Mannheim, das Kurpfälzische Museum in Heidelberg, das Historische Museum der Pfalz in Speyer sowie das Wilhelm-Hack-Museum in Ludwigshafen.

Daneben existiert eine Vielzahl anderer Museen mit veritablen Sammlungsbeständen. Für den baden-württembergischen Teil der Region wären dabei das Museum für Sakrale Kunst und Liturgie oder das Deutsche Apotheken-Museum, beide in Heidelberg, zu nennen. Reine Kunstmuseen gibt es dafür weniger. Kunstvereine, die zwar nicht den Status eines Museums erfüllen, sich jedoch mit Kunst beschäftigen, sind zudem zu beachten. Zu erwähnen sind auch die großen Technikmuseen, allen voran das Flaggschiff Technoseum in Mannheim. Es ist ein Ort, an dem nicht nur verschiedenste Maschinen, Autos, Flugzeuge und dergleichen mehr gezeigt werden, sondern auch ein Ort, wo Technik wissenschaftlich erklärt wird. Nicht vergessen werden dürfen die Archäologischen Sammlungen und Museen, die entweder als Spezialmuseen und Einspartenmuseen auftreten oder aber in den Mehrspartenhäusern zu finden sind. Die Naturkunde ist tatsächlich in reiner Form recht selten vertreten. Es gibt ein Zoologisches Institut der Universität Heidelberg, das man mit Fug und Recht als ein Naturkundemuseum anführen darf. Auch die Völkerkunde ist nur durch ein einziges Museum in Heidelberg, das sich ausschließlich der Völkerkunde widmet, vertreten. Weitere völkerkundliche Bestände befinden sich in den Sammlungen der rem in Mannheim.

Nicht viel anders sieht es im Bundesland Rheinland-Pfalz aus. Auch dort ist der größere Teil der Museen den kulturhistorischen Museen und Schlössern vorbehalten. Bei den Kunstmuseen liegt das große Wilhelm-Hack-Museum in Ludwigshafen weit vorne, gefolgt vom Kunsthaus Heylshof in Worms. Dafür bietet sich ein veritables Naturkundemuseum in Bad Dürkheim und wiederum natürlich ein Technikmuseum in Speyer an, und vielleicht darf man das Sealife in Speyer, sozusagen hilfsweise, noch zu den Naturkundemuseen zählen. Die Archäologie findet sich meistens als Sammlungseinheit bei den Mehrspartenhäusern.

Schaut man auf den Teil der Metropolregion, der zum Bundesland Hessen gehört, dann ist dort das einzige größere Museum das Museumszentrum in Lorsch, in dem sich verschiedene Abteilungen zusammen mit Sonderabteilungen des hessischen Landesmuseums Darmstadt befinden. Es befindet sich in unmittelbarer Nähe zu dem großen wichtigen Klosterbereich, dem Weltkulturerbe.

Längerfristige Formen gemeinsamen Handelns

Nach der kurzen Übersicht über die Museumslandschaft der Metropolregion und ihre Besonderheiten folgen nun Überlegungen, wie diese Häuser gemeinsam längerfristige Formen des Miteinanders entwickeln könnten.

1. Stärkung der jeweiligen Museumsprofile

Neben den großen Museen sind es gerade die vielen kleinen Häuser, die ein lebendiges Bild der Orte der Region vermitteln, daneben aber auch in ihren Spezialsammlungen weit über den regionalen Raum hinausgreifen. Es wäre wünschenswert, wenn es in der Metropolregion innerhalb der Museumslandschaft zu einer Abstimmung der Sammlungsschwerpunkte und damit zur Bildung von Museumsprofilen kommen würde. Gerade die etwas kleineren Museen würden durch eine Erneuerung und Klärung ihres Sammlungsprofils an Bekanntheit gewinnen und hätten so die Chance, sich in der Fülle des Angebots für neue Besuchergruppen zu beweisen. Doch auch bei den größeren Häusern sollte eine stärkere Betonung ihrer Einzigartigkeit erfolgen und stärker nach außen getragen werden. Für die Mehrsparten- und Vielspartenmuseen ist eine Neuaufstellung etwas schwieriger, aber gerade bei den mittleren und kleinen Museen gibt es hier durchaus schon einige Ansätze. Mit der Gründung des Schlossmuseums im Mannheimer Schloss haben die rem beispielsweise – in Abstimmung mit den Verantwortlichen des Schlossmuseums – darauf verzichtet, die Hofgeschichte Mannheims erneut bei der Neuaufstellung des Museums Zeughaus aufzubereiten. Die Schlossgeschichte gehört ins Schloss und hat dort

Die Metropolregion und ihre Museen. Formen der Zusammenarbeit für die Zukunft

ihren angestammten Platz erneut bezogen. Zusammen mit der Verwaltung der Staatlichen Schlösser und Gärten Baden-Württembergs, die das Schlossmuseum in Mannheim betreibt, wurde nicht nur eine Abstimmung der Präsentation vorgenommen, sondern auch ein Austausch von Exponaten. Objekte, die einst aus dem Schloss stammten, sind nun wieder dort zu bewundern. Diese Abstimmung stärkt nicht nur den Standort des Schlossmuseums, sondern macht es zugleich zu einem Spezialmuseum für den Mannheimer Hof. Die rem haben genügend andere Themen, die im Zeughaus aufbereitet sind, und können auf den Part der Schlossgeschichte wohlweislich verzichten.

Ein weiteres Beispiel der Abstimmung zwischen Museen erreichten die rem vor langen Jahren bereits mit der Kunsthalle in Mannheim. Zusammen mit dem damaligen Chef der Kunsthalle, Manfred Fath, und dem damaligen Kulturbürgermeister und heutigen Oberbürgermeister von Mannheim, Peter Kurz, verständigten sich die rem darüber, den Schwerpunkt Fotografie zu errichten und auszubauen. Der heutige Oberbürgermeister war damit nicht nur einverstanden, sondern hat diese Vereinbarung selbst unterstützt. Daher sind heute zwei Schwergewichte der fotografischen Welt bei den rem angesiedelt, zum einen das „Forum Internationale Photographie" (FIP) und zum anderen die Fotogalerie Zephyr, die beide Außergewöhnliches leisten und das Thema Fotografie über das gesamte Jahr in Mannheim der Öffentlichkeit darbieten, nicht nur alle zwei Jahre während des Fotofestivals.

2. Transfer von Sammlungsbeständen
Die unter Punkt 1 angesprochene Anregung, Museumsprofile zu schärfen, und somit einzelne Häuser besser wahrnehmbar zu machen, gelingt auch durch den Transfer von Sammlungsbeständen von einem Haus zum anderen. Dabei sollte die schwierige Frage der Eigentumsverhältnisse nicht angetastet werden, was durch Dauerleihgaben erreicht werden könnte. Hierbei geht es um die gezielte Stärkung des Profils einzelner Häuser, wodurch deren Attraktivität in der Region wachsen könnte. Blickt man etwa erneut auf die rem, so findet sich hier die weltweit größte Sammlung Frankenthaler Porzellans. Diese kann niemals vollständig präsentiert werden. Warum sollte von diesem Schatz nicht ein anderes Haus

profitieren? Hier wäre es sinnvoll, einen Akzent zu setzen und beispielsweise dem Erkenbert-Museum in Frankenthal zum gezielten Ausbau seiner Präsentation die notwendigen Leihgaben zu übertragen.

Ein anderes Beispiel wäre etwa die Sammlung des Wilhelm-Hack-Museums in Ludwigshafen. Hier befindet sich ein großer Bestand aus dem frühmittelalterlichen fränkischen Gräberfeld von Gondorf am Mittelrhein. Diese Exponate passen nicht wirklich in den Bestand des Wilhelm-Hack-Museums und sind derzeit nicht ausgestellt. Aber so manches archäologische Museum der Region würde sich freuen, solch wunderbares Material in den eigenen Räumen präsentieren zu können.

Ein weiteres Museum, das der Völkerkunde in Heidelberg, könnte durch eine Teilhabe an den völkerkundlichen Beständen der rem in Mannheim attraktiver werden. Die rem haben eine riesige Sammlung zum Thema Ozeanien, die in den letzten zwanzig Jahren nicht präsentiert wurde, weil es eben in unmittelbarer Nachbarschaft in Heidelberg einen solchen Sammlungsschwerpunkt gibt.

Die hier aufgeführten Beispiele hängen eng mit den rem zusammen, da es leichter ist, solche Vorschläge mit Blick auf die eigenen Sammlungen und Möglichkeiten vorzustellen.

3. Annahme neuer Herausforderungen
Zukünftig müssen sich Museen, auch wenn sich viele derzeit noch nicht darüber im Klaren sind, neuen Herausforderungen stellen. Neben Sammeln und Konservieren ist die Bildungsarbeit verstärkt zur Museumsaufgabe geworden. Die Förderung der kulturellen Bildung, das heißt die Erschließung des kulturellen Erbes für immer mehr Menschen, ist zur Kernaufgabe geworden. Spezielle Programme zur besseren Vermittlung von Kunst und Kultur müssen für die unterschiedlichsten Adressaten erarbeitet und umgesetzt werden. Neben Kindern und Jugendlichen stehen hier vor allem Menschen mit Migrationshintergrund oder die wachsende Zahl älterer Mitbürger im Mittelpunkt. Gerade beim Zusammenleben von Menschen unterschiedlicher Nationalität und kultureller Hintergründe ist derartige Bildung eine Chance für die Vergewisserung der eigenen und das Kennenlernen anderer Kulturen. Auch hierbei gilt es, gemeinsam vorzugehen. Die rem haben etwa mit der Ludwigshafener

Alfried Wieczorek

Initiative „Heimat Museum. Migration und Erinnerung" schon einmal eine gemeinsame Tagung veranstaltet, aber dieses Programm ist virtuell, es befindet sich im Internet und in Datenbanken und ist noch nicht real in den Museen angekommen. Zukünftig müssen die Museen auch die Kulturen der Migranten, die einen wesentlichen Bestandteil unserer Lebenswelt prägen, begreifen und deutlich darauf hinweisen. Hier öffnet sich ein Bereich, für den schon heute ein geordnetes Sammeln beginnen muss. Die erste und die zweite Generation der Migranten sind schon fast wieder Geschichte, daher muss jetzt deren Lebenswelt dokumentiert werden. Das gelingt, indem die Museen mit den Archiven gemeinsam in Abstimmung vorgehen. Wenn das Thema Migration nicht nur als Lippenbekenntnis betrachtet werden soll, sondern tatsächlich ernsthaft dessen Aufarbeitung angepackt wird, dann muss bei diesem Thema ein deutlicher Akzent gesetzt werden. Die Kommunen sollten sich dieser Verantwortung bewusst werden und derartige Bemühungen mit zusätzlichen Fördermitteln unterstützen.

4. Verbundausstellungen in regelmäßigem Turnus
Künftig sollten Verbundausstellungen in der Region in regelmäßigem Turnus veranstaltet werden. Bereits in der Vergangenheit sind dazu erfolgreiche Ansätze zu finden. So gab es in den 1990er Jahren eine Gemeinschaftsausstellung zu den zwanziger Jahren, später eine zu den fünfziger Jahren. An der Aktion beteiligten sich damals alle größeren Museen in Mannheim, Ludwigshafen und Heidelberg. Es gab ein Oberthema, dazu gesellte sich ein Mix verschiedener Einzelthemen, die aus einer Vielzahl von unterschiedlichen Bereichen ausgewählt wurden. Die Aktionen wurden durch Mittel des Rhein-Neckar-Dreiecks unterstützt, so dass es einen Overhead für den PR- und Marketing-Bereich geben konnte und auch Gelder zur Verfügung standen, eine generelle Werbeplattform für alle beteiligten Museen aufzubauen.

Die rem haben mit dem Stauferjahr 2010 die Thematik der Verbundausstellung wieder aufleben lassen. Über dreißig Jahre nach der großen Stauferausstellung in Stuttgart 1977 widmete das Museum dem bedeutendsten europäischen Herrschergeschlecht des 12. und 13. Jahrhunderts eine

große kulturgeschichtliche Ausstellung. In enger Zusammenarbeit mit der Universität Heidelberg, der Generaldirektion Kulturelles Erbe Rheinland-Pfalz und der Verwaltung der Staatlichen Schlösser und Gärten Hessen wurde eine Mittelalterschau präsentiert, die sich den innovativen Neuerungen und Entwicklungsschüben der Stauferzeit in drei Regionen, dem Rhein-Main-Neckar-Raum, Oberitalien und dem Königreich Sizilien, zuwandte. Mit der Beteiligung der Länder Baden-Württemberg, Rheinland-Pfalz und Hessen präsentierten erstmals drei Bundesländer gemeinsam eine große Mittelalterschau (Abb. 1). Diese länderübergreifende Ausrichtung war programmatisch: Begleitend zur Ausstellung zeigten 41 historisch bedeutsame Orte in den drei an der Metropolregion Rhein-Neckar beteiligten Bundesländern 2010 ihren Anteil an der staufischen Geschichte. Anlässlich der Mannheimer Stauferausstellung hatte die Tourismus-Marketing Baden-Württemberg GmbH (TMBW) das „Stauferjahr 2010" ausgerufen. Stauferzeitlich geprägte Orte und Stätten in Baden-Württemberg erinnerten mit Ausstellungen, Burgführungen, Festen und lebendigen Mittelalterinszenierungen im Stauferjahr 2010 an die bedeutende Herrscherfamilie. Für alle Aktionen gab es gemeinsame PR und Marketing, die weitestgehend von den rem gestellt wurden.

Die Ausstellung „Die Staufer und Italien" der rem, die im Februar 2011 zu Ende ging und mit fast 237.000 Besuchern sensationellen Zuspruch fand, war für Mannheim und die Metropolregion Rhein-Neckar auch ein wirtschaftlicher Erfolg. Die so genannte Umwegrentabilität bemisst den im Zusammenhang mit kulturellen Großveranstaltungen eintretenden volkswirtschaftlichen Gewinn. Im ersten Schritt profitierten vor allem Einzelhandel, Gastronomie, Hotellerie, Betreiber öffentlicher Verkehrsmittel und Taxiunternehmen und letztlich – durch die Auswirkungen auf Wachstum, Beschäftigung und Steuereinnahmen – das Gemeinwesen insgesamt. Auf der Grundlage einer repräsentativen Besucherbefragung konnten die Gelder ermittelt werden, die im Rahmen der Stauferausstellung nach Mannheim gelangten. Demnach gaben die Ausstellungsbesucher für Gastronomie, Verpflegung und Einkäufe in Mannheim zusammengenommen etwa acht Millionen Euro

Die Metropolregion und ihre Museen. Formen der Zusammenarbeit für die Zukunft

aus. Für Übernachtungen wurden zusätzlich über vier Millionen Euro verauslagt. Im Verhältnis zu den von der Curt-Engelhorn-Stiftung getragenen Ausstellungskosten in Höhe von 3,5 Millionen Euro konnte folglich ein sehr positives wirtschaftliches Gesamtergebnis mit über zwölf Millionen Euro erzielt werden. Zudem profitierten die austragenden Orte, in diesem Fall die 41 beteiligten Korrespondenzorte, für Monate von der verstärkten medialen Wahrnehmung und von einem erhöhten touristischen Aufkommen. Das Beispiel des Stauferjahres zeigt, wie nachhaltig eine solche Veranstaltung in die Region wirkt, denn die 41 Orte, die daran teilhatten, möchten nun auch liebend gern bei der nächsten Aktion teilnehmen. Viele dieser Orte sind auf ihre Kosten gekommen. In Schriesheim, das immerhin die Ehre hatte, im Prospekt zur „Stauferregion Rhein-Neckar" gleich als erster Korrespondenzort aufgeführt zu werden, warben Stadt und Verkehrsverein mit einem Kombipaket, bestehend aus Übernachtung, „Staufer-Menü" und Weinprobe. Der Ort hat, wie andere auch, großen Besucherzuspruch erhalten. Das Ziel, die Region zu mobilisieren, erfüllte sich.

Die nächste Verbundausstellung der rem wird bereits geplant. Aus Anlass des 800. Jubiläums der Übertragung der Pfalzgrafschaft an die Wittelsbacher zeigen die rem und das Barockschloss in Mannheim 2013/14 die große Ausstellung „Die Wittelsbacher am Rhein", die zusammen mit weiteren Schauplätzen in Baden-Württemberg, Rheinland-Pfalz und Hessen an die Geschichte, Kunst und Kultur der wittelsbachischen Pfalzgrafen und Kurfürsten erinnert. Bereits heute haben die drei Ministerpräsidenten der beteiligten Bundesländer Baden-Württemberg, Rheinland-Pfalz und Hessen ihre Schirmherrschaft bestätigt. Zeitgleich sollen an sechs Orten aufeinander abgestimmte Ausstellungen zum Thema stattfinden. Es nehmen daran das Kurpfälzische Museum in Heidelberg, die Staatlichen Schlösser und Gärten in Hessen, die rem in Mannheim, die Staatlichen Schlösser und Gärten Baden-Württemberg, die Generaldirektion Kulturelles Erbe in Rheinland-Pfalz und das Historische Museum der Pfalz in Speyer teil. Die Ausstellungen werden schwerpunktmäßig in Mannheim angesiedelt sein, in den rem wird das Mittelalter präsentiert, im Mannheimer Schloss die Frühe Neuzeit.

Die Königszeit der Wittelsbacher wird in der Villa Ludwigshöhe bei Edenkoben ihren passenden Platz erhalten. Speyer widmet sich der Pfalz unter Bayerischer Verwaltung. In Heidelberg wird die früheste Grablege der Wittelsbacher aus dem Augustinerkloster und der Augustinerkirche ausgestellt sein, und im Schloss Erbach werden die Schenken zu Erbach, die zu den Wittelsbachern gehören, ihren gebührenden Aufschlag haben. Dazu kommen auch bei diesem Projekt erneut Korrespondenzorte – derzeit 25 unter der Regie eines gemeinsamen Öffentlichkeits- und Marketingkonzepts. Somit kann garantiert werden, dass die Ausstellungen abermals ein kulturhistorisches und kulturtouristisches Highlight für die Region darstellen werden. Für die Zukunft wären solche Verbundausstellungen in regelmäßiger Abfolge für die Region wünschenswert. Diese sollten im zwei- bis dreijährigen Turnus erfolgen. Veranstalter sollten dabei nicht nur die rem sein, sondern auch andere kulturgeschichtliche Museen und Schlösser. Denkbar wäre auch eine Organisation durch die Kunstmuseen oder die Technikmuseen. Auf diese Weise käme jedes dieser Museen zwischendurch wieder einmal zum Durchatmen und zur Konzentration auf seine anderen Programme. Zudem wird genügend Zeit zur Vorbereitung dieser Ereignisse benötigt. Die unterschiedlichen Schwerpunkte würden zudem unterschiedliche Besucherinteressen ansprechen und so kämen zugleich unterschiedliche Besuchergruppen in die Region.

Die gerade angesprochenen Aktivitäten, die zur Entwicklung eines kulturellen Aufstiegs einer Region notwendig sind, erfordern einen unkomplizierten Umgang der Museen und Kulturinstitutionen untereinander. Einer der einfachsten Punkte wäre der kostenfreie Austausch von Leihgaben. Und schon hier wird es schwierig, denn die Kassen sind klamm und die Kämmerer in den Städten hätten gerne etwas mehr Geld aus der Kultur zurück. Während sich die großen Museen vielleicht noch die Zahlung von Leihgebühren leisten könnten, ist dies für die kleinen Häuser ausgeschlossen.

Eine andere Form der gegenseitigen Unterstützung liegt in der Bereitstellung von Know-How. Größere Häuser könnten kleineren Museen und Sammlungen zum Beispiel in Restaurierungsfragen zur Seite stehen. Eine derartige Zusammenarbeit

Alfried Wieczorek

bringt für beide Seiten Gewinn, größere Häuser haben so die Möglichkeit, mit neuen Materialien zu arbeiten, möglicherweise kommt es sogar zu gemeinsamen Ausstellungsprojekten. Die rem beschreiten diesen Weg bereits erfolgreich in der Zusammenarbeit mit Sammlungen der Universität Heidelberg. Sie helfen bei deren Betreuung und generieren damit auch Gemeinsamkeiten. Über die Beratung zur Neuaufstellung der Uruk-Warka-Sammlung kam beispielsweise die Beteiligung an einem Sonderforschungsbereich der Deutschen Forschungsgemeinschaft zum Thema „Materiale Textkulturen" zu Stande.

Es gibt noch weitere Möglichkeiten, die zu einer längerfristigen gemeinsamen Form des Handelns unter den Museen beitragen, die hier jedoch aus Platzgründen nicht alle aufgezählt werden können. Kleine und große Museen sollten lernen, miteinander zu arbeiten und vielleicht auch einmal gemeinsam Ausstellungen zum gemeinsamen Nutzen zu generieren. Denkbar wäre auch die Schaffung gemeinsam nutzbarer Infrastrukturen, etwa die Möglichkeit eines Personalpools für Bewachungsarbeiten. Auch hier bestehen durchaus weitaus mehr Möglichkeiten, als bisher realisiert wurden. Fest steht, dass auf alle Fälle das vernetzte Handeln der einzelnen Häuser im Vordergrund stehen sollte, um mit personellen und finanziellen Ressourcen adäquat auszukommen. Gerade durch die Zusammenarbeit auf dem Gebiet von PR und Marketing können alle nur gewinnen, wie das Beispiel der Stauferausstellung und des Stauferjahres bestens zeigte. Auf dem Weg zur Kulturhauptstadt ist es dringend geboten, sich über die zukünftigen Strategien klar zu werden und sich gemeinsam darüber zu verständigen.

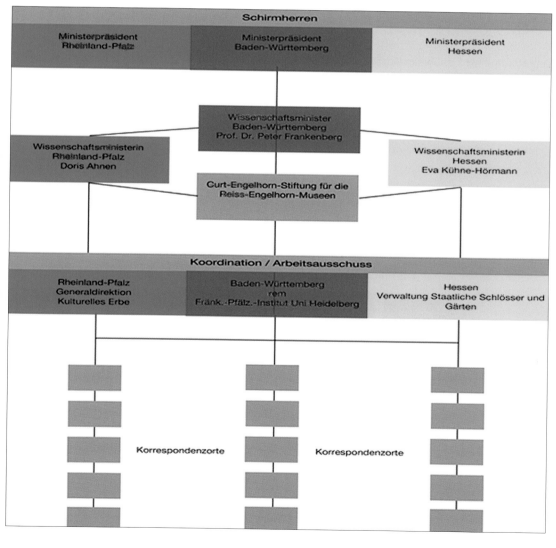

Abb. 1
Aufbau einer vernetzten Organisationsstruktur zur Durchführung von Sonderausstellungen am Beispiel der Stauferausstellung
Diagramm: Alfried Wieczorek

Die Metropolregion und ihre Museen. Formen der Zusammenarbeit für die Zukunft

Kultureller Mehrwert für die Region

Entscheidend für die Bewerbung Mannheims und der Metropolregion zur Kulturhauptstadt 2020 ist es, ein neues Bewusstsein für die Metropolregion zu schaffen. Die Bewerbung ist die einmalige Möglichkeit, sich selbst zu befragen: „Wo stehen wir?" „Wo wollen wir hin?" Kunst und Kultur dürfen gern Motor für einen Kreativitätsschub werden, der die gesamte Region vorwärts bringt.

Mannheim und die Region sind auf dem Weg zu einer Kulturhauptstadt, aber das vorhandene kreative Potential reicht derzeit dazu noch nicht aus. Es muss unbedingt einen weiteren Ausbau erfahren. Dies sollte so gestaltet sein, dass Stadt und Region auf die kreativen Kräfte anziehend wie ein Magnet wirken. Kulturelle Aufbruchsstimmung muss eine Qualitätssteigerung bewirken. Es gilt, größere Akzente zu setzen, die deutlich machen, dass Mannheim mit großen Städten als kleiner Partner durchaus mithalten kann. So besitzen beispielsweise die sechs großen Museen der Region allesamt das Potential, im internationalen Geschehen ihren Part zu spielen und für die Region wirksam zu sein. Man wünscht sich, dass dies auch wirklich gemeinschaftlich gezielt durchdacht angegangen wird, um einen größeren Effekt als den Zufallseffekt zu erlangen.

Mithilfe verschiedener Projekte könnten Erkenntnisse und Erfahrungen mit dem Ziel gewonnen werden, die Potenziale der Region zu erschließen und miteinander zu verbinden. Hierzu einige Beispiele.

Das Kunsthistorische Museum Wien (KHM) richtet in den Räumen der rem in Mannheim eine Dependance ein. Die beiden Museen wollen in Zukunft eng zusammenarbeiten. Im jährlichen Wechsel sollen in Mannheim Präsentationen verschiedener Sammlungsbereiche des KHM gezeigt werden, die Kooperation ist auf mindestens fünf Jahre angelegt. Zweck der Zusammenarbeit ist der Wunsch, die hochkarätigen Bestände aus Wien einer größeren Öffentlichkeit zugänglich zu machen. Den Anfang machen 140 einzigartige Meisterwerke aus der kaiserlichen Kunstkammer, sie sind ab Februar 2012 im Museum Zeughaus zu sehen. 2013 soll eine Schau von Exponaten des Museums für Völkerkunde folgen, im Jahr darauf sind „Glanzpunkte der Gemäldegalerie" geplant. Das Kunsthistorische Museum in Wien ist ja nicht nur ein Museum, es umfasst vielmehr zwölf große staatliche Museumskomplexe in Österreich. Daher haben die rem nicht etwa einen Partner, sondern gleich zwölf große Partner gewonnen. Die künstlerische Quantität und Qualität, die auf diese Weise in die Region einzieht, wird Menschen begeistern, sie nach Mannheim bringen und die Attraktivität der Metropolregion steigern.

Es gibt auch andere Aufgaben in Mannheim, die noch nicht endgültig bewältigt sind. Vor zwei Jahren sollte eine große Privatsammlung mit Arbeiten des Künstlers Anselm Kiefer und anderen exzellenten Werken der Gegenwartskunst im Museum Kesselhaus in der ehemaligen Schildkrötfabrik in Mannheim Neckarau der Öffentlichkeit zugänglich gemacht werden. Damit wäre das kulturelle Angebot in der Stadt um einen weiteren Höhepunkt erweitert worden. Dieses Haus hätte der Kunsthal-

Abb. 2 und 3
Außenansicht (links) des Praehistoriums in Schiffweiler/Saarland
und Szene (rechts) aus dem Praehistorium
Foto: rem, Wilfried Rosendahl

Alfried Wieczorek

Abb. 4
Das Gondwanaland in
Leipzig/Zoo
Blick ins Innere
Foto: Alfried Wieczorek

le nicht im Mindesten den Rang abgelaufen, denn diese ist weitaus größer und bedeutender als das genannte Sammlermuseum. Das Privatmuseum mit bedeutenden Beständen wäre aber möglicherweise der Auslöser dafür gewesen, Mannheim als Stadt für weitere Sammler interessant zu machen. Nicht unbedingt zur dauerhaften Präsentation, sondern eher, um ihre Sammlungen für eine bestimmte Zeit hier zu zeigen. Das wären keine Sonderausstellungen gewesen, sondern Präsentationen privater Sammlungen auf Zeit. Hier gilt es, dieses Ziel möglicherweise in der Zukunft erneut anzugehen.

Konversion, die Umwandlung militärisch genutzter Flächen, ist derzeit ein weiteres großes Thema für Mannheim und die Region. Ehemalige Militärgelände in Mannheim bedürfen einer Neuorientierung und Neuausrichtung. Gleichzeitig bieten sie ungeahnte Spielräume und Potentiale. Hier bietet sich die Möglichkeit, Kunst und Kultur in den neuen Flächen zu verankern, sie mit naturräumlichen Gegebenheiten korrespondieren zu lassen, um der Stadt und der Region eine stärkere Kontur zu geben und sie für neue Besuchergruppen interessant zu machen. So wäre eine Neuordnung von Grünzügen in Verbindung mit Kunst und Kultur erstrebenswert. Die Bundesgartenschau in Koblenz 2011 hat gezeigt, dass die Verzahnung von Kultur und Natur

zur höchsten Form von Nachhaltigkeit über den Veranstaltungszeitraum hinaus führt.

Andere Regionen haben diese Wandlungsfähigkeit mit verschiedenen Projekten bereits bewiesen. In ehemaligen Kohlegruben im Saarland beispielsweise entstand bei Schiffweiler ein großes Eventerlebnis-Zentrum, das Praehistorium (Abb. 2 und 3). Es handelt sich hierbei um eine museale Erlebnisstätte, die es sich zur Aufgabe gesetzt hat, die Erdgeschichte und die Evolution der Organismen einem breiten Publikum nahe zu bringen. Die Betreiber verstehen sich als Bildungseinrichtung, die zugleich informativ und unterhaltsam ist und neben der eigentlichen Ausstellung zusätzlich wissenschaftliche Spezial-Führungen und Vorträge für Jung und Alt anbietet. Das Praehistorium ist unterhaltsam und lehrreich zugleich. Besucher gehen auf eine Entdeckungsreise durch 4,5 Milliarden Jahre Erdgeschichte. Mittels ausgeklügelter audiovisueller Verfahren und modernster Animationstechnik tauchen sie in die Welt von Argentinosaurus und Tyrannosaurus rex ein.

Ein anderes Beispiel einer Erlebniswelt wurde im Jahr 2011 offiziell im Leipziger Zoo eingeweiht. Die Tropenhalle Gondwanaland (Abb. 4) vereint, was in der Realität längst auseinander gebrochen ist – die Tropenlandschaften der drei Kontinente Süd-

Die Metropolregion und ihre Museen. Formen der Zusammenarbeit für die Zukunft

amerika, Afrika und Asien, die einst die Landmasse des Urkontinents Gondwana bildeten. Mit einer Höhe von 35 Metern und einer Fläche von mehr als zwei Fußballfeldern ist Gondwanaland die größte Tropenhalle Europas. Sie beherbergt neben 17.000 Pflanzen und 300 Tieren, darunter seltene und bedrohte Arten, auch Wohnbauten der jeweiligen Herkunftsländer. Gerade diese Mischung der Inszenierung von Natur und Kultur begeistert täglich zwischen 4.500 und 5.000 Menschen, die mit konstanten 29° C Grad dort garantiert ein Wohlfühlklima finden.

Ein weiteres Großprojekt wird bald in Baden-Württemberg realisiert. Das Ministerium für Ländlichen Raum hat grünes Licht für die Finanzierung gegeben. Nur mit Ochsen und Muskelkraft will ein Verein in Messkirch nördlich des Bodensees innerhalb von vierzig Jahren eine ganze Klosterstadt mit einer Kathedrale für 2.000 Menschen aufbauen und damit Touristen in die strukturschwache Region locken. Grundlage für das Projekt ist der berühmte Klosterplan von St. Gallen (Abb. 5), der im 9. Jahrhundert auf der Bodensee-Insel Reichenau gezeichnet und nie verwirklicht wurde. In Messkirch soll die Klosterstadt (Abb. 6) nun tatsächlich gebaut werden – und zwar ausschließlich mit den Mitteln und Methoden des 9. Jahrhunderts. Während der Bauarbeiten dürfen Besucher miterleben, wie die Klosterstadt Schritt für Schritt entsteht, bis zu 180.000 Gäste werden einem Gutachten zufolge pro Jahr auf der Baustelle erwartet. Ein ähnliches Projekt wird derzeit bereits im französischen Guédelon, rund 200 Kilometer südlich von Paris, mit Erfolg umgesetzt. Dort wird eine mittelalterliche Burg des 13. Jahrhunderts gebaut.

Warum sollten man nicht in der Metropol-Region Rhein-Neckar auf den Konversionsflächen etwas Ähnliches zustande bringen können? Wir sind uns bewusst, dass derartige Aufgaben nicht leicht zu bewältigen sein werden. Aber wir sind davon überzeugt, dass wir diese Ziele gemeinsam mit motivierten Projektpartnern erreichen können.

Abb. 5
Der weltberühmte Klosterplan von St. Gallen soll in Messkirch realisiert werden. Modellzeichnung nach dem St. Gallener Klosterplan J. Rudolf Rahn 1876

Abb. 6
Modell der geplanten Klosterstadt
Foto: Stadtverwaltung Messkirch

MONASTERIVM

*Dieser Vortrag wurde von Herrn Prof. Dr. Alfried Wieczorek, Generaldirektor der rem, am 22. September 2011 in den rem als Auftakt der öffentlichen Vortragsreihe „Kultur.Raum.Stadt" gehalten. Mit dieser Vortragsreihe möchte das Büro 2020 gemeinsam mit verschiedenen kulturellen Institutionen Antworten auf Fragen zur Planung und Konzeptfindung bei der Stadtentwicklung Mannheims finden.

Alfried Wieczorek

Kulturbericht 2010 – Reiss-Engelhorn-Museen Mannheim

Die Reiss-Engelhorn-Museen (nachfolgend rem genannt), das mit Abstand besucherstärkste Museum der Metropolregion, blicken auf ein äußerst erfolgreiches Jahr 2010 zurück. Durch große Sonderausstellungen konnte ihre Position als Haus von internationalem Rang und exponiertes Forschungszentrum weiter gefestigt werden. Die rem versorgen die Stadt Mannheim und die umliegenden Gebiete mit einem breiten Programmangebot und sind dadurch einer der größten Kulturanbieter in der Metropolregion. Die rem-Häuser Museum Zeughaus, Museum Weltkulturen und Museum Schillerhaus wurden 2010 durch das neu eröffnete Bassermannhaus für Musik und Kunst komplettiert. Die bisherige Ausstellungsfläche wuchs um 1.300 m² auf 12.500 m² an. Im Bassermannhaus erhielt die Fotogalerie Zephyr 2010 einen eigenen Raum. Ende 2011 wird eine große Sammlung von Musikinstrumenten in das Gebäude einziehen und sich des Phänomens der Musik weltweit widmen.

Ohne die Integration und planvolle Anwendung naturwissenschaftlicher Verfahren ist Spitzenforschung, etwa im Bereich der Archäologie, heute nicht mehr denkbar. Die Forschungsinstitute der rem, das Curt-Engelhorn-Zentrum Kunst- und Kulturgeschichte, das Archäometrie-Labor für Materialforschung, ein An-Institut der Universität Tübingen, und das am 21. Juni 2010 eröffnete Klaus-Tschira-Labor für physikalische Altersbestimmung im Bassermannhaus demonstrieren das Leistungsvermögen vieler neuer Methoden und ergänzen die Forschungen an den rem und darüber hinaus.

Veranstaltungen und Aktivitäten

Die rem sind ein Ort, an dem Kunst und Kultur einer breiten Öffentlichkeit präsentiert und Kunst für jedermann zugänglich gemacht wird. Wesentlicher Bestandteil ihres Ausstellungskonzepts ist es, kulturelle und historische Themenstellungen nicht isoliert, sondern stets im internationalen Kontext zu erarbeiten und zu präsentieren. Ein großer Schwerpunkt lag 2010 auf der Vorbereitung und Ausrichtung großer Sonderausstellungen. Mit ihrer Arbeit erfüllten die rem zugleich in höchstem Maß die innerhalb des Change²-Prozesses der Stadt Mannheim zur Modernisierung der Verwaltungsarchitektur erarbeiteten Leitlinien und Zielvereinbarungen.

Ausstellungen

Einige der 2009 gestarteten Sonderausstellungen waren bis 2010 erfolgreich geöffnet, darunter das Ausstellungshighlight „Alexander der Große und die Öffnung der Welt", das im Februar 2010 zu Ende ging und über 179.000 Besucher anzog. Von November 2009 bis Mai 2010 glänzte die in Kooperation mit der Kunsthalle Leoben durchgeführte Präsentation „Das Gold der Steppe. Fürstenschätze jenseits des Alexanderreichs" mit einzigartigen Hinterlassenschaften der Völker, die am Rand des Alexanderreichs lebten. In der Kabinettausstellung „ITALIENSEHNSUCHT. Künstlereindrücke im 18. und 19. Jahrhundert" waren bis Januar 2010 rund vierzig Zeichnungen und Druckgraphiken sowie Skizzenbücher von sieben verschiedenen Künstlern, darunter Werke von Maximilian von Verschaffelt und der Künstlerfamilie Kobell mit Motiven aus Italien zu sehen. Aus Anlass des Berliner Mauerfalls vor zwanzig Jahren zeigte das Forum Internationale Photographie (FIP) ab 7. Juni 2009 Robert Häussers Aufnahmen der Berliner Mauer. Die Ausstellung „Robert Häusser. Die Berliner Mauer. Fotografien und Zitate" konnte bis Sommer 2011 besichtigt werden.

Das Jahr 2010 war geprägt von der großen Sonderausstellung „Die Staufer und Italien – Drei Innovationsregionen im mittelalterlichen Europa" (19. September 2010 bis 20. Februar 2011). Über dreißig Jahre nach der großen Stauferausstellung in Stuttgart 1977 widmeten die Reiss-Engelhorn-Museen in Mannheim dem bedeutendsten europäischen Herrschergeschlecht des 12. und 13. Jahrhunderts eine große kulturgeschichtliche Ausstellung, die schließlich mit 236.893 Besuchern einen sensationellen Erfolg verbuchte. Damit war die Schau die bisher erfolgreichste kulturgeschichtliche Ausstellung, die in Mannheim je gezeigt wurde und platzierte zudem die Quadratestadt in die Top 10 der

Kulturbericht 2010 – Reiss-Engelhorn-Museen Mannheim

publikumsstärksten Mittelalterausstellungen seit 1977. In enger Zusammenarbeit mit der Universität Heidelberg, der Generaldirektion Kulturelles Erbe Rheinland-Pfalz und der Verwaltung der Staatlichen Schlösser und Gärten Hessen wurde eine Mittelalterschau präsentiert, die sich den innovativen Neuerungen und Entwicklungsschüben der Stauferzeit in drei Regionen, dem Rhein-Main-Neckar-Raum, Oberitalien und dem Königreich Sizilien, zuwandte. Mit bedeutenden, zum Teil erstmals in Deutschland gezeigten, originalen Zeugnissen und Pretiosen konnten Geschichte, Kunst und Kultur des staufischen Zeitalters lebendig gemacht werden. Die Ausstellung belegte eindrucksvoll, wie sinnvoll eine regionale Zusammenarbeit vieler Institutionen auf dem Gebiet der Kultur ist. Kultur ist eminent sinn- und identitätsstiftend, sie schafft Lebensqualität, und Innovation ist nicht zuletzt auch ein Standortfaktor. Die Aktivitäten im Rahmen der Stauferausstellung (Abb. 1) machten aus der Metropolregion Rhein-Neckar eine Kulturregion.

Mit der Ausstellung „Die Rückkehr der Götter – Berlins verborgener Olymp in Mannheim" (13. Juni 2010 bis 20. März 2011) waren 2010 rund 150 einmalige Schätze aus der Antikensammlung der Staatlichen Museen zu Berlin zu Gast in den rem. Rund 150 Marmorskulpturen (Abb. 2) – darunter Originalfragmente vom Großen Altar in Pergamon –, Bronzestatuetten, Terrakotten, Vasen, Gebrauchsgegen-

stände und Schmuck illustrierten eindrücklich die Vielschichtigkeit und die enorme Wandlungsfähigkeit der antiken Götterbilder.

Zu den kleineren Präsentationen, die sich vor dem Hintergrund der jeweiligen Sammlungskontexte im Spannungsfeld regionaler und internationaler Kunsttradition bewegen, zählte die aus eigenen Beständen erarbeitete Schau „Rembrandt pinxit", die sich von Februar bis Mai 2010 der Niederländerrezeption in Druckgraphiken des 18. und 19. Jahrhunderts widmete. Im Oktober 2010 starteten die rem unter dem Titel „Welcome back" eine neue Ausstellungsreihe, in der bildende Künstler ein Jahr lang im Wechsel ihre Werke im Museum Bassermannhaus zeigten. Die aus Mannheim oder der Region stammenden Künstler haben sich überregional bzw. international einen Namen gemacht und kehrten mit den fünf Einzelschauen an ihre erste Wirkungsstätte zurück. Speziell für Kinder- und Jugendliche konzipiert ist die seit 17. Januar 2010 geöffnete Mitmachausstellung „Achtung Ausgrabung!" rund um das Thema Archäologie, die vom LWL-Museum für Archäologie in Herne erarbeitet wurde.

Die Fotogalerie ZEPHYR – Raum für Fotografie! eröffnete im Herbst 2010 in den neuen Räumen im Museum Bassermannhaus für Musik und Kunst mit der fulminanten Ausstellung „Cool and Hot". Anlässlich des 100. Geburtstages von Julius Shulman wurde bis Februar 2011 die europaweit größte Ausstellung zum Lebenswerk des bedeutendsten amerikanischen Architekturfotografen präsentiert.

Interkulturelle Kulturarbeit

Ausstellungen wie „Alexander der Große und die Öffnung der Welt" oder „Die Staufer und Italien" widmeten sich im Kern den Themen des Miteinanders und des Austauschs der Kulturen, ein Anliegen der Stadt Mannheim, das diese bereits 2007 im Handlungskonzept „Interkulturelle Kulturarbeit" definierte und mit den Managementzielen innerhalb des Change[2]-Projekts fortführt. Der hier propagierte erweiterte Kulturbegriff bezieht die Alltagskultur und die Kultur von Migranten mit in die Arbeit ein. Bei allen Aktivitäten versuchen die rem unterschiedliche gesellschaftliche Gruppen zu aktivieren und zu integrieren. Innerhalb des Rahmenprogramms zu „Die Staufer und Italien"

Abb. 1
Mit dem festlichen Hoftag auf dem Toulonplatz zog Ende September 2010 im Rahmen der Stauferausstellung das Mittelalter in Mannheim ein.
Das prächtige Reenactment brachte dem Publikum Einblicke in die staufische Hofhaltung.

Alfried Wieczorek

wurden intensive Kontakte zur italienischstämmigen Bevölkerung Mannheims aufgebaut. Durch Kooperationen entstand die Broschüre „Italienische Lebensart in Mannheim", mit der sich Mannheim von mediterraner Seite zeigte. Davon angeregt erstellte der SWR ein filmisches Porträt der Stadt unter dem Titel „Dolce Vita – Italienisches Leben in Mannheim". Mannheims Herz schlägt „im" Wasserturm, und so verwandelte sich zum Auftakt der großen Ausstellung Mannheims Wahrzeichen in den Torre d'Italia, den Italienischen Turm, in dem eine Woche lang zusammen mit dem Kulturnetz Mannheim italienische Musik und Theater dargeboten wurden.

Ausbau der rem als überregionales und internationales Ausstellungshaus und wissenschaftliches Kompetenzzentrum

Viele der in den rem erarbeiteten Ausstellungen waren auch 2010 in Ausstellungshäusern im In- und Ausland zu sehen: Die Ausstellung „Mumien – der Traum vom ewigen Leben" tourt seit Juni 2010 für drei Jahre in den USA, einhergehend mit extrem hohen Besucherzahlen. Die in Mannheim erarbeitete Schau „Schuhtick" war 2010 in Mainz zu sehen. „Alexander der Große" ging von April bis Oktober 2010 nach Leoben (A), ab Dezember 2010 nach Madrid (E). Die Ausstellung „Italiensehnsucht" war nach Mannheim im Sommer 2010 im Schloss Erbach zu sehen. Robert Häussers „Moortagebuch" ging 2010 nach Geeste-Gr.Hesepe ins Emsland Moormuseum. Daneben stellten die rem auch 2010 wieder zahlreiche Leihgaben für bedeutende Ausstellungen zur Verfügung.

Für internationale Forschung auf höchstem Niveau stehen das Curt-Engelhorn-Zentrum für Archäometrie gGmbH sowie das 2010 eröffnete Klaus-Tschira-Labor. Durch dieses Labor erweitert das Curt-Engelhorn-Zentrum Archäometrie sein umfangreiches Angebot an archäometrischer Forschung und Dienstleistung um Lumineszenzdatierungen sowie c14-Datierungen mit dem neu entwickelten MICADAS-Beschleuniger. Diese Institute agieren zusammen mit den Forschungsstellen (FS) des Curt-Engelhorn-Zentrums für Kunst- und Kulturgeschichte (FS Steinzeit, FS Merowingerzeit, FS Archäologie und Kultur Ostasiens, FS Porzellanmanufakturen, FS German Mummy Project, FS LeCHE

sowie dem EU-Projekt Clothing and Identities/Kleidung im römischen Weltreich/DressID) bereits dauerhaft in internationalen Netzwerken. Es bestehen hier zahlreiche weltweite Beziehungen zu Experten und Leistungsträgern. Für 2010 besonders zu erwähnen ist das EU-Projekt „Clothing und Identities, Dress ID", das sich der Erforschung antiker Stoffe widmet (Abb. 3). Innerhalb der Forschungsstelle „Porzellanmanufakturen" wurde der zweite Band zur Geschichte des Frankenthaler Porzellans, die Archivalien, fertig gestellt.

Marketing und Öffentlichkeitsarbeit: Stärkung des Standorts Mannheim als Kulturmetropole

Die Ausstellung „Die Staufer" hat als Kulturprojekt Neuland betreten, indem sie insgesamt 41 Orte in Süddeutschland im Rahmenprogramm mit über 300 Einzelveranstaltungen einbezog. Mit den Partnern wurden attraktive touristische Angebote erarbeitet, die die Aufenthaltsdauer über den Ausstellungsbesuch in Mannheim hinaus erhöhen sollten. Viele Partner berichteten bereits innerhalb der Laufzeit der Ausstellung von gestiegenen Übernachtungszahlen und erhöhter Nutzung des gastronomischen Angebots. Durchschnittlich hat jeder Besucher mindestens 67 Euro im Umfeld seines Ausstellungsbesuchs für Gastronomie, Verpflegung und Einkäufe ausgegeben. Mindestens 18 % unserer über 230.000 Besucher haben darüber hinaus ein- oder mehrmals in Mannheim bzw. der Region übernachtet.

Abb. 2
In der Ausstellung „Die Rückkehr der Götter – Berlins verborgener Olymp in Mannheim" waren einmalige Schätze aus der Antikensammlung der Staatlichen Museen zu Berlin zu Gast in den rem.
Foto: rem, Ines Mütsch

Kulturbericht 2010 – Reiss-Engelhorn-Museen Mannheim

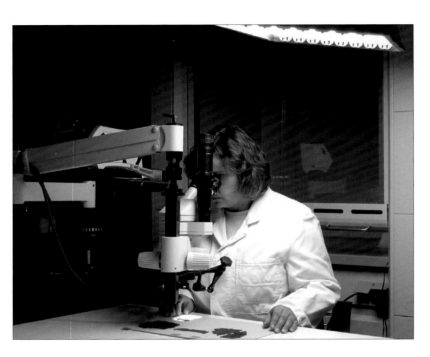

Abb. 3
Diplomrestauratorin
Sylvia Mitschke, Reiss-
Engelhorn-Museen, bei
der mikroskopischen
Untersuchung von Textil-
funden im Rahmen des
Textil-Forschungsprojekts
„Kleidung und Identität/
DressID".

Von einer mehrmonatigen, länderübergreifenden Veranstaltung dieser Qualität profitieren viele Stellen. Zunächst ist der enorme Imagegewinn für die beteiligten Städte zu nennen. Von Mai 2010 bis Februar 2011 war zum Beispiel jeder fünfte überregionale Pressebeitrag, der Mannheim nannte, ein Artikel zur Stauferausstellung. Am Ende der Stauferschau gab es insgesamt 4.737 Printartikel, in denen über das Ereignis geschrieben wurde, 58 % aller Artikel erschienen in Medien außerhalb der Großregion. Keine noch so teure Werbekampagne könnte Vergleichbares leisten. Dann hatten natürlich die vielen kulturellen Einrichtungen in den Partnerstädten, die sich mit großem Engagement in Baden-Württemberg, Rheinland-Pfalz und Hessen am Stauferjahr beteiligten, einen Zugewinn an Besuchern. Vor Ort wirkte sich das erhöhte touristische Aufkommen positiv auf Hotellerie, Einzelhandel und Gastronomie aus. Die Stauferausstellung ist deshalb ein Paradebeispiel für die Umwegrentabilität, die den im Zusammenhang mit kulturellen Großveranstaltungen eintretenden volkswirtschaftlichen Gewinn bemisst. Auf Grundlage einer repräsentativen Besucherbefragung wurden die Gelder ermittelt, die im Rahmen der Schau nach Mannheim und in die Region gelangten: Demnach gaben die Ausstellungsbesucher für Gastronomie, Verpflegung, Einkäufe und Übernachtungen in Mannheim mindestens zwölf Millionen Euro aus.

Im Verhältnis zu den von der Curt-Engelhorn-Stiftung getragenen Ausstellungskosten in Höhe von 3,6 Millionen Euro konnte folglich ein sehr positives wirtschaftliches Gesamtergebnis erzielt werden. Im ersten Schritt profitierten vor allem Einzelhandel, Gastronomie, Hotellerie, Betreiber öffentlicher Verkehrsmittel und Taxiunternehmen und letztlich – durch die Auswirkungen auf Wachstum, Beschäftigung und Steuereinnahmen – das Gemeinwesen insgesamt.

Die Ausstellung „Die Staufer" war damit für die Stadt Mannheim und die Metropolregion Rhein-Neckar ein wirtschaftlicher Erfolg. Insgesamt beteiligten sich an unserem Stauferjahr über 100 Partner, neben den 41 Stauferorten zum Beispiel auch die Deutsche Bahn, Reiseveranstalter wie Dr. Tigges oder Merz Reisen, die Landestourismus-Einrichtungen, mittelständische Betriebe wie Heidelberg Mobil International, die Privatbrauerei Mayer aus Oggersheim und Großunternehmen wie Südzucker oder Würth. Durch neue Herangehensweisen an Kultur und Geschichte gerade im Bereich der Werbung (Abb. 4) konnten auch Besucher angesprochen werden, die die rem bislang nicht kannten. So sponserte Südzucker Bandenwerbung für „Die Staufer" während der Bundesligasaison in der Rhein-Neckar-Arena, dem Spielort von 1899 Hoffenheim.

Grundlage für den Erfolg war, dass alle Partner übereingekommen sind, Kooperation statt Konkurrenz zu pflegen. Es ist keine Selbstverständlichkeit, dass im hart umkämpften touristischen Markt verschiedene Destinationen wie Städte, Museen, Domkirchen oder Burganlagen gegenseitig füreinander werben. Das Stauferjahr prägte von Anfang an ein unwahrscheinlich hohes Maß an Partnerschaftlichkeit. Der Funke der Begeisterung sprang über und sorgte dafür, dass gemeinsam ein Großfeuerwerk entzündet wurde. Die vielen Beispiele belegen deutlich, dass „Die Staufer" zugleich maßgeblich zur Stärkung des Standortes Mannheim als Kulturmetropole beitrugen.

Bewahrung und Erschließung des kulturellen Erbes

Bürgersinn und kulturelles Engagement haben das Leben der Stadt Mannheim bereichert. Diese Leistungen sollten nicht nur Teil der Geschichte

Alfried Wieczorek

sein, sondern lebendig erhalten und weitergereicht werden. Zukunft erwächst aus Vergangenheit. Die Bewahrung des überlieferten historischen Erbes, seine Erschließung und seine Erforschung bilden eine starke Säule für Perspektive und Orientierung unseres Gemeinwesens. In diesem Sinne greifen die rem im Rahmen der Begleitprogramme der Dauer- und Sonderausstellungen gezielt Ideen auf, die der Entwicklung und Verbreitung von Wissen dienen. Das Angebot an öffentlichen Führungen und Veranstaltungen wurde – auch in Hinblick auf die groß angelegte Stauferausstellung – nochmals erweitert. Innerhalb von Zwergenwerkstatt (Abb. 5), Aktionstagen, Offener Werkstatt und dem Programm Familie kreativ bot die Museumsvermittlung parallel zu Dauer- und Sonderausstellungen altersgerechte Führungen und Begleitprogramme für Kinder und Familien sowie spezielle Angebote für Schüler und Vorschüler. 2010 stand die „Lange Familiennacht" mit Aktionstischen, Sonderführungen und Theaterstücken ganz im Zeichen der Alexanderausstellung. 2010 versprach das Sommerferienprojekt passend zur Ausstellung „Die Rückkehr der Götter" göttliche Ferien in den rem. Bei der „Langen Nacht der Museen" 2010 präsentierten die rem ein Programm zur Ausstellung „Gold der Steppe". Mit dem Club der Älteren – Kulturschmaus, dem Treff für ältere Menschen im Museum, förderten die rem durch regelmäßige Vorträge und Führungen die aktive kulturelle Teilhabe im Alter. Das Rahmenprogramm zur Stauferausstellung war bislang eines der umfangreichsten in der Geschichte des Museums. Viele neue Formate richteten sich an unterschiedliche Zielgruppen. Besucher der Stauferausstellung wurden etwa von historischen Figuren ins Mittelalter geführt und erhielten neue Einblicke in das Leben der Stauferepoche. Konzerte und Vorträge zu unterschiedlichen Themen ergänzten das Jahresprogramm. Neben Vorträgen zu den Sonderausstellungen, die von hochkarätigen Gastrednern gehalten wurden, gab es Vortragsreihen zur Archäologie in Mannheim und Umgebung und verschiedenen historischen Themen.

Die feste Verankerung der rem in der Bürgerschaft und in der Region findet ihren Ausdruck in den beiden Fördervereinen (Fördererkreis und Gesellschaft der Freunde Mannheims/Mannheimer Altertumsverein) mit ca. 3.000 Mitgliedern und in

einer Reihe von Förderinstitutionen bürgerschaftlichen Engagements (Curt-Engelhorn-Stiftung für die Reiss-Engelhorn-Museen, Bassermann-Stiftung, Förderer-Stiftung für die Reiss-Engelhorn-Museen, Kurpfalz-Stiftung, Rem-Service GmbH, Gem. Förderer GmbH). Die Vereine unterstützten die rem bei vielfältigen Aktivitäten.

Der Mannheimer Altertumsverein von 1859 (MAV) kann 2010 auf zwei besondere Ereignisse zurückblicken: er brachte zusammen mit dem Stadtarchiv Mannheim – Institut für Stadtgeschichte und den rem im April 2010 „Das Mannheimer Flurnamenlexikon" in der Reihe „Mannheimer historische Schriften" heraus. Jahrzehntelang hatte sich der Autor Hansjörg Probst intensiv mit Flurnamen beschäftigt und schloss mit seinem Buch eine empfindliche Forschungslücke. Zum 300. Geburtstag des Ausnahmekünstlers des 18. Jahrhunderts, Peter Anton von Verschaffelt, konnte der Altertumsverein im Juni 2010 einen äußerst seltenen, verschollen geglaubten Modellkopf aus Privatbesitz kaufen und für die Kunst- und Kulturgeschichtlichen Sammlungen der rem sichern.

Abb. 4
Fahnen mit dem Werbemotiv der Stauferausstellung luden in der Innenstadt von Mannheim, wie hier vor dem Zeughaus, in die Ausstellung ein.

Kulturbericht 2010 – Reiss-Engelhorn-Museen Mannheim

Der remClub, ein Angebot des Fördererkreises für junge Museumsbesucher und Kulturinteressenten veranstaltete für Studenten und Studentinnen in Kooperation mit dem Forum Internationale Photographie (FIP) der rem und der Universität Mannheim einen spannenden Workshop zum Thema „Fokus Mannheim – Urbanität im Quadrat". Hier konnten Studenten und Studentinnen mit unterschiedlichen stilistischen Mitteln und Sehweisen experimentieren. Unter Anleitung des Kurators des FIP in den rem wurde eine eigene Ausstellung entwickelt und im Ostflügel der Universität Mannheim gezeigt.

Insgesamt fanden im Jahr 2010 571 Veranstaltungen in den rem statt.

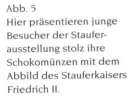

Abb. 5
Hier präsentieren junge Besucher der Stauferausstellung stolz ihre Schokomünzen mit dem Abbild des Stauferkaisers Friedrich II.

Sachstandsbericht

Im Jahr 2010 stiegen die Besucherzahlen wieder auf das Maß der Vorjahre 2007 bis 2008 an. Insgesamt kamen im Jahr 2010 311.316 Personen in die rem, davon 160.863 ins Museum Zeughaus, 138.931 ins Museum Weltkulturen, 4.137 ins Schillerhaus und 7.385 ins Bassermannhaus. Die Besucherzahlen

bestätigen, dass die rem auf dem richtigen Weg sind, die großen Ausstellungen in Mannheim als überregional bedeutende kulturtouristische Anziehungspunkte zu etablieren.

Derzeit arbeiten 106 Hauptamtliche bei den rem und der Curt-Engelhorn-Stiftung (nachfolgend ces genannt), davon 67 im wissenschaftlichen Dienst, 20 im technischen Dienst und 19 in der Verwaltung. Einen ganz entscheidenden Beitrag für den Erfolg des Museums erbrachten auch 2010 die 312 ehrenamtlichen Mitarbeiter, die in vielfältigen Einsatzbereichen die Museumsarbeit mit hohem Engagement unterstützen. Allgemein wurden junge Wissenschaftlerinnen und Wissenschaftler durch die Übernahme von insgesamt neun (2010) Volontariatsstellen an den Reiss-Engelhorn-Museen gefördert. Die Volontärinnen und Volontäre sind jeweils einer Abteilung zugeordnet, können aber besonders durch die Mitwirkung an Großprojekten alle Facetten des Museumsbetriebes ausführlich kennen lernen. Dazu kommt der Einsatz von Praktikanten in allen Bereichen der Häuser.

rem: Der städtisch finanzierte Haushalt 2010 umfasste rund 4,9 Millionen. Die Stadt Mannheim finanziert vor allem den Unterhalt der Gebäude sowie 45 (2010) Mitarbeiterinnen und Mitarbeiter. Alle Ausstellungen und Veranstaltungen inclusive Tagungen und Forschungsstellen der rem werden zu 100 % von der Curt-Engelhorn-Stiftung getragen.

ces: 2010 beliefen sich die Gesamteinnahmen auf 4.705.000 € und lagen dabei nur knapp unter dem Vorjahresergebnis. Hierzu trug auch bei, dass seit 2008 verstärkt auf Einnahmen aus dem Verkauf von Ausstellungen gesetzt wurde. Auch 2010 ergänzte die Bassermann-Kulturstiftung die Aktivitäten der Curt-Engelhorn-Stiftung.

Ausblick

Die Mannheimer Christuskirche feiert 2011 ihren 100. Geburtstag. Diesem Anlass widmen die rem eine Kabinettausstellung. Die Schau beleuchtet drei zentrale Aspekte der Kirchengeschichte: die Architektur, das Gemeindeleben und die Rolle der Musik.

Mit einer Auswahl von 131 Gemälden dokumentiert die Ausstellung „meisterhaft – Von Cranach d. Ä. bis Kobell" (Abb. 6) ab Mai 2011 die herausragende Qualität des Bestands der rem-Gemäldegalerie.

Alfried Wieczorek

Beispiele von Lucas Cranach d. Ä. (1473-1553) und seiner Werkstatt bis hin zu Ferdinand Kobell (1740-1799) und dessen Sohn Wilhelm von Kobell (1766-1853) schlagen den Bogen über mehr als 300 Jahre kunstgeschichtlicher Entwicklung.

Ab Oktober 2011 präsentieren die rem in der Ausstellung „Schädelkult" alles Wissenswerte rund um Kopf und Schädel in der Kulturgeschichte des Menschen.

Ein Höhepunkt innerhalb des Ausstellungsprogramms steht im Februar 2012 an. Mit „Sammeln! Die Kunstkammer des Kaisers in Wien" beginnen die rem eine auf mindestens fünf Jahre angelegte Kooperation mit dem Kunsthistorischen Museum in Wien. Mehr als 140 Meisterwerke führen in der ersten Präsentation die Vielfalt des fürstlichen Sammelns vor Augen. Die Kooperation sieht vor allem die Einrichtung einer Dependance des Wiener Museums in den Räumen der rem vor.

Eine weitere Sonderausstellung mit dem Titel „DressCode" wird sich mit Kleidung im antiken Rom beschäftigen (2012).

Die Schau „Benedikt und die Welt der frühen Klöster" begleitet ab 13. Mai 2012 den 98. Deutschen Katholikentag in Mannheim (16. bis 20. Mai 2012).

Den Medici – einer der berühmtesten Familien der Welt – ist 2013 die Ausstellung „Die Medici – Menschen, Macht und Leidenschaft" gewidmet. Auf die große Stauferausstellung folgt schließlich 2013 das nächste historische Großprojekt der rem: „Die Wittelsbacher am Rhein. Die Kurpfalz und Europa."

Resümee

Bisher haben sich die rem immer wieder als ein kulturelles Zentrum in Mannheim definiert, die Großausstellungen wie „Die Staufer" mögen dies exemplarisch belegen. Mit der Stauferausstellung 2010 fand in Mannheim ein zentrales, mehrmonatiges Kulturereignis statt, das die Qualität besaß, dauerhaft die Aufmerksamkeit der Besucher und der Medien auf die rem und damit nicht zuletzt auf Mannheim zu ziehen.

Auch ein Weiteres wird daran sichtbar: Kultur ist ein erheblicher Wirtschaftsfaktor, zahlreiche Menschen finden hier ihren Arbeitsplatz, die Wertschöpfung ist beträchtlich und das dadurch mit neuen Impulsen versehene Kulturleben belebt nicht zuletzt auch die wirtschaftliche Entwicklung auf zahlreichen weiteren Gebieten. Durch die Schau wurde Mannheim als kulturtouristisches Ziel deutlich gestärkt, was wiederum maßgeblich zur Positionierung Mannheims als Kulturhauptstadt beiträgt.

Abb. 6
Blick in die Inszenierung „Künstleratelier" in der Ausstellung „meisterhaft" im Zeughaus.

Tanja Vogel

Alles Gute!
Zehn Jahre Kulturschmaus am Nachmittag

Kulturschmaus am
Nachmittag, hier mit Blick
auf die Glasgalerie des
Museums Zeughaus
Foto: rem, Ines Mütsch

Schnörkellos und unpathetisch – so war die Jubi-
läumsveranstaltung im Rahmen des zehnten
Geburtstags des Kulturschmauses am Nachmittag
im März 2011 und so soll auch dieser Beitrag sein.

Ein „Happy Birthday" am Klavier durch Julia-
Sophie Plachetka und ein herzliches Grußwort des
Generaldirektors der Reiss-Engelhorn-Museen,
Prof. Dr. Alfried Wieczorek, standen zu Beginn der
„Geburtstagsfeier" auf dem Programm.

Es folgte ein fröhlicher Rückblick in Wort, Bild
und Film auf „Zehn Jahre Kulturschmaus am Nachmittag" und zum Abschluss ein festliches Gedicht
Gerlinde van Eedens, die den Club der Älteren von
Anfang an begleitet und tatkräftig unterstützt hat.
Zahlreiche Freunde und Förderer der Veranstaltungsreihe waren gekommen; viele davon sind
lange und – sie mögen es mir verzeihen - „alte"
Weggefährten. Gemeinsame Erlebnisse – teils
ernst, teils humorvoll – wurden am Ende der Jubi-
läumsveranstaltung bei einem Glas Sekt nochmals
in Erinnerung gerufen, besprochen und zauberten
erneut ein Lächeln auf die Gesichter.

Die „Geburtstagsfeier" war gelungen und setzte
einen besonderen Akzent nach 120 Veranstaltungen
des Kulturschmauses am Nachmittag mit einem,
im Fall von Stadt- oder Ausstellungsführungen
monatlich sogar zwei Terminen zur Auswahl.

Das bedeutet für die Organisatorin, rechtzeitig
Dozenten anfragen, Themen sammeln, Kurztexte
zu Vorträgen und Führungen bei den Kolleginnen
und Kollegen erfragen oder selbst erstellen, damit
der Kulturschmaus am Nachmittag im Vorfeld der
Veranstaltungen entsprechend beworben werden
kann, nicht zu vergessen sind das eigentliche Orga-
nisieren und Vorbereiten der einzelnen Termine.

Die Ideen sind bisher nicht ausgegangen und
werden auch in den kommenden Jahren die
Grundlage eines „bunten" und breiten Spektrums
an Vorträgen und Führungen zu unterschiedlichen
Themenbereichen aus Stadt-, Kunst- oder Kulturgeschichte und Archäologie sein.

Es gibt viel zu tun im Rahmen des Kulturschmauses am Nachmittag, aber seit nunmehr etwas über
zehn Jahren hat die Freude daran nie abgenom-
men. Dank gilt daher abschließend den zahlreichen
Freunden und Förderern dieser Veranstaltungsreihe
und den vielen engagierten ehren- und hauptamt-
lichen Kolleginnen und Kollegen aus den Reiss-
Engelhorn-Museen. Sie alle sind das „Herzstück"
des Erfolgs des Kulturschmauses am Nachmittag!

Annaick Keruzec

Organisches aus dem Barockhaus B 4, 13
Dokumentation der Textil- und Lederfunde aus der Mannheimer Grabung BW 2007-10*

1. Einleitung

Textile Bodenfunde erhalten sich besonders gut in extrem trockenem oder kaltem Klima, in der konservierenden Atmosphäre von Salzen, unter Sauerstoffabschluss oder als Korrosionsprodukte an metallenen Objekten.[1]

Der Korrosionsprozess führt zu einer vollständigen Ersetzung des organischen Materials, dieser Vorgang wird Mineralisierung genannt. Kupferionen können zudem eine toxische Wirkung haben und bewahren organische Materialien vor mikrobiellem Befall.[2] Das Ausmaß der Korrosion kann unterschiedlich groß ausfallen und hängt stark mit der Bodenatmosphäre und seiner Zusammensetzung zusammen. Die Bodenbeschaffenheit ist entscheidend für den Erhaltungszustand. So erhalten sich mineralisierte, organische Materialien besonders häufig in sauren, sandigen Böden, da Wasser und Luft durch die geringe spezifische Oberfläche des sandigen Bodens gut zirkulieren können. Die Erhaltung organischer Materialien ist ebenso in Lehmböden, kalkhaltigen Böden sowie Kiesböden zu beobachten.[3]

Die archäologischen Funde, die im Zuge der Grabung auf der Parzelle B 4, 13 in Mannheim in der Verfüllung einer ehemaligen Holzkastenlatrine (Abb. 1) auftauchten, haben sich als organische und mineralisierte Objekte erhalten. In der Textilrestaurierungswerkstatt der Reiss-Engelhorn-Museen wurden sie unter der Leitung von Dipl. Rest. Sylvia Mitschke dokumentiert und bearbeitet.

Die mineralisierten Objekte sind nur noch fragmentarisch erhalten, ihre Struktur wurde durch die Korrosionsprodukte größtenteils ersetzt, der Gewebeverbund ist jedoch erhalten geblieben. Die Gewebe zeigen durch ihre charakteristische grüne Farbigkeit das typische Erscheinungsbild von Kupferkorrosion. Auf den meisten Geweben befinden sich Auflagerungen, die als Bastfasern identifiziert werden konnten. Die Lederfunde sind in recht unterschiedlichem Zustand erhalten. Anhand von Schnittform und Nahtlöchern lassen sich Schuhsohlen erkennen. Einige der ursprünglich als Leder identifizierten Funde erwiesen sich bei der Freilegung im Labor als textile Gewebefragmente.

In der folgenden Dokumentation werden Bearbeitung und Untersuchungsergebnisse der Material- und herstellungstechnischen Analysen, insbesondere des Geweberestes BW 2007-10-239-121 vorgestellt. Es wird nicht jeder einzelne Fund aufgeführt, die vorgenommenen Maßnahmen sowie die Analysen zu Material und Herstellung lassen sich aber auf den gesamten Fundkomplex übertragen. Zu Beginn der Bearbeitung wurden die mineralisierten Funde nummeriert, so dass ihre Identifizierung erleichtert wird.

Mineralisierte Funde (Befund 239)

Die Funde bestehen größtenteils aus mineralisierten Gewebefragmenten mit Bastauflagerungen. Ein Fund (BW 2007-10-239-120) ist eine Stickerei in Anlegetechnik und Flachstich.

Organische Funde (Befunde 274, 173 und 164)

Bei den Funden handelt es sich zum größten Teil um stark zersetztes Wollgewebe (Befund 274) und um Lederfragmente (Befunde 164, 173).

2. Fundsituation und Fundort B 4, 13

Das Gebäude in B 4,13 bestand aus einem Vorderhaus, das dendrochronologisch um 1725 datiert wird, und einem Hinterhaus, dessen Datierung zwar in eine spätere Zeit fällt, das aber über älteren Vorgängern errichtet wurde. Die Verfüllung der Latrine endet vermutlich um 1800.

3. Methoden der Freilegung

Bevor Material- und herstellungstechnische Analysen möglich waren, mussten die Funde freigelegt werden. Die Resultate der Analysen nach der Freilegung beschreibt Kapitel 4.

Wichtig bei der Durchführbarkeit der Maßnahmen war der Erhaltungszustand der Objekte. Einige der Funde sind so fragil, dass ein zusätzlicher mechanischer Einfluss weiteren Schaden verursa-

Organisches aus dem Barockhaus B 4, 13

chen würde. Archäologische Textilien werden häufig als fragmentiertes Gerüst eines ehemaligen Gewebes gefunden. Die Materialien sind oftmals stark zerstört und vergangen. Die sie umgebende Schicht aus Erde stellt oftmals auch einen Schutz dar, der die Reste der Textilien noch zusammenhält. Bei Luftzutritt drohen die amorphen Bereiche in den Fasern zu trocknen und zu zerfallen.[4] Bei einigen Funden wurde von der Freilegung deshalb abgesehen.

Abb. 1
Die Latrine (rechts unten im Bild) im Hinterhaus von B 4, 13 während der Ausgrabung. Der Steinschacht links davon entstand im Laufe des 19. Jahrhunderts.
Foto: rem

Um einen Maßnahmenkatalog für die Freilegungsmethoden zu erstellen, mussten die Auflagerungen der einzelnen Funde analysiert und klassifiziert werden. Die vollständige zeichnerische, fotografische und schriftliche Dokumentation der Funde war notwendig, da jede Auflagerung Aussagen über Funktion oder Herstellung geben kann. Bei unsachgemäßer Entfernung können wichtige Informationen über die Funde verloren gehen.[5]

Die Auflagerungen der einzelnen Funde waren sehr unterschiedlich, da sich sowohl Nass- als auch Trockenfunde im gesamten Fundkomplex befanden. Je nach Art der Auflagerung waren also unterschiedliche Freilegungsmethoden anzuwenden. Für die Freilegung stehen, je nach Material, Erhaltungszustand und Auflagerung, zwei Möglichkeiten zur Verfügung: die Trocken- oder Nassreinigung.

Die Trockenreinigung erfolgt mit Hilfe von Pinsel und Mikrosauger. Um einen besseren Reinigungserfolg für hartnäckigere, anhaftende Schmutzpartikel zu erhalten, wird in der archäologischen Restaurierung mittels des Ultraschallmeißels wei-

tere Mechanik ausgeführt. Die Ultraschallerzeugung verläuft nach den gleichen Prinzipien wie die Erzeugung von Schallwellen kleinerer Schwingungszahlen. Feste Körper werden in mechanische Schwingung versetzt, die sich auf das angrenzende Medium übertragen.[6]

Die Nassreinigung kann bei den rein organischen Funden mit einem Tensid oder in einem Ultraschallbad vorgenommen werden. Sie darf nur bei Textilien Anwendung finden, die noch genügend Elastizität und Festigkeit besitzen.[7]

Ein Komplexbildner findet bei den metallhaltigen Funden Anwendung, sofern die Korrosion die Materialien nicht schon vollständig ersetzt hat. Die Behandlung ist von hoher Wirksamkeit, riskiert aber ein Zerstören der verwendeten organischen Materialien und ist schwer kontrollierbar in der Tiefenwirkung, sie sollte deshalb vorsichtig erfolgen. Als Komplexbildner wird dabei Titriplex® verwendet, die Ethylendiamintetraessigsäure (kurz EDTA) ist in der Lage, weitere Carboxygruppen für eine stabile Komplexverbindung zur Verfügung zu stellen und somit die Korrosion in einer Gleichgewichtsreaktion zu lösen.

Das flüchtige Bindemittel Cyclododecan kann sowohl bei der Trocken- als auch bei der Nassreinigung verwendet werden. Es kann, als Schmelze oder in Lösung aufgebracht, einem fragilen Fund Stabilität verleihen und somit die Handhabung erleichtern. Bei der Nassreinigung kann es bestimmte Bereiche, welche von der Reinigung ausgeschlossen werden sollen, absperren. Nach einer gewissen Zeit verdampft es rückstandsfrei.

Die beschriebenen Methoden wurden bei der Bearbeitung des Fundkomplexes angewendet, sie werden anhand des jeweiligen Beispiels erklärt.

3.1 Vorgenommene Maßnahmen an BW 2007-10-239-121

Der Fund besteht aus fragmentarisch erhaltenen Metalllahnen, partiell lässt sich noch eine Gewebestruktur erkennen. Auf der Oberseite befanden sich einige Bastfasern, die gekreuzt auflagen (Abb. 2). Die Rückseite war größtenteils von einer Sandschicht bedeckt, es ließen sich anhaftende Lederreste finden, die durch ihre Form und Nahtlöcher Ähnlichkeiten zu einer Paspel oder einem Nahtabschluss aufweisen. Der Fund weist eine fortge-

Annaick Keruzec

schrittene Kupferkorrosion auf, welche sowohl das Metall als auch die organischen Bestandteile der Gewebebindung zum Teil vollständig ersetzt hat, bei Berührung der Lahne zerfallen diese in ihre Bestandteile. Deshalb kam die Nassreinigung als Freilegungsmaßnahme nicht in Frage. Auch die Verwendung von einem Komplexbildner war ausgeschlossen, da die Korrosionsprodukte das Metall bereits ersetzt haben, der Versuch der Entfernung der Korrosion würde den Metalllahn zerstören.

Die Vorderseite des Fundes wurde unter Verwendung des Mikrosaugers sowie feiner Pinsel vorsichtig abgesaugt. Die aufliegenden Bastfasern wurden mit Hilfe eines Skalpells abgehoben. Auf der Vorderseite ließ sich die aufliegende Schicht gut entfernen. Die darunter liegende mineralisierte Gewebeschicht erwies sich allerdings als sehr empfindlich. Die Rückseite zeigte eine verhärtete Schicht aus Bastfasern und Sand. An einer Stelle hafteten Lederreste, sie waren stark brüchig und ausgetrocknet. Da die Lederfragmente nur lose auf der Gewebeoberfläche auflagen, konnten sie mühelos separiert werden. Von der weiteren Behandlung wurden sie ausgeschlossen.

Um bei der Freilegung der Rückseite die Bruchempfindlichkeit zu verringern, wurde auf die Vorderseite vorsichtig eine Schmelze aus Cyclododecan mit einem schmalen Heizspatel aufgebracht. Um das Material dabei nicht zu schädigen, sollte die Temperatur 60°C nicht überschreiten. Der Sand auf der Rückseite konnte so vorsichtig mit dem Ultraschallmeißel abgetragen und mit Mikrosauger und Pinseln abgesaugt werden. Unter der Sandschicht befand sich eine textile Fläche, die keine Korrosion aufwies. Sie ist stark vergangen, aus Gründen der Stabilität wurde auf eine Freilegung der gesamten Fläche verzichtet. Außerdem wird so die Gewebe-

schicht, die sich noch unter der Sandschicht befindet, nicht dem Licht und anderen äußeren Einflüssen ausgesetzt und dadurch geschützt, ohne weitere festigende Maßnahmen.

3.2 Vorgenommene Maßnahmen an BW 2007-10-274-100

Die ursprünglich als Leder angesprochenen Fragmente entpuppten sich nach der Untersuchung als Reste textilen Materials (Abb. 3). Sie waren von einer dicken, leicht feuchten Erdschicht umgeben und in unterschiedlichen Größen und Formen erhalten. Eine funktionelle Zuordnung war vor der Freilegung nicht möglich.

Um mikrobiellem Befall vorzubeugen und eine Analyse der Gewebeart zu ermöglichen, wurden die Funde freigelegt. Die grobe Erdschicht wurde zunächst mit entmineralisiertem Wasser gespült. Um die Substanz der Gewebe dabei zu kontrollieren, wurden sie in eine Gaze eingenäht (Abb. 3a). Um die Verschmutzung besser zu lösen, wurde das Textil im Bad leicht bewegt. Nachdem die grobe Erdschicht entfernt war, wurden die Funde in einem Tensidbad bei ca. 30°C gewaschen.[8].

Bei der nachfolgenden mikroskopischen Analyse wurde festgestellt, dass der Schmutz tief in die Faser eingedrungen war und zahlreiche silikatische Rückstände und kleine Wurzeln hinterlassen hat.

Um die Lesbarkeit der Gewebekonstruktion weiter zu verbessern, wurden die Funde punktuell noch einmal gespült, dafür wurden sie auf ein Sieb gelegt und die Flüssigkeit mit leichtem Druck aus feinen Spritzen auf die entsprechenden Stellen appliziert. Es wurde unter dem Technoskop gearbeitet, so ist eine Kontrolle über eventuelle Verluste an der Gewebesubstanz gewährleistet.

Nach der Behandlung wurde die Gaze entfernt, damit sie keine verfälschenden Abdrücke hinterlässt, und die Gewebe langsam und kontrolliert getrocknet. Der Trockenprozess sollte möglichst gleichmäßig erfolgen, so dass sich keine Ränder oder Ähnliches bilden.[9] Ein Teil der silikatischen Verbindungen konnte im trockenen Zustand mechanisch entfernt werden. Die Bearbeitung entfernte den Großteil der Verschmutzung, allerdings blieb ein Rückstand tief in der Faser zurück, der nicht zu entfernen war.

Zur weiteren Verbesserung des Reinigungserfolges wurde eines der Fragmente versuchsweise

Abb. 2
Die freigelegte Rückseite des Fragments mit der Fundnummer BW 2007-10-239-121
Die durch die Korrosion bewahrte Gewebestruktur ist zu erkennen.
Foto: rem

Abb. 3
Ein Rest textilen Materials mit Auflagen von Bastfasern aus den Fragmenten mit der Fundnummer BW 2007-10-274-100
Foto: rem

Organisches aus dem Barockhaus B 4, 13

Abb. 3a
Gewebefragmente BW
2007-10-274-100 sind in
Gaze eingenäht, um sie
im Wasser bewegen zu
können.
Foto: rem

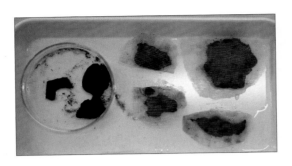

im Ultraschallbad gereinigt. Das Gewebe wurde in einem Bad aus entmineralisiertem Wasser der mechanischen Erschütterung des Ultraschalls ausgesetzt. Diese Behandlung erzielte jedoch keinen weiteren Erfolg und schädigte die Faser mehr, als dass die Verschmutzung sich löste. Auf eine solche Behandlung der weiteren Fragmente wurde daher verzichtet. Zur Stabilisierung wurden die fragilsten Fragmente zur Lagerung in eine angepasste Schale gebettet.

4. Bewertung der Freilegungsergebnisse

Die vorgestellten Objekte boten die Erprobung einer Vielfalt an Freilegungsmethoden aus der archäologischen Restaurierung an. Der Ultraschallmeißel kam bei der Entfernung der Sandschicht des mineralisierten Fundes zum Einsatz und lieferte ein zufriedenstellendes Ergebnis, lediglich einige Einlagerungen im Gewebeverbund konnten nicht gelöst werden. Doch war die Anwendung des Meißels nur mit äußerster Vorsicht möglich und ein Substanzverlust konnte nicht immer vermieden werden. Der Fund wäre ohne die zusätzliche Sicherung mit Cyclododecan zu instabil gewesen. Generell lässt sich sagen, dass die Methode bei fragilen, textilen Funden nur mit Einschränkungen anwendbar ist, also nur mit niedriger Geschwindigkeit des Meißels.

Das Ultraschallbad brachte kein zufriedenstellendes Ergebnis bei der Freilegung. Die dem Waschen folgende Bearbeitung mit Spritzen erbrachte ein besseres Ergebnis, auch ermöglichte sie eine bessere Kontrolle der Funde, da sie punktuell ansetzt.

5. Untersuchungsergebnisse

Mit Hilfe der Analysen sollen Erkenntnisse über die ehemalige Funktion der Textilien im Kontext der Fundstelle gewonnen werden. Der Schwerpunkt lag auf der Erfassung des Zustandes und des stratigraphischen Aufbaus sowie auf den verwendeten Materialien und deren Herstellungsweise. Die Reste von eventuell anhaftendem organischen Material sowie die Beschaffenheit der korrodierten Gewebe wurden daraufhin untersucht. Zur mikroskopischen Untersuchung wurden das Stereoauflichtmikroskop, das Durchlichtmikroskop (Vergrößerungsbereiche fünf bis fünfhundertfach) und das Videomikroskop mit fünfzigfacher Vergrößerung zu Hilfe genommen.

Die material- und herstellungstechnischen Analysen der mineralisierten Funde werden anhand eines Beispieles erläutert, es kann davon ausgegangen werden, dass es sich bei den anderen Funden um eine ähnliche Verarbeitung handelt, da Struktur und Abbauprodukte der Korrosion ein ähnliches Erscheinungsbild aufweisen wie die übrigen Funde.

5.1 Material- und herstellungstechnische Analyse von Fund BW 2007-10-239-121

Auf dem mineralisierten Gewebe befanden sich Bastfasern, deren Funktion nicht eindeutig geklärt werden konnte. Es kann vermutet werden, dass sie eine aufpolsternde Funktion hatten. Eine regelmäßige Anordnung ließ sich nicht feststellen, allerdings fanden sich die Bastfasern gehäuft als Anhaftung an den mineralisierten Funden, so dass eine zufällige Situation ausgeschlossen werden kann. Um die darunter liegenden Gewebeschichten besser analysieren zu können, wurden diese wie in Kapitel 3.1 beschrieben separiert.

Mit Hilfe der mikroskopischen Untersuchungen konnte festgestellt werden, dass es sich bei den Geweben um eine Panamabindung mit Schusseffekt handelt (Abb. 4 und 5). Ein Fadensystem besteht aus Lahnen, die um eine textile Seele in S-Richtung gewickelt sind. Das zweite Fadensystem weist rein textile Fäden auf. Eine Analyse der Dichte war wegen der überwuchernden Korrosion nicht mehr möglich. Auch die Analyse des verwendeten Seelenfadens ist wegen des weit fortgeschrittenen Grads der Zersetzung erschwert.

Die Art der Korrosion der Metalllahne spricht für die Verwendung von Kupfer bei ihrer Herstellung. Es könnte sich um Messing handeln, eine Legierung aus Kupfer und Zink, oder um versilberte, silbervergoldete oder verzinkte Kupferdrähte[10], die gehäm-

Annaick Keruzec

mert und in Streifen geschnitten und so in textilen Arbeiten, wie Borten, weiterverarbeitet wurden.

Die Betonung beziehungsweise der Effekt der Bindung liegt auf dem Metalllahn. Wegen der starken Zersetzung konnte eine Musterung der Borten durch zusätzliche Effekte wie Fadenflottierungen nicht mehr festgestellt werden. Die regelmäßigen Wiederholungen der Panamabindung treten allerdings gehäuft auf und weisen keine Andeutungen einer Unregelmäßigkeit auf, die ein Hinweis auf eine Flottierung des Fadens sein könnte.

Auf der Rückseite haften drei Lederfragmente. Die Identifizierung der Lederart ist wegen des Erhaltungszustandes erschwert. Die Oberfläche ist teilweise schon stark zersetzt, partiell weist sie Schwundrisse auf. Die Epidermis ist an einigen Stellen abgerieben, es ließ sich punktuell allerdings ein Narbenbild erahnen, anhand dessen das Leder als Rindsleder identifiziert werden konnte.

Die Fragmente weisen Nahtlöcher auf, auf Grund der Form und Größe könnte vermutet werden, dass es sich um Lederpaspeln oder Nahtabschlüsse gehandelt haben könnte, welche an die Borte oder das darunter liegende Textil angebracht waren und somit einen Abschluss gebildet haben. Nach der Freilegung wurde ein weiteres organisches Gewebe auf der Rückseite sichtbar. Es lassen sich kaum

Bindungspunkte ausfindig machen, dennoch weist es eine geordnete Struktur auf. Punktuell gewinnt man den Eindruck, dass sich Kreuzungspunkte ergeben, aus denen sich eine abgewandelte Leinwandbindung mit Karomuster herleiten lassen könnte. Die Anhaltspunkte für eine zeichnerische Rekonstruktion sind allerdings zu gering, so dass diese These nur auf Vermutungen basiert.

5. 2 Material- und herstellungstechnische Analyse von Fund BW 2007-10-239-120

Einer der Funde erwies sich als eine Stickerei. Das Motiv zeigt das Fragment eines Granatapfels. Er ist auf naturfarbenem, leinwandbindigen Grund in Flachstich gestickt und mit einem Metalllahn konturiert (Abb. 6 und 7).

Die Analyse ergab folgende Daten:

Technik: Flachstich auf Leinwandgrund, konturiert mit Metalllahn

Stickgrund: Leinwandbindung

Kette: Seide, naturfarben, s

Dichte: 62 F/cm (gemessen an 0,5 cm)

Schuss: Seide, naturfarben, STA

Dichte: 44 F/cm (gemessen an 0,5 cm)

Stickfaden: Seide, naturfarben, z/S

Metalllahn: Seidenseele, naturfarben, z/S, umwickelt mit Lahn in Z- Drehung

Anlegefaden: Seide, naturfarben, STA

5.3 Material- und herstellungstechnische Analyse von Fund BW 2007-10-274-100

Die Rückstände der Erdschicht, welche die Gewebe umgeben haben, sind tief in die Fasern eingedrungen und haben diese stark beansprucht, sie sind ausgetrocknet und spröde. An einigen Stellen wirkt die Oberfläche verfilzt. Die Lesbarkeit der Bindung ist dadurch erschwert, partiell lässt sich noch eine Köperbindung feststellen (Abb. 8 und 9). Auf Grund der abgebauten Faser und der wenig erhaltenen Kreuzungspunkte sind die Analyse der Dichte und eine exakte Bestimmung der Bindung nicht mehr möglich. Partiell kann ein Z-Grat vermutet werden, dies lässt sich aber nicht durch weitere Bindungspunkte verifizieren. Mit Hilfe der mikroskopischen Faseranalyse konnte eine stark abgebaute Wollfaser identifiziert werden.

Die Analyse ergab folgende Daten:

Technik: Köper mit Z-Grat?

Abb. 4
Das mineralisierte Gewebe BW 2007 20-239-121 im Detail
Foto: rem

Abb. 5
Umzeichnung der Gewebebindung der Metallborte
Blau: die Metalllahne
Zeichnung: Annaick Keruzec

Organisches aus dem Barockhaus B 4, 13

Abb. 6
Die Stickerei BW 2007-10-239-120
Foto: rem

Abb. 7
Metallahn in der Stickerei
BW 2007-10-239-120
Foto: rem

1. Fadensystem:
Material: Wolle?, rotbraun, STA
Dichte: nicht mehr feststellbar
2. Fadensystem:
Material: Wolle?, rotbraun, STA
Dichte: nicht mehr feststellbar

Abb. 8 (rechts)
Detail des Gewebes mit Köperbindung
BW 2007-10-274-100
Foto: rem

Abb. 9 (links)
Schematische Zeichnung eines Köpergewebes

5.4 Weiterführende Untersuchungsergebnisse BW 2007-10-239-110

In diesem Kapitel werden jene Funde aus der Grabung kurz aufgeführt, deren Analyse weitere Hinweise auf die Fundsituation sowie auf Material und Herstellungsweise lieferten.

Der Fund liegt in mehreren Lagen vor, er zeigt an einer Seite einen Querschnitt durch die textile Fläche. Die Lagen sind nicht mehr zu trennen, so dass die textile Fläche nicht einsehbar ist. Reste von korrodierten Lahnen sind zu erkennen. Die Lahne werden von einer weiteren Schicht einer textilen Fläche getrennt. Die Anzahl oder Reihenfolge ist auf Grund der stark fortgeschrittenen Zersetzung der textilen Fläche nicht mehr erkennbar (Abb. 10 und 11). Auf dem Fund befinden sich kleine Insekteneier. Sie sind rosafarben und weisen kleine Härchen auf (Abb. 12). Anhand der vorhandenen Bestimmungsliteratur[10a] konnte keine Bestimmung des Insektes vorgenommen werden.

6. Lederfragmente aus der Grabung B 4, 13

Die Lederfunde, die aus der gleichen Grabung wie auch die mineralisierten Fragmente stammen, erweisen sich durch Form und Nahtlöcher als Reste von Sohlen und deren Oberleder. Anhand des charakteristischen Narbenbildes konnte Rindsleder identifiziert werden.

Die Nahtlöcher sind erkennbar, Reste von Nähfäden konnten jedoch nicht mehr gefunden werden. Aufgrund der geringen Größe der Fragmente konnte anhand der Abnutzungsspuren eine Zuordnung zu „rechtem" oder „linkem" Fuß nicht mehr vorgenommen werden. Einige der Lederreste sind in langen Streifen erhalten, sie wirken wie Reste, die bei Zuschnitten in der Schuhherstellung oder bei Reparatur entstehen.

6.1 BW 2007-10-173-110

Der Fund besteht aus Resten von Schuhsohlen und mehreren in Streifen erhaltenen Resten (Abb. 13 und 14).

Im Laufe der feucht gehaltenen Lagerung in PE-Tüten konnte mikrobieller Befall festgestellt werden. Die Lederfragmente wurden zur Desinfektion in ein Ethanol/Wasserbad 70:30 gegeben. Eine Desinfektion mit reinem Ethanol wäre unwirksam, da dieser ohne Zugabe von Wasser nicht ins Zellinnere dringen kann.[11] Nach der Behandlung wurden die Funde in dem Bad langsam und kontrolliert getrocknet.

6.2 BW 2007-10-173-109/110

Der Fund besteht aus Lederresten, anhand der Form oder der Nahtlöcher lassen sie sich nur schwer

Annaick Keruzec

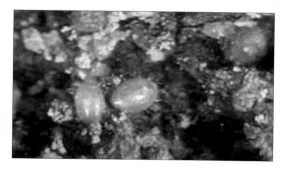

einer ehemaligen Funktion zuordnen. Zwei der Funde lassen Nahtlöcher erkennen, was auf auf ihre Zugehörigkeit zu einer einstigen Schuhsohle schließen läßt (Abb. 15 und 16). Des Weiteren befinden sich ebenfalls fragmentarisch erhaltene Reste in dem Fundkomplex, deren ehemalige Funktion nicht mehr hergeleitet werden kann.

7. Verpackung

Um die fragilsten Funde zu stabilisieren, werden Unterkonstruktionen angefertigt, die sich der Form der einzelnen Funde anpassen. Um die Formen abzunehmen, ohne die Fragmente zu schädigen, werden sie mit Laborfolie[12] geschützt. Zur Abformung der Funde wird säurefreies Papierklebeband befeuchtet und aufgelegt.

Nachdem die Form getrocknet ist, wird von der Gegenseite ebenfalls das Papierklebeband angebracht. Um zu erkennen, ob eventuell noch Stellen aufzupolstern oder nachzubessern sind, sollte das Fragment probehalber auf die Form gesetzt werden. Wenn die endgültige Form hergestellt ist, wird sie kaschiert. In diesem Fall wird mit Methocel 5% feines Japanpapier auf die Oberseite geklebt.

Die Funde werden in Materialgruppen eingeteilt. Die Bastfasern und alle weiteren Reste der Freilegung werden in PE-Tüten verpackt. Aus säurefreiem Karton werden einzelne Tabletts mit Unterteilungen angefertigt, diese werden in einem ebenfalls säurefreien Karton aufbewahrt. Für die Tabletts wird die Grundform gemessen und mit Zugaben für Umbug und Laschen zugeschnitten. Jeweils eine Seite des Tabletts sitzt passgenau an dem äußeren Karton, diese Seite besteht aus einem einfachen Umbug. Die andere Seite wird mit 2 cm Platz zugeschnitten. Die Kartons werden jeweils versetzt auf einander gelegt, so dass eine mögliche Sogwirkung vermieden wird. Diese Seite weist einen doppelten Umbug auf. Für die Herausnahme der Tablage wird an der verstärkten Seite ein Band durchgeführt.

8. Kontext und Funktion der Funde

Eine zusammenhängende Funktion der einzelnen Bestandteile der Fundkomplexe konnte nicht eindeutig hergeleitet werden. Die Zusammensetzung des Fundmaterials deutet darauf hin, dass die Borten mit einer textilen Zwischenlage auf Leder appliziert waren.

Abb. 10
Detail des Querschnittes von BW 2007-10-239-110 (Fadenstärke ca. 1 mm)
Foto: rem

Abb. 11
Detail der Gewebelagen von BW 2007-10-239-110
Foto: rem

Abb. 12
Insekteneier auf dem Fragment von BW 2007-10-239-110
Foto: rem

Abb. 13
Lederfragment BW 2007-10-173-109 aus dem Haus B 4, 13
Foto: rem

Organisches aus dem Barockhaus B 4, 13

Abb. 14
Lederfragment BW 2007-
10-174-111 aus dem Haus
B 4, 13
Foto: rem

Abb. 15
Lederfragment BW 2007-
10-173-109 aus dem Haus
B 4, 13
Foto: rem

Abb. 16
Lederfragment BW 2007-
10-173-110 aus dem Haus
B 4, 13
Foto: rem

Das Fragment BW 2007-10-239-121 wies anhaftende Lederreste auf der Rückseite des mineralisierten Gewebes auf. Bei den Lederfunden könnte es sich um Paspeln handeln, welche als Rahmung angebracht worden waren. Die Qualität des darunter liegenden Gewebes deutet auf keine besonders hochwertige Beschaffenheit hin. Es könnte ebenso wie die Bastfasern eine aufpolsternde Funktion gehabt haben. Diese These wird gestärkt durch die zahlreich erhaltenen Lederreste, unter denen sowohl Fragmente von Sohlen als auch von Oberleder sind.

Die Fülle und die Zuschnitte der Lederfunde erlauben die Vermutung, dass sie Teile von Schuhen gewesen sein könnten.

Gegen Ende des 17. Jahrhundert wurde in Europa der Absatz und auch die bis heute verbindliche Schuhgrundform in die höfische Schuhmode eingeführt.[13] Unter den Lederfunden aus B 4, 13 ist die Sohlenform nur noch fragmentarisch erhalten, die erkennbaren verrundeten Spitzen deuten aber auf eine Datierung nicht vor dem 18. Jahrhundert hin. Die Besätze aus Metallspitze oder Metallborte konnten sich, über die ganze Frontpartie genäht, im Bereich von der Spitze bis zur Lasche befunden haben. Solche Art von Schuhen waren besonders aufwendig und kostbar und daher eher im höfischen Gebrauch zu finden.[14] Das Gebäude in B 4,13 befindet sich zwar in direkter Schlossnähe, Beschaffenheit und Verarbeitung der schlichten Metallborten deuten aber eher darauf hin, dass die Ausführung der Schuhe, zu denen die Funde gehören, nicht ganz so kostbar gewesen ist. Also könnte vermutet werden, dass sie zwar etwas weniger aufwendig, aber nach dem Vorbild der höfischen Schuhmode verarbeitet gewesen sind. Das abgebildete Vergleichsstück (Abb. 17) ergibt also allenfalls einen Anhaltspunkt für die ehemalige Position der Borte auf dem Schuh.

Die Fragmente des Köpergewebes BW 2007-10-274-100 sind stark zersetzt. Ihre Schnittform weist teilweise Ähnlichkeiten zu den Schuhsohlenfragmenten auf. Ob ihnen eine Funktion als wärmende oder polsternde Schuhsohle zugeschrieben werden kann, lässt sich allerdings nicht eindeutig klären, da Reste von Nahtspuren oder Löchern nicht mehr erkennbar sind. Die Wolle ist durch die Bodenlagerung oder eventuellen Gebrauch größtenteils verfilzt und hat Struktur und Form verloren.

Ebenso unklar bleibt die Funktion des gestickten Granatapfels BW 2007-10-239-120. Ein Zusammenhang zu den übrigen Funden kann nicht hergeleitet werden. Zwar findet sich das Motiv des Granatapfels in der Textilherstellung schon in der Mode des 12. Jahrhunderts, jedoch sind die Motive dort weitläufiger und wesentlich größer.[15] Die Stickerei könnte als eines von mehreren kleinteiligen Motiven oder als ornamentale Zutat an einer textilen Arbeit, eventuell sogar Schuhen, appliziert gewesen sein. Ein Vergleichsstück ähnlicher Art – appliziert an ein Gewebe – konnte allerdings nicht

Annaick Keruzec

gefunden werden. Die herangezogenen Vergleichs-stücke sind vor allem im liturgischen Kontext anzu-siedeln und wurden nicht appliziert, sondern allen-falls in Anlegetechnik verarbeitet.

9. Konservatorische Hinweise

Insgesamt umfasst der Fund eine ganze Band-breite an Materialien. Die Bearbeitung wurde an den aussagekräftigsten Stücken vorgenommen, die Ergebnisse lassen sich aber auf den gesamten Fundkomplex übertragen. Für weitere Analysen wird die originale Schichtung bei dem Großteil der Funde belassen. Aus dem gleichen Grund wird auch auf festigende Maßnahmen verzichtet, so dass wei-terführende Untersuchungen im Hinblick auf die Funktion der Funde vorgenommen werden können.

Die Fragmente werden wie oben beschrieben verpackt und sollten künftig so wenig wie möglich

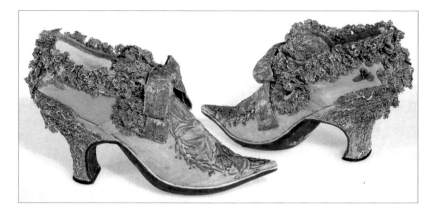

Erschütterungen ausgesetzt sein. Sie sollten bei kon-stantem Klima gelagert werden. Optimal wäre es, wenn die Temperatur 18°C nicht überschreitet. Die relative Luftfeuchtigkeit sollte zwischen 50 und 60 % liegen, auf keinen Fall höher.

Abb. 17
Damenschuhe
1730
Diese Schuhe sind ein Vergleichsbeispiel für die ähnliche Verarbeitung von Metallborten.
Foto: Bayerisches Nationalmuseum München, Marianne Stöckmann

* Die Zeichenfolge der Fundnummern beinhaltet folgende Elemente: BW steht für das Land Baden-Württemberg, 2007 für das Jahr der Grabung, 10 für die zehnte Grabung in diesem Jahr, 239 für den Befund und die Zahl am Schluss für das eigentliche Fundobjekt. Zur Grabung in B 4, 13 siehe auch: K. Wirth: Archäologie und Bauforschung in Mannheim B 4, 13, in: Mannheimer Geschichtsblätter - remmagazin 19/2010, Ubstadt-Weiher 2010, S. 152-154; F. Teutsch: B 4, 13: Der einzigartige Bauzeuge der „kleinen Leute" seit der Barock-zeit, in: Mannheimer Geschichtsblätter - remmagazin 20/2010, Ubstadt-Weiher 2010, S. 87-93 und D. Dietsche-Pappel: B 4, 13: Bauauf-nahme – Spiegel des „Lifestyles" einer kleinen Welt über fast drei Jahrhunderte, in: Mannheimer Geschichtsblätter 21/2011, Ubstadt-Weiher 2011, S. 81-98.

1   C. Gillis, M.-L. B. Nosch: First Aid for the Excavation of archaeological Textiles, Oakville 2007, S. 7.

2   S. Mitschke (Hrsg.): Zur Erfassung und Auswertung archäologischer Textilien an korrodiertem Metall, Vorgeschichtliches Seminar der Phillips-Universität Marburg, Marburg 2001, S. 30.

3   A. Fischer: Reste von organischen Materialien an Bodenfunden aus Metall – Identifizierung und Erhaltung für die archäologische Forschung. Diplomarbeit am Institut für Technologie der Malerei an der staatlichen Akademie der Bildenden Künste, Stuttgart 1994, S. 8.

4   H. Farke: Archäologische Fasern, Geflechte, Gewebe. Bestimmung und Konservierung, Weimar 1986, S. 67.

5   Gillis, Nosch, wie Anm. 1, S. 13.

6   R. D. Bleck et. al.: Korrosion und Konservierung von Kunst und Kulturgut aus Metall I., Weimar 1990, S. 30.

7   Farke, wie Anm. 4, S. 61.

8   Als Tensid wird Hostapon T (1 g pro L) bei ca. 30°C verwendet.

9   Farke, wie Anm. 4, S. 62.

10 B. Rawitzer: Leonische Drähte und Gespinste. Studien zu einem Spezialgewerbe in Mittelfranken anhand der Archive des 19. Jahrhunderts, Würzburg 1988, S.13.

10a Deutsche Gesellschaft für Schädlingsbekämpfung (Hrsg.): Handbuch der wichtigsten Vorratsschädlinge, Frankfurt o. J.

11 Meier/Petersen: C. Meier, K. Petersen: Schimmelpilze auf Papier. Ein Handbuch für Restauratoren, Tönning 2006.

12 Benutzt wurde Parafilm „M" Laboratory Film.

13 U. Strate: Mal rechts, mal links – Schuhmoden zwischen dem 17. und 19. Jahrhundert, in: H. Roder (Hrsg.): Schuhtick. Von kalten Füßen und heißen Sohlen, Mainz 2008, S.75.

14 Ebenda S. 76.

15 Klein 1950: R. Klein: Lexikon der Mode, Baden-Baden 1950, S. 152.

Ein Alchemistenlabor in B 4, 13?

1. Einleitung

Nach dem Abriss eines Barockhauses in B 4, 13 in der Mannheimer Innenstadt war bei den Ausgrabungen auf dem Grundstück in einer Latrine neben zahlreichen anderen Objekten auch eine fast vollständig erhaltene schwarzgebrannte Keramikschale (Inv. Nr. BW 2007-10-239-131) gefunden worden, die Brandspuren und im Inneren eine dunkelgraue schlackeartige Schicht aufweist (Abb.1).[1] Beides legt die Vermutung nahe, dass es sich bei dieser Schale um technische Keramik handelt, die mit innerstädtischen metallurgischen Aktivitäten in Verbindung gestanden haben könnte, weshalb die Schale zur Untersuchung an das Curt-Engelhorn-Zentrum Archäometrie gegeben wurde.

Tatsächlich weist die Schale rein äußerlich schon Merkmale auf, die für das kundige Auge auf ihren ehemaligen Verwendungszweck hindeuten. Sie ist nur 2,8 cm hoch, besitzt aber einen Durchmesser von 12,3 cm. Die Außenseite weist Drehspuren auf und die Innenseite ist dort, wo keine Schlacke anhaftet, gut erkennbar verglast. Bereits die rela-

tiv typische Form der Schale und das für blei- oder speisehaltige Schlacke charakteristische Aussehen des Füllmaterials deuten in erster Linie auf einen Zusammenhang mit der Silbermetallurgie hin. Dies lässt sich jedoch allein auf der Grundlage dieser makroskopischen Beobachtungen nicht beweisen, zumal auch der tatsächliche Prozess und die genaue Funktion der Schale völlig unklar bleiben. Geht man davon aus, dass es sich tatsächlich um Keramik handelt, die mit der Silbermetallurgie in Verbindung steht, so spricht der innerstädtische Fundort – sofern es sich nicht um sekundär verlagertes Fundgut handelt – weniger für die Silberproduktion, als vielmehr für das Recycling von silberhaltigen Legierungen oder eben für das so genannte „Probieren" auf silberhaltige Substanzen (Erze, Schlacken, Legierungen etc.).[2] Wiederum durch den innerstädtischen Kontext wäre die Wiedergewinnung von Silber aus „minderwertigeren" Legierungen mit Kupfer, wie Münzen, als am wahrscheinlichsten anzunehmen. Im Kontext der nahen erzreichen Mittelgebirge des südlichen Odenwaldes, des nördlichen Schwarzwaldes oder des Pfälzer Waldes ist das „Probieren" auf Erz jedoch ebenso möglich.[3]

2. Materialien und Methoden

Ein effektives und aussagekräftiges analytisches Verfahren, um technische Keramik und Inhalt gleichzeitig untersuchen zu können, ist die Untersuchung mit dem Rasterelektronenmikroskop (REM).[4] Diese Methode gestattet eine hochortsaufgelöste optische Untersuchung mit einer ebenso hochortsaufgelösten Elementanalyse durch einen angeschlossenen energiedispersiven Röntgenspektrometer (EDX). Die Präparate müssen dafür jedoch elektrisch leitfähig sein, wofür bei Isolatoren wie Keramik in der Regel eine dünne Kohlenstoffschicht aufgebracht werden muss. Da Keramik und vor allem Tiegel häufig mit Graphit gemagert sind oder ganz aus Graphit oder Asche bestehen können, unterliegt dieses Verfahren einer klaren Beschränkung.[5] Eine Alternative bieten jedoch so genannte Niedervakuumsysteme, die es gestatten,

Abb. 1
Schwarze Keramikschale aus B 4, 13 im Fundzustand. Die Probe für die Untersuchung wurde anschließend aus dem bereits bestehenden Bruch entnommen.
Foto: rem, S. Mitschke

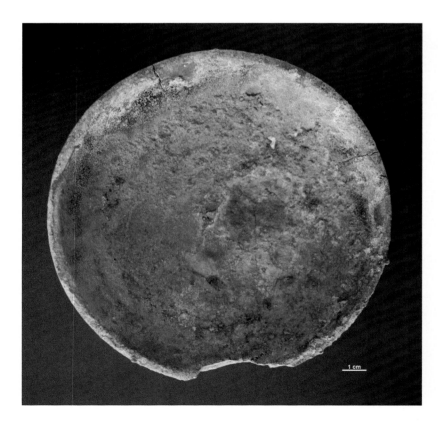

Roland Schwab

auch Isolatoren ohne jede Bedampfung zu untersuchen, indem die Aufladung der Proben durch den individuellen Partialdruck in der Kammer kompensiert werden kann. Auch diese Verfahren unterliegen gewissen Einschränkungen, deren Komplexität zu diskutieren den Rahmen des Beitrages sprengen würde, weshalb auf die jeweilige Fachliteratur verwiesen werden muss.[6] Die Bruchkante des Scherbens wurde deshalb im Auflichtmikroskop und im Niedervakuum ohne jede Präparation untersucht, während eine weitere Probe materialographisch präpariert im Hochvakuum untersucht wurde.

Um die mit den beschriebenen materialkundlichen Untersuchungen gewonnenen Erkenntnisse bezüglich der möglichen Herkunft der beteiligten Stoffe zu erweitern, muss auf Methoden der Geochemie beziehungsweise Geochronologie zugegriffen werden. Die Isotopenverschiebung des Bleis durch den radioaktiven Zerfall von Uran und Thorium ist ein seit den sechziger Jahren des 20. Jahrhunderts wichtiges Verfahren zur geologischen Datierung und auch zur Herkunftsbestimmung in der Archäometrie.[7] Die Verhältnisse der stabilen Isotope des Bleis der Schlacke aus der Schale und einer Erzprobe aus dem Odenwald (siehe unten) wurden mit einem Multikollektor-Massenspektrometer mit induktiv gekoppelter Plasmaionisation (MC-ICP-MS) bestimmt.[8]

3. Ergebnisse

Die Keramik ist beidseitig schwarz oxidiert, hellgrau im Bruch, mit Quarz gemagert und vollständig verglast (Abb. 2). Asche oder andere kohlenstoffhaltige Magerung konnte nicht nachgewiesen werden. Probiergefäße müssen feuerbeständig sein, das heißt der Scherben darf weder zerspringen, sich aufblähen noch gar schmelzen. Dies hängt in erster Linie von der Zusammensetzung des Tons, also dem Verhältnis von Aluminium / Silizium und den Gehalten an Schmelzpunkt erniedrigenden Beimischungen ab. Eine einfache erste Abschätzung der Temperaturbeständigkeit des Tons erhält man, indem man die betreffenden Komponenten in das ternäre System SiO_2, Al_2O_3 und FeO projiziert, wobei die Flussmittelkomponente durch die anderen Oxide erweitert wird.[9] Für die genauere Bestimmung der Brenntemperaturen ist eine Kombination unterschiedlicher Verfahren notwendig, deren

Anwendung sich jedoch im Rahmen der Fragestellung erübrigt.[10]

Auf Grund der chemischen Zusammensetzung kann man bereits aus den ersten Untersuchungen erschließen, dass es sich bei der Schale um feuerfeste technische Keramik für die Metallverarbeitung handelt (Tab. 1). Hauptbestandteil der anhaftenden Schlacke ist Blei. Blei kommt als Bleiantimonat mit variierenden Blei-Antimon Verhältnissen, als Bleioxid und als metallisches Blei vor (Abb. 3-5). Silber liegt metallisch ausgeschieden meist zwischen den metallischen Bleitropfen vor (Abb. 4). Kupfer tritt metallisch als winzige Tropfen, vorwiegend jedoch als Oxid, meist verwachsen mit Bleioxid, auf. Durch die Reaktion mit der aggressiven Bleischlacke hat das Tiegelmaterial begonnen, sich aufzulösen und es haben sich Calcium-Blei-Silikate und verschiedene Minerale der Melilith-Gruppe gebildet (Abb. 5).

In den Probierbüchern der frühen Neuzeit bis in das Industriezeitalter werden die unterschiedlichen Probierscherben in Herstellung, Form und Verwendung sehr detailliert beschrieben.[11] Auf Grund der Form der Schale und der darin befindlichen Reste ist der Scherben aus B 4 ziemlich eindeutig mit der Probierkunde, der so genannten Dokimasie, und zwar mit einer so genannten „Trockenen" Methode, in Verbindung zu bringen.[12] Hier wiederum kommen grundsätzlich drei Stufen der Probierkunde in Frage: das Rösten, das Ansieden und das Abtreiben.

Abb. 2
In der Bruchkante treten die Quarzkörner der Magerung deutlich hervor. Die Tonmatrix ist verglast (Rasterelektronenmikroskopische Aufnahme-SE).
Bild: R. Schwab

Ein Alchemistenlabor in B 4,13?

Probe	Na₂O	MgO	Al₂O₃	SiO₂	P₂O₅	SO₂	K₂O	CaO	TiO₂	MnO	FeO	Cu₂O	ZnO	As₂O₃	Ag	Sb₂O₃	PbO
Keramik	0,6	0,9	25	63	0,3	0,4	3,7	1,5	0,5	0,1	1,5	<0,1	<0,1	<0,1	<0,3	<0,3	0,2
Schlacke	2,7	1,0	7,9	17	0,4	<0,1	3,4	4,8	<0,1	<0,1	0,3	0,3	0,1	1,4	0,4	14	44

Tabelle 1
Zusammensetzung der Keramik und der Schlacke (Pr.-Nr.: MA-102591); EDX-Mittelwerte sind als gängige Oxide umgerechnet; alle Angaben in Masseprozent.

Abb. 3
Im Rückstreuelektronenbild (Rasterelektronenmikroskopische Aufnahme-RE) erscheinen die Silikate mit dem geringsten Rückstreukoeffizienten schwarz, metallisches Blei dagegen weiß. Dazwischen in den unterschiedlichen Grautönen die nadeligen Bleioxidtafeln, metallisches Silber und Blei-Antimonat.
Bild: R. Schwab

Abb. 4
Im quantitativen Elementverteilungsbild sind die detektierten Elemente je nach Intensität der Röntgenimpulse mit Falschfarben kodiert und gemischt: ein Metalltropfen aus Blei, Silber und Kupfer zwischen Bleioxid und eingelagertem Blei-Antimonat und Melilithkristallen
Bild: R. Schwab

Abb. 5
Reaktionsbereich zwischen Schlacke und Tiegelmaterial mit sich zersetztem Feldspat und verschiedenen Silikatneubildungen (Rasterelektronenmikroskopische Aufnahme-RE)
Bild: R. Schwab

Das Rösten wurde angewandt, um flüchtige Verunreinigungen wie Schwefel, Arsen, Antimon oder Zink teilweise unter Zusatz von zersetzenden Reagenzien wie Ammoniak oder Kochsalz abzudampfen.[13] Beim Eintränken oder Ansieden wird das Probiergut je nach Güte mit einer mehrfachen Menge an Blei aufgeschmolzen. Das so genannte Verbleien dient dazu, das Silber aus seinen bestehenden Verbindungen zu lösen und im metallischen Blei anzureichern, so dass ein silberreicher Bleikönig entsteht, während alle übrigen Bestandteile in einer bleireichen Schlacke gebunden werden.[14] Für das Abtreiben, das für den gesamten Prozess namengebende Kupellieren, werden Gefäße mit dem Hauptbestandteil Knochenmehl oder Asche, die so genannten Kapellen verwendet.[15] In ihnen wird der Bleikönig oxidierend erschmolzen, das entstandene Bleioxid (Glätte) wird von der porösen Kapelle aufgesogen, bis das metallische Silber zurückbleibt.

Das Entfernen der flüchtigen Elemente kann in den meisten Fällen durch das reine Ansieden erreicht werden, und da für das Rösten kein Verbleien notwendig ist, scheidet dieses Verfahren aus. Da sich als eine der Hauptkomponenten Bleiantimonat sowie noch etwas Arsen in der Schlacke befinden, kommt eigentlich nur Ansieden in Frage, weil diese Elemente in der beim Abtreiben entstehenden Bleiglätte nicht mehr enthalten sein sollten. Antimon und Arsen deuten zudem auf das Probieren von polymetallischem Erz, so genanntes Fahlerz oder Speise hin. Damit sollten die Funktion der Schale und der metallurgische Prozess, mit dem sie in Zusammenhang steht, weitgehend geklärt sein. Es stellt sich nun allerdings die Frage, welche Erze probiert worden sein könnten. Wie bereits erwähnt kommen als Herkunft dafür in erster Linie die drei nahegelegenen Mittelgebirge, Pfälzer-, Oden- und Schwarzwald, eventuell auch der Hunsrück in Frage. Durch die territorialstaatliche Feingliederung Ende des 18. Jahrhunderts ergaben sich aber vermutlich politische Verbindlichkeiten, die den Vorteilen der geographischen Lage widersprachen. Für die aus

den politisch gegebenen Voraussetzungen möglichen Herkunftsquellen kann nur die klassisch historische Forschung die weiteren Anhaltspunkte liefern, was jedoch außerhalb der Möglichkeiten dieser Untersuchung ist. Es deutet sich aber zum Beispiel aus Rechnungen und Briefen des Blei- und

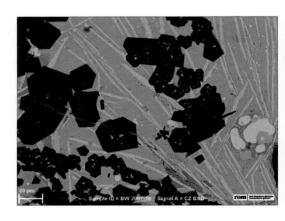

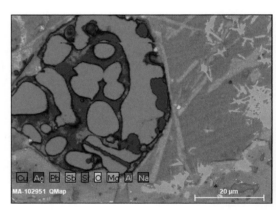

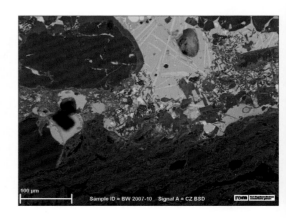

Roland Schwab

Pr.-Nr.	Probe	$^{208}Pb/^{206}Pb$	$^{207}Pb/^{206}Pb$	$^{206}Pb/^{204}Pb$
MA-102592	Bleischlacke	2,0927	0,85629	18,236
MA-110288	Pb-Ag-Erz	2,0767	0,83657	18,702

Tabelle 2
Bleiisotopenverhält-
nisse der Schlacke und
des Bleierzes aus dem
Bergwerk „Marie in der
Kohlbach" im Odenwald

Silberbergwerks „Marie in der Kohlbach" im Odenwald an, dass Erze von dort in Mannheim probiert
worden sein könnten.[16] Wie oben angeführt, ist die
Bestimmung der Verhältnisse der stabilen Isotope
des Bleis ein in der Archäometrie häufig genutztes
Verfahren zur Herkunftsbestimmung. Das Verfahren ist im vorliegenden Fall deutlich limitiert, da
mindestens zwei Bleikomponenten beteiligt sind,
das Probierblei und das Erzblei, wovon das Erzblei
den deutlich geringeren Anteil ausmacht. Je nach
Zusammensetzung des Probiergutes, in unserem
Fall des Erzes, ist nämlich die vier bis zwanzigfache
Menge an Probierblei erforderlich.[17] Was wiederum bedeutet, dass zum Beispiel bei einem reinem
Bleierz theoretisch eine Mischung der beiden Bleikomponenten entstehen sollte, während bei einem
silberarmen Fahlerz nur noch die Signatur des Pro-
bierbleis erhalten bleibt, weil ersteres den geringsten, letzteres den größten Bleizuschlag erfordert.
Das Erz (Tab. 2) aus dem Blei- und Silberbergwerk
„Marie in der Kohlbach" ist bleiarm mit einem
Durchschnittsgehalt von 0,3 % Blei.[18] Es entspricht
weder chemisch noch isotopisch der Schlacke in der
Schale. Die beste Entsprechung der Isotopenver-
hältnisse der Schlacke findet sich am Rammelsberg
im Harz und bei den Bleierzen des Hunsrücks, die
sich isotopisch nicht voneinander trennen lassen.[19]
Keine Übereinstimmung ergeben hingegen die
britannischen und spanischen Bleierze. Man darf
schließlich nicht vergessen, dass Großbritannien
Ende des 18. Jahrhunderts der größte Bleiexporteur
Europas war und Spanien auf dem Weg, der zweit-
größte zu werden.[20]

4. Zusammenfassung

Bei der Schale aus dem Haus B 4, 13 handelt es
sich um einen so genannten Ansiedescherben der
metallurgischen Probierkunde. Die Schale belegt
einen Zwischenschritt des Probierens, um letztendlich den Silbergehalt eines Erzes und damit die
Abbauwürdigkeit quantitativ bestimmen zu können. Auf der Grundlage der chemischen Zusammensetzung der in der Schale befindlichen Schlacke lässt sich auf das Probieren von silberhaltigen
Fahlerzen schließen. Welches Erz probiert wurde,
kann nicht bestimmt werden, weil das zugesetzte
Probierblei die isotopische Signatur des Erzes über-
prägt hat. Als Probierblei kommt sowohl Blei vom
Rammelsberg im Harz als auch aus dem Hunsrück
in Frage. In wieweit der Rammelsberg im 18. Jahrhundert noch Potential als überregionaler Bleilie-
ferant hatte, ist fraglich.[21] Das Kurfürstentum Pfalz
reichte jedoch territorial bis in den Hunsrück. Es
gibt also eine hohe Wahrscheinlichkeit, dass man
Blei von dort bezogen hatte.

Es bleibt letztendlich noch die Frage, wie die
Schale in die Latrine des Barockhauses B 4, 13
gelangt ist. Sollte es sich tatsächlich um ein Labo-
ratorium gehandelt haben, so sollten sich nach der
Restaurierung der derzeit noch völlig zerscherbten
Keramik noch Reste von Tiegeln, Kapellen, Tuten
und den übrigen Gerätschaften, wie man sie aus
den Probierbüchern und dem archäologischen
Fundmaterial kennt, finden lassen.[22] Andererseits
ist ja auch überliefert, dass ein Münzknecht das
Haus bewohnte, so dass man durchaus auch mit
einer sekundären Verlagerung rechnen kann.[23]

1   K. Wirth: Archäologie und Bauforschung in Mannheim B 4,13, in: Mannheimer Geschichtsblätter 19, 2010, S. 152-154. Dr. Klaus With
    danke ich an dieser Stelle für seine Unterstützung.

2   Vgl. J. Bayley, K. Eckstein: Silver Refining - Production, Recycling, Assaying, in: A. Sinclair, E. Slater, J. Gowlett (Hrsg.): Archaeological
    Sciences 1995, Oxbow Monograph 64, Oxford 1997, S. 107-111.

3   Sehr gute Beispiele liefern hier die Untersuchungen von K. Eckstein, A. Hauptmann, Th. Rehren, U. Richter, W. Schwabenicky: Hoch-
    mittelalterliches Montanwesen im sächsischen Erzgebirge und seinem Vorland, in: Der Anschnitt 46 (4-5), 1994, S. 114-132; Th. Rehren:
    Die Tiegel und Schmelzschalen aus der Freiburger Innenstadt, in: L. Galioto, F. Löbbecke, M. Untermann: Das Haus "Zum roten Basler

Ein Alchemistenlabor in B 4,13?

Stab" (Salzstraße 20) in Freiburg im Breisgau, Forschungen und Berichte der Archäologie des Mittelalters in Baden-Württemberg 25, Stuttgart 2002, S. 531-538.

4   M. S. Tite, I.C. Freestone, N.D. Meeks, M. Bimson: The use of scanning electron microscopy in the technological examination of ancient ceramics, in: J. S. Olin, A.D. Franklin (Hrsg): Archaeological ceramics, Washington D.C. 1982, S. 109-120; M.S. Tite, I.C. Freestone, N.D. Meeks, P.T. Craddock: The examination of refractory ceramics from metal-production and metalworking sites, in: P. Phillips (Hrsg.): The Archaeologist and the laboratory. Council for British Archaeology Research Report 58, London 1985, S. 50-55; M.S. Tite: The impact of electron microscopy on ceramic studies, in: A.M. Pollard (Hrsg.): New developments in archaeological science, Proceedings of the British Academy 77, Oxford 1992, S. 111-131.

5   M. Martinón-Torres, Th. Rehren: Ceramic materials in fire assay practices: a case study of 16th-century laboratory equipment, in: M.I. Prudencio, M.I. Dias, J. C. Waerenborgh (Hrsg.): Understanding people through their pottery, Trabalhos de Arqueologia 42, Lisbon 2005, S. 139-149.

6   D.J. Strokes: Principles and Practice of Variable Pressure/Environmental Scanning Electron Microscopy (VP-ESEM), Chichester 2008.

7   N.H. Gale, Z. Stos-Gale: Lead isotope analyses applied to provenance studies, in: E. Ciliberto, G. Spoto (Hrsg.): Modern Analytical Methods in Art and Archaeology, Chemical Analysis 155, New York u.a. 2000, S. 503-584.

8   Meine Kollegen S. Klaus und B. Höppner haben freundlicherweise die Bleiabtrennung und die Messungen übernommen.

9   C.M. Riley: Relation of chemical properties to the bloating of clays, in: Journal of the American Ceramic Society 34(4), 1951, S. 121-128; I.A. Freestone, M.S. Tite: Refractories in the ancient and preindustrial world, in: W.D. Kingery, E. Lense (Hrsg.): High-Technology Ceramics: Past, Present, and Future, Ceramics and Civilization III, Westerville 1986, S. 35-63.

10 Tite et al., wie Anm. 4.

11 L. Ercker: Beschreibung der allervornehmsten mineralischen Erze und Bergwerksarten vom Jahre 1580, Freiberger Forschungshefte D 34, Berlin 1960; CE. Gellert: Anfangsgründe zur Probierkunst, als der zweyte Theil der praktischen metallurgischen Chimie, Leipzig 1755; B. Kerl: Metallurgische Probirkunst, Leipzig 1882.

12 Die so genannten „Nassen Proben" entsprechen den Methoden der analytischen Chemie, wobei in der Probierkunde auch kombinierte Verfahren eingesetzt wurden, vgl. Kerl, wie Anm. 11.

13 Kerl, wie Anm. 11.

14 Ercker, wie Anm. 11; Gellert, wie Anm. 11; Kerl, wie Anm. 11.

15 M. Martinón-Torres, Th. Rehren, wie Anm. 5; Ercker, wie Anm. 11; Kerl, wie Anm. 11.

16 Persönliche Mitteilung von Dr. Klaus Gründel von der Arbeitsgemeinschaft Altbergbau Odenwald, Januar 2011. Herr Dr. Gründel hat freundlicherweise auch Proben des Erzes zur Verfügung gestellt.

17 Ercker, wie Anm. 11; Kerl, wie Anm. 11.

18 Der Bleigehalt wurde nur halbquantitativ an einer einzigen Erzprobe bestimmt. Das Blei ist als Bleiglanz (PbS) heterogen im Erz verteilt und kann lokal sehr viel höhere Gehalte aufweisen.

19 Die entsprechenden Bleiisotopendaten finden sich in: S. Durali-Müller, GP. Brey, D. Wigg-Wolf, Y. Lahaye: Roman lead mining in Germany: its origin and development through time deduced from lead isotope provenance studies, in: Journal of Archaeological Science 34, 2007, S. 1555–1567; L. Krahn, A. Baumann: Lead isotope systematic of epigenic lead-zinc mineralization in the western part of the Rheinisches Schiefergebirge, Germany, in: Mineralium deposita 31, 1996, S. 225-237; H-J. Lippolt, U. Schorn, RT. Pidgeon: Genetic implications of new lead isotope measurements on Schwarzwald vein and Upper Triassic sediment galenas, in: Geologische Rundschau 72(1), 1983, S. 77-104; U. Zwicker, NH. Gale, ZA. Stos-Gale: Metallographische, analytische und technologische Untersuchungen sowie Messungen der Bleiisotopie an Otto-Adelheid-Pfennigen und Vergleichsmünzen meist aus dem 9.-11. Jahrhundert, in: G. Hatz, V. Hatz, U. Zwicker, NH. Gale (Hrsg.): Otto-Adelheid-Pfennige - Untersuchungen zu Münzen des 10./11. Jahrhunderts, Stockholm 1991, S. 59-146.

20 R. Dobado: A short economic history oft he Spanish lead 1750-1850, in: H-J. Gerhard, K.H. Kaufhold, E. Westermann (Hrsg.): Europäische Montanregion Harz, Bochum 2001, S. 155-171.

21 C. Bartels, M. Fessner, L. Klappauf, FA. Linke: Metallhütten und Verhüttungsverfahren des Goslarer Montanwesens. Entwicklung und Veränderung des Hüttenwesens vom Mittelalter bis zur Schwelle der Industrialisierung nach Schriftquellen und archäologischen Befunden, in: Gerhard et al., wie Anm. 20, S. 265-278.

22 Ercker, wie Anm. 11; Gellert, wie Anm. 11; Kerl, wie Anm. 11; Eckstein et al., wie Anm. 3; M. Martinón-Torres, Th. Rehren: Alchemy, chemistry and metallurgy in Renaissance Europe: a wider context for fire-assay remains, in: Historical Metallurgy 39(1), 2005, S. 14-28.

23 Wirth, wie Anm. 1.

Martin Schultz

Ein indianisches Lederhemd aus der Sammlung Rudolf Cronau in den Reiss-Engelhorn-Museen

Der Wilde Westen übte in der zweiten Hälfte des 19. Jahrhunderts eine große Faszination auf die Deutschen aus. Gefördert wurde dies unter anderem durch die Romane von Karl May und verschiedene Wild-West- und Indianershows, die ganz Europa bereisten. Zahlreiche Deutsche verließen ihre Heimat, um im Land der unbegrenzten Möglichkeiten ihr Glück zu suchen. Einer von ihnen war der Solinger Maler und Journalist Rudolf Cronau (1855-1939). Während seiner ersten Reise durch Nordamerika lernte er 1881 in Fort Randall (Nord Dakota) den berühmten Sioux-Führer Sitting Bull kennen, der mit seinen Anhängern gerade aus dem kanadischen Exil zurückgekehrt war. Cronau war in dieser Zeit als Korrespondent der „Gartenlaube", einer damals sehr populären deutschen Zeitschrift, tätig und publizierte dort seine Reiseberichte. 1894 übersiedelte er in die USA, deren Staatsbürger er 1901 wurde. Bekannt wurde er auch durch seine Bücher, wie etwa „Fahrten im Lande der Sioux" (Leipzig 1886) und „Drei Jahrhunderte deutschen Lebens in Amerika" (Berlin 1909). Um 1900 trat er daneben als Ethnographicahändler auf. Er belieferte amerikanische Museen, etwa das American Museum of Natural History in New York, wie auch deutsche, deren Bedarf an Zeugnissen der dem Untergang geweihten Kulturen des amerikanischen Doppelkontinents sehr groß war. Das heutige Museum der Weltkulturen in Frankfurt am Main besitzt eine Sammlung von ihm zusammengetragener indianischer Objekte aus weiten Teilen von Nordamerika, die in den ersten Jahren nach Gründung des Museums 1904 erworben wurden. Arthur Max Heinrich Speyer (1894-1958), Sammler und Händler aus Berlin, erwarb einige Stücke dieser Sammlung im Tausch. Unter anderem ein mit Stachelschweinborsten verziertes Lederhemd der Plains-Indianer aus Nordamerika, das sich heute unter der Inventarnummer V Am 2331 in den Sammlungen der Reiss-Engelhorn-Museen befindet und im Juli 1938 zusammen mit anderen Ethnographica von ihm erworben wurde (Abb. 1). Im Verlauf der Recherchen

Abb. 1
Lederhemd aus der Sammlung Rudolf Cronau, Leder, Stachelschweinborsten, Baumwollfaden
rem
Inventarnummer
V Am 2331

Ein indianisches Lederhemd aus der Sammlung Rudolf Cronau

zu diesem Lederhemd fanden sich zwei sehr ähnliche Lederhemden in anderen Sammlungen. Umso wichtiger erscheint dieses.

Lederhemden als Form der Männerkleidung waren bis etwa zur Mitte des 19. Jahrhunderts, bei einigen indianischen Gruppen auch darüber hinaus, den hochrangigen Mitgliedern der Völker vorbehalten. Zu diesen gehörten die politischen Führer, teils auch hochrangige Krieger.

Typisch für die Lederhemden der Plains ist der ponchoartige Schnitt mit offenen oder nur teilweise geschlossenen Seiten. Die angesetzten, röhrenförmigen Ärmel sind ebenfalls nur locker durch Lederbänder geheftet. Üblicherweise werden auf den Korpus des Hemdes und die Ärmel separate Zierstreifen aufgenäht. Bis zur Einführung von Glasperlen durch die europäischen Einwanderer verzierte man solche Hemden mit den Stacheln des Baumstachlers (Erethizon dorsatum), eines nordamerikanischen Stachelschweins. Diese Form der Verzierungen wurde in vielen Gebieten gänzlich durch solche aus Glasperlen ersetzt. Einerseits zeigte eine verschwenderische Nutzung des Handelsgutes Reichtum und dokumentierte gleichzeitig die Qualitäten des Trägers als Jäger, da die Perlen in der Regel im Tausch gegen Pelzwaren erworben wurden. Andererseits war in manchen Gebieten durch die Abholzung der Uferbewaldungen in den ansonsten trockenen Plains der Baumstachler verschwunden oder sehr selten geworden. Bei den Blackfeet, im amerikanisch-kanadischen Grenzgebiet von Montana, Alberta und Saskatchewan beheimatet, waren solche Arbeiten um 1900 bereits eine Seltenheit. Seit dem späten 19. Jahrhundert erhielten sie mit den Borsten des Greifstachlers verzierte Kleidung, Tabaksbeutel und andere Gegenstände von den benachbarten Assiniboine und den Sioux. (Ewers 1945, S. 30) Umso erstaunlicher ist es, dass zu V Am 2331 gleich zwei nur in wenigen Details abweichende Vergleichsstücke existieren.

Ursprünglich wurden zur Herstellung eines Lederhemdes zwei komplette Tierhäute, in der Regel von Bergschaf oder Gabelbock, seltener auch vom Hirsch verwendet. Ein Schnitt unterhalb der Vorderläufe trennte den oberen Teil der Tierhäute ab, der dann als Ärmel verwendet wurde. Der Rest bildete den Korpus des Hemdes, wobei man die Hinterläufe der Tiere frei nach unten hängen ließ.

Die Ärmel wurden aus dem Oberkörper des Tieres gebildet, dessen Hals- und Kopfbereich die Unterarme und zum Teil die Hände bedeckte.

Schon zu Beginn der zweiten Hälfte des 19. Jahrhunderts gingen die Blackfeet zu einem nahezu rechteckigen Schnitt des Korpus und röhrenförmigen Ärmeln über. Über die Schultern und entlang der Ärmel des Hemdes in Mannheim laufen, durch lange Lederfransen gesäumt, die aus bunten Stachelschweinborsten gefertigten Zierstreifen. Die Muster in schwarz, blau, rot und weiß vor gelbem Hintergrund zeigen umeinander greifende Rechtecke und parallele Linien. Den Abschluss der Streifen bildet jeweils ein zweireihiges Schachbrettmuster. Je ein Kragenlatz ist an der Vorder- und Rückseite befestigt.

Ähnliche Musterungen finden sich auf Lederhemden der von Cronau besuchten Sioux (zum Beispiel im Speed Museum of Art, Inventarnummer 1937.68.136). Cronau zeichnete während seines Aufenthaltes auf der Standing Rock Reservation 1881 einen Yanktonai-Sioux namens His Pipe. Auf seinem Hemd sind Zierstreifen mit umeinander greifenden Rechtecken zu erkennen, leider aber keine weiteren Details, da ein separater Zierkragen, mit Glasperlen

Abb. 2
Turtle (auch Angry Bull),
Winold Reiss, 1943
Aquarell

Martin Schultz

und langen Skalplocken geschmückt, darüber liegt. Cronau gibt für das von ihm verkaufte Hemd jedoch die Blackfeet als Herkunftsgruppe an, von denen (wie auch von deren Nachbargruppen) sich noch einige weitere Objekte am heutigen Museum der Weltkulturen in Frankfurt befinden. Und tatsächlich finden sich Hinweise auf die Richtigkeit dieser Angaben.

Winold Reiss (1886-1953), ein aus Karlsruhe stammender Maler, ließ sich von Karl May und Cooper´s Lederstrumpf derart begeistern, dass er 1913 in die USA auswanderte. Ein weiterer Grund dafür war der deutsche Militarismus. Sechs Jahre nach der Auswanderung trat Reiss seine erste Reise auf die Reservation der Blackfeet in Montana an (Stewart 1989, S. 22-26). In diesem Jahr zeichnete er das erste Porträt des damals 42-jährigen Turtle (auch Angry Bull). Ein zweites Porträt dieses Mannes[1] fertigte Reiss 1943 für die Great Northern Railway Company (Abb. 2). Auf diesem zweiten Bild trägt Turtle ein nahezu identisches Hemd zu dem in Mannheim befindlichen. Doch unterscheiden sich beide durch

die Hintergrundfarbe und die Anzahl der Reihen der Zierstreifen sowie das Muster des angesetzten Kragens.

Ein drittes sehr ähnliches Hemd, von beiden vorherigen geringfügig abweichend, wurde 2007 bei einer Auktion des US-amerikanischen Auktionshauses Bonhams and Butterfields als Losnummer 4469[2] versteigert (Abb. 3). Es unterscheidet sich nur sehr geringfügig von dem Hemd, das auf dem Bild von Winold Reiss zu sehen ist, weist jedoch entlang der Ärmel von den Schultern bis zum Ellenbogen einen Besatz aus sehr gut erhaltenen Hermelinbälgen auf. Es stammt aus der Sammlung des Indianermalers Paul Dyck (1917-2006), einem Nachfahren von Anthony van Dyck (1599-1641),dem Hofmaler des britischen Königs Charles I. Als Vorbesitzer wird von Bonhams der Eisenbahner J.P. Carberry genannt, der selbst in Montana ansässig war, dem angestammten Gebiet der Blackfeet. Es ist möglicherweise dasselbe, das auf zwei kolorierten Glasplattennegativen von Walter McClintock (1870-1949) zu sehen ist.[3] Eines zeigt den Siksika Black-

Abb. 3
Lederhemd der Blackfeet
Leder, Stachelschweinborsten, Hermelinfell
Bonhams Sale 15287
Lot 4469

Ein indianisches Lederhemd aus der Sammlung Rudolf Cronau

Abb. 4
Powder Bull, Blackfeet
Kolorierte Fotografie
Um 1900
Beinecke Library

feet Powder Bull (Abb.4). Gut erkennbar sind die an den Ärmeln befestigten Hermelinbälge. Trotz der Abweichungen ist es eine große Seltenheit, fast identische Objekte dieser Art zu finden, die in einer Technik und mit Werkstoffen gearbeitet sind, die für das Volk, von dem sie gesammelt wurden, eine Besonderheit darstellen, deren Herkunft gleichzeitig jedoch als sicher dokumentiert gelten kann. Hierfür eine Erklärung zu finden wird die nächste Aufgabe sein.

1   Photo Credit: BNSF Railway Art Collection.

2   Lot 4469, A Blackfoot quilled shirt with fully quilled strips across the shoulders and down the sleeves, bibs on both sides, profusely hung with fringe and ermine skins.
 length 35in Est. $25,000-35,000, sold for $24,000 on June 4, 2007 during the Native American and Pre-Columbian Art auction at Bonhams & Butterfields. Provenance: The Carberry collection; an attached tag reads: "Eagle Calf", a second tag reads: "Eagle Child, Piegan2. Photo Credit: Courtesy of Bonhams.

3   Powder Bull in deerskin costume of colored quill work, Diapositiv, 8 x 10 cm, ohne Jahr. Fotograf: Walter McClintock, Image ID 1048918Yale Collection of Western Americana, Beinecke Rare Book and Manuscript Library. Foto: http://beinecke.library.yale.edu/dl_crosscollex/brbldl_getrec.asp?fld=img&id=1048918.

Literatur

J.C. Ewers: Blackfeet Crafts, Lawrence, Nebr. 1945, Indian Handcrafts, Vol. 9

J. C. Stewart: To Color America. Portraits by Winold Reiss, Washington, D.C 1989

Hans-Jürgen Buderer

100 Jahre Christuskirche
Architektur – Gemeinde – Kirchenmusik
18. September 2011 bis 22. Januar 2012

Abb. 1
Feierliche Eröffnung der
Ausstellung „100 Jahre
Christuskirche" am
17. September 2011 im
Florian-Waldeck-Saal des
Museums Zeughaus

Mit einer festlichen Preview mit geladenen Gästen (Abb. 1) eröffneten die rem am 17. September 2011 die Kabinettausstellung in der Schatzkammer des Museums Zeughaus „100 Jahre Christuskirche / Architektur – Gemeinde – Kirchenmusik." In seiner Begrüßung ging Oberbürgermeister Dr. Peter Kurz auf die Bedeutung des Christuskirchenbaus im Hinblick auf die urbane Entwicklung der Stadt Mannheim am Beginn des 20. Jahrhunderts ein. Landesbischof Dr. Ulrich Fischer würdigte die Ausstellung auch als einen Beitrag zur kritischen Befragung der Geschichte der evangelischen Kirche in Mannheim und Dr. Karl Schneider, Stiftung Christuskirche – Kirche Christi, begründete das finanzielle Engagement der Stiftung für das Projekt mit dem Hinweis auf die identitätsstiftende Funktion in der Gemeinde sowie der Absicht, die herausragende künstlerische Qualität von Architektur und Ausstattung auch über die Gemeinde und Mannheim hinaus bekannt zu machen. Die Festschrift, die Dr. Michael Wegner, Mitglied des Ältestenkreises und verantwortlicher Redakteur, vorstellte, trägt mit wissenschaftlichen Beiträgen kompetenter Autoren dazu bei. Prof. Dr. Alfried Wieczorek, Generaldirektor der Reiss-Engelhorn-Museen und Vorstandsvorsitzender der Curt-Engelhorn-Stiftung, dankte der Stiftung Christuskirche für die Kooperation und

finanzielle Unterstützung, die auch von der Heinrich-Vetter-Stiftung, der Christusgemeinde Mannheim, der Evangelischen Landeskirche Baden, dem Dekan Günter Eitenmüller sowie dem Kulturamt der Stadt Mannheim kam. Das Blechbläserensemble unter der Leitung von Elisabeth Göbel sorgte für den musikalisch-festlichen Rahmen.

Dass mit der Fertigstellung des Christuskirchenbaus ein markanter Punkt im Rahmen der Erweiterung der Stadt nach Osten gesetzt wurde, betonte Dr. Hans-Jürgen Buderer, Direktor Kunst- und Kulturgeschichte der Reiss-Engelhorn-Museen und Kurator der Ausstellung, in seiner Einführung. Historische Pläne und Fotografien vergegenwärtigen den konsequenten urbanen Bezug der architektonischen Gesamtanlage Christuskirche zum Friedrichsplatz und der mit seiner Bebauung begonnen Erweiterung der Stadt seit 1907, dem Jahr des 300. Stadtjubiläums. Erstmals zeigt die Ausstellung Pläne und Modelle des Architekten Christian Schrade (1876-1964), Leihgaben aus dem Mannheimer Stadtarchiv und dem Pfarramt der Christuskirche. Sie verdeutlichen, wie die Architektur, aber auch die Ausstattung des Kircheninneren von dem Gedanken vom Gesamtkunstwerk getragen werden. Historische und aktuelle Fotografien (Jean Christen, rem) vergegenwärtigen

100 Jahre Christuskirche

die herausragende Qualität der Ausstattung, die von namhaften Künstlerpersönlichkeiten der Zeit geschaffen wurde. Gestaltgebung und Dekor des liturgischen Gerätes, Leihgaben der Christuskirchengemeinde, dokumentieren den Bezug zum Darmstädter Jugendstil.

Die komplexe Darstellung der Gemeindegeschichte basiert auf dokumentarischem Material aus dem Archiv der Evangelischen Landeskirche und dem Pfarramt der Christuskirche. Dabei geht die Ausstellung mit durchaus kritischem Blick auch auf die Haltung der evangelischen Kirche Mannheims in den Zeiten der nationalsozialistischen Diktatur ein. Umfassendes Fotomaterial aus privaten Sammlungen (unter anderem von Pfarrer Dr. Meyer) ermöglicht eine abwechslungsreiche Darstellung des lebendigen Gemeindelebens von den Anfängen bis in die aktuelle Gegenwart, die auch ein reges Engagement für die Ökumene belegt.

Unter dem Titel „Soli Deo Gloria" widmet sich ein dritter Teil der Ausstellung der überregionalen Bedeutung der Christuskirche für die Kirchenmusik. Mit der bereits 1920 als „Mannheimer Wunderwerk" bezeichneten Steinmeyer-Orgel setzt die instrumentale Ausstattung der Christuskirche von Anfang an auf eine klare Betonung kirchenmusikalischer Aktivitäten. Schon mit dem ersten Organisten, Arno Landmann (1887-1966), beginnt eine rege, auch außergottesdienstliche Konzerttätigkeit in der Christuskirche. Über die Jahrzehnte hinweg

entwickelt sich ein bis in die aktuelle Gegenwart mit Kirchenmusikdirektor Johannes Michel überregional beachtetes Konzertwesen. Maßgeblich trägt dazu auch der bereits 1914 gegründete Bachchor bei, der später durch den Konzertchor erweitert wird. Ein Freundeskreis unterstützt die kirchenmusikalische Arbeit an der Christuskirche bis heute.

Die Bedeutung der Christuskirche für die Stadt Mannheim spiegelte sich auch in der Prominenz der Gäste (Abb. 2). Nicht nur der Dekan der Evangelischen Kirche Mannheims, Günter Eitenmüller, auch sein Kollege von der katholischen Stadtkirche, Karl Jung, nahmen an der festlichen Eröffnungspreview teil, ebenso die Mitglieder des Ältestenkreises mit ihrem Vorsitzenden Heinz-Günter Kämpgen, die Gemeindebeauftragten der Christusgemeinde und der amtierende Pfarrer Dr. Matthias Meyer sowie sein ehemaliger Pfarrerkollege Winfried Oelschlegel und eine Reihe einstiger Vikarinnen und Vikare. Mit besonderem Interesse besichtigten die ehemaligen Pfarrer der Christuskirche Fritz Lang (von 1970 bis 1989 Pfarrer der Ostpfarrei) und Ernst Bair (von 1978 bis 1992 Pfarrer der Westpfarrei) die Ausstellung, zu der die Mitglieder der Christusgemeinde am darauffolgenden Sonntag, 18. September 2011, zum kostenlosen Besuch eingeladen waren. Fast 300 Besucher bekundeten Ihr Interesse an diesem ersten Sonntag, der mit einer Führung von Dr. Hans-Jürgen Buderer durch die Ausstellung seinen Abschluss fand.

Abb. 2
Von links nach rechts:
Pfarrer Dr. Matthias Meyer; Heinz-Günter Kämpgen, Vorsitzender des Ältestenkreises Christusgemeinde; Oberbürgermeister Dr. Peter Kurz; Dr. Karl Schneider, Stiftung Christuskirche - Kirche Christi; Landesbischof Dr. Ulrich Fischer; Dekan Günter Eitenmüller, Evangelische Kirche Mannheim; Dr. Hans-Jürgen Buderer, Direktor Kunst- und Kulturgeschichte Reiss-Engelhorn-Museen; Prof. Dr. Alfried Wieczorek, Generaldirektor Reiss-Engelhorn-Museen, Vorstandsvorsitzender der Curt-Engelhorn-Stiftung

Cornelia Rebholz

Schädelkult – Ausstellung mit Köpfchen
Museum Weltkulturen D 5, 2. Oktober 2011 bis 29. April 2012

„Endlich eine Ausstellung, die Köpfchen beweist" bemerkte Bürgermeister Christian Specht augenzwinkernd, aber treffend bei der Eröffnung am 1. Oktober 2011. Tatsächlich widmen sich die Reiss-Engelhorn-Museen mit der Ausstellung „Schädelkult" erstmals der Bedeutung von Kopf und Schädel in der Kulturgeschichte des Menschen. Schnell wird klar, dass das Thema weitaus facettenreicher ist, als man auf den ersten Blick annehmen möchte.

Mehr als 300 Exponate spannen den Bogen von den Neandertalern bis heute. Die Reise führt den Besucher einmal quer über den Globus. Zu allen Zeiten und auf allen Kontinenten spielten Kopf und Schädel eine wichtige Rolle. Ob Jahrtausende alte Schädelschalen, kunstvoll geschmückte Kopfjägertrophäen oder religiös verehrte Schädelreliquien, ob als Mahnmal der Vergänglichkeit, Modeerscheinung oder als archäologische Sensation: der „Schädelkult" ist ein völker- und zeitübergreifendes Phänomen, das auf eine lange Geschichte zurückblicken kann.

Den Anlass zum Ausstellungsprojekt bot die Wiederentdeckung der beeindruckenden Schädelsammlung des Künstlers und Darwinisten Gabriel von Max (1840-1915) im Jahr 2008. Es handelt sich um eine der größten Sammlungen dieser Art, die Objekte aus Amerika, Asien, Afrika, Ozeanien und Europa vereint. 1917 gelangte die Sammlung durch einen Ankauf der Stadt Mannheim in den Besitz der heutigen Reiss-Engelhorn-Museen. Ein großer Teil der rund 500 Objekte umfassenden Sammlung ging im Zuge eines staatlich angeordneten Ringtausches 1935 an die Universität Freiburg. Nach dem Krieg galten die Stücke als verschollen. Erst vor drei Jahren wurde die Sammlung, einsortiert in einer anderen Freiburger Schädelsammlung, wiederentdeckt. Die wissenschaftliche Untersuchung ausgewählter Schädel aus der Sammlung Gabriel von Max ist ein wichtiger Bestandteil der Ausstellung. Zusammen mit dem Archivmaterial in Mannheim ergibt sich nun erstmals die Möglichkeit, die Schädelsammlung wissenschaftlich interdisziplinär zu erforschen.

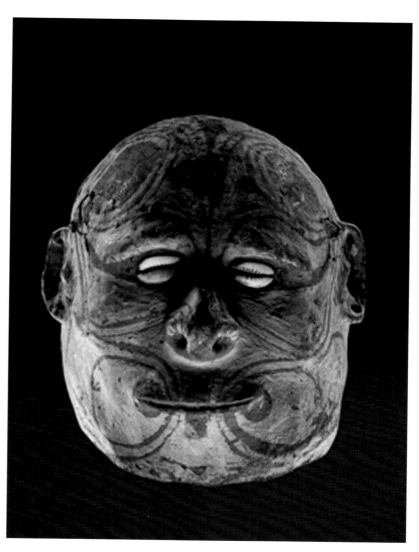

Die Ausstellung hält viele überraschende Einblicke und kostbare Exponate bereit. Den Anfang macht eine Art französisches Nationalheiligtum: der Schädel des Philosophen und Naturwissenschaftlers René Descartes (1596-1650). Mit dem Ausspruch „Ich denke, also bin ich" lieferte Descartes die wohl prägnanteste Beschreibung des Stellenwertes des menschlichen Kopfes. Der Kopf ist der Ort der Sinnesorgane, hier sieht, riecht, hört und schmeckt der Mensch. Der Gleichgewichtssinn ist hier ebenso beheimatet wie die Erinnerungen.

Schon vor mehr als 170.000 Jahren brachten die Neandertaler dem menschlichen Haupt eine

Abb. 1
Übermodellierter Ahnenschädel
Iatmul, Papua-Neuguinea, Sepik
19. Jahrhundert
Der Schädel wurde mit rotem Lehm übermodelliert und mit weißer Farbe bemalt. Die Farbigkeit steht symbolisch für die Verbindung von Mutter (Blut) und Vater (Sperma).
Reiss-Engelhorn-Museen, Mannheim
Foto: rem, Jean Christen

Schädelkult – Ausstellung mit Köpfchen

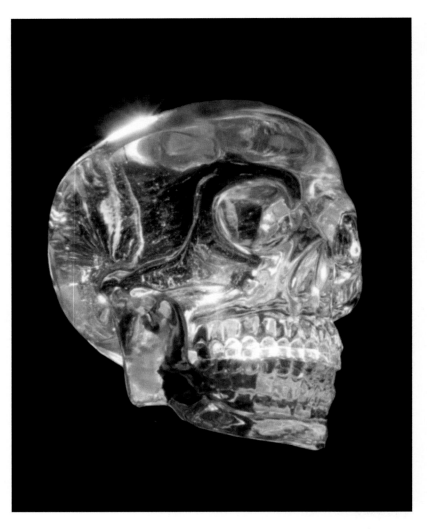

reich ist der Schädelkult in Ozeanien (Abb. 1). Übermodellierte Schädel und Masken beeindrucken durch ihre Bemalungen.

Im Ausstellungsbereich Amerika erwartet die Besucher neben Schrumpfköpfen und Skalps auch ein Kristallschädel (Abb. 2). Das glitzernde Objekt zieht die Blicke unwillkürlich auf sich. Der Schädel wurde speziell für die Ausstellung in Idar-Oberstein, einer Hochburg der Edelsteinschleifer, hergestellt. Dank einer Fernsehdokumentation wird man Zeuge, wie ein solches Meisterwerk entsteht, wie es in mehr als 600 Arbeitsstunden aus einem 14 Kilogramm schweren Block herausgearbeitet wird. Auf ähnliche Weise entstanden nach Meinung der Experten auch die Kristallschädel, die im 19. Jahrhundert für Furore sorgten.

Auch in Europa hat der Schädelkult eine lange Tradition – als Memento-mori-Motiv, im Reliquienkult oder bei Schädelsammlungen.

Im 18. und frühen 19. Jahrhundert gab es sogar eine regelrechte „Kopfjagd", der die Schädel von Berühmtheiten wie Schiller oder Haydn zum Opfer fielen. Diese Künstler verloren nach ihrem Tod buchstäblich den Kopf. Auslöser war die Phrenologie-Lehre des Mediziners Franz Joseph Gall. Dieser war der Überzeugung, dass man die Charaktereigenschaften eines Menschen an seiner Kopfform ablesen kann. An welchen Schädeln könnte man dies besser belegen als an denen berühmter Persönlichkeiten? Deshalb wurden sie reihenweise aus den Gräbern entwendet.

Schädelkult ist aber nicht nur ein Phänomen vergangener Zeiten. Wer mit offenen Augen durch die Straßen läuft, dem wird schnell klar, dass der Schädelkult längst in unserem Alltag angekommen ist. T-Shirts mit Totenkopfaufdruck, Kinderspielzeug im Piratenlook, Graffitis, Tattoos, Accessoires aller Art – überall prangt der Schädel. Die Faszination ist ungebrochen.

Auch im „Blätterwald" hat die Ausstellung großen Niederschlag gefunden. „Stern", „Spiegel", „Focus" oder „Die Zeit" haben sich von dem Thema begeistern lassen.

Ein abwechslungsreiches Begleitprogramm rundet die Ausstellung ab. Neben einer Vortragsreihe gibt es Konzerte, spezielle Führungen sowie Workshops für Kinder und Erwachsene.

Abb. 2
Mannheimer Kristallschädel
Curt-Engelhorn-Stiftung für die Reiss-Engelhorn-Museen, Mannheim
Neueste Untersuchungen haben gezeigt, dass die berühmten Kristallschädel mit vermeintlichem Mayaursprung aus Paris, London und Washington kein archäologisches Alter haben, wahrscheinlich in der 2. Hälfte des 19. Jahrhunderts in Europa (z.B. Idar-Oberstein) hergestellt wurden.

besondere Wertschätzung entgegen. Das älteste Exponat, eine Schädelschale, die in Ochtendung bei Koblenz gefunden wurde, verdeutlicht dies auf eindrucksvolle Weise. Aus der Jungsteinzeit stammt der erste bekannte Nachweis für einen übermodellierten Schädel. Bereits vor rund 9.000 Jahren gedachten die Menschen im Nahen Osten ihrer Verstorbenen, indem sie deren Antlitz aus Lehm über den Schädel modellierten. Dieses Exponat ist eine Leihgabe des Israelischen Museums Jerusalem und ist erstmals außerhalb Israels zu sehen.

Aus Afrika und Asien kommen unter anderem kostbar und aufwendig verzierte Kopfjägertrophäen. Bei den Naga in Indien wurden die Schädel teilweise mit Hörnern dekoriert. Diese sollten verhindern, dass der Getötete die Klagelaute seiner Hinterbliebenen hören kann. Besonders facetten-

Alfried Wieczorek

Ferne Gefährten –
150 Jahre deutsch-japanische Beziehungen
8. November 2011 bis 5. Februar 2012

Innerhalb der Rekordzeit von nur zehn Monaten war es den Reiss-Engelhorn-Museen (rem) gelungen, die Sonderausstellung „Ferne Gefährten", die das wechselvolle Verhältnis der Staaten Japan und Deutschland in den vergangenen 150 Jahren beleuchtete, auf den Weg zu bringen. Unter der Schirmherrschaft des deutschen Bundespräsidenten Christian Wulff und des japanischen Kronprinzen Naruhito fand 2011 anlässlich des Jubiläums „150 Jahre deutsch-japanische Beziehungen" ein Festjahr statt, in dessen Mittelpunkt das Ausstellungsprojekt (Abb. 1) stand. Die Schau wurde vom Auswärtigen Amt und der Kulturstiftung des Bundes gefördert. Als Hauptsponsor konnte die BASF SE gewonnen werden.

Die erste Gesamtschau über die Beziehungen beider Länder erinnerte an das am 24. Januar 1861 zwischen beiden Nationen geschlossene „Freundschafts-, Handels- und Schifffahrtsabkommen", das fortan den Austausch auf politischer, wirtschaftlicher und künstlerischer Ebene förderte. Damit eng verknüpft war das vor allem in Japan einsetzende Wirtschaftswachstum, das aus dem bisher sehr abgeschotteten Land eines der mächtigsten Länder Asiens machte.

Über 500 Exponate illustrierten chronologisch die Hintergründe und Fundamente dieser Entwicklung. Zu sehen waren unter anderem neu entdeckte Fotografien der Eulenburg-Mission aus dem Geheimen Staatsarchiv Berlin, exklusive Geschenke der preußischen Delegation an den damaligen japanischen Machthaber sowie seltene Leihgaben aus japanischen Museen. Die Ausstellung präsentierte das Abkommen, das die Öffnung des Landes begünstigte und erläuterte anhand vieler Objekte die fruchtbaren Jahrzehnte der Handels- und Wirtschaftsbeziehungen mit Deutschland, die bis zum Ersten Weltkrieg anhielten, als Japan schließlich zum Gegner Deutschlands wurde. Rund 4.500 Kriegsgefangene wurden in Camps interniert, die – teilweise sogar mit Pool und Tennisplatz ausgestattet – eher komfortabel waren, wie die Schau dokumentiert. Ab den 1920er

Jahren näherten sich die beiden Länder wieder einander an: Ein japanischer Pharmaunternehmer beispielsweise half bei der Finanzierung der 1920 gegründeten „Notgemeinschaft Deutscher Wissenschaft" (heute Deutsche Forschungsgemeinschaft) und erhielt mit einer Statue, die den Namen „Hoffnung" trägt und ebenfalls ausgestellt ist, ein Dankeschön. Viele weitere Exponate dokumentierten die Zeit des Zweiten Weltkriegs, die Kapitulation Japans, die gemeinsamen Bemühungen um einen Wiederaufbau nach dem Zweiten Weltkrieg und letztlich auch den beispiellosen Aufschwung Japans zu einer der wichtigsten Industriemächte der Welt. Wie farbig und vielfältig sich heute Japan und seine Kultur in Deutschland präsentieren, zeigte die Ausstellung mit Themen wie Sport, Robotik, Manga und zeitgenössische Kunst. Der Rundgang endete in der Gegenwart und blickte auf das Atomunglück in Fukushima und seine verheerenden Folgen, die der japanische Gegenwartskünstler Kanjo Také in einer Videoinstallation verarbeitet hat.

Mit einem Festakt eröffneten am 6. November 2011 Herr Bundespräsident Christian Wulff und der japanische Botschafter in Deutschland, Herr Dr. Takashiro Shinyo, die Sonderausstellung. Auf der Gästeliste standen auch die Nachfahren von Shogun Tokugawa Iemochi und Friedrich Graf zu Eulen-

Abb. 1
Die Projektleiterin Frau Dr. Wichert erläutert Herrn Bundespräsidenten Wulff die Konzeption der Japanausstellung „Ferne Gefährten".

Ferne Gefährten – 150 Jahre deutsch-japanische Beziehungen

Herr Prof. Dr. Peter Pantzer, der Kurator der Ausstellung, gab einen Einblick in ihre Entstehungsgeschichte. Unter der Vielzahl der angereisten Gäste waren ferner das Stifterehepaar Curt und Heidemarie Engelhorn (Abb. 2) sowie für den Hauptsponsor BASF deren Vorstandsmitglied Margret Suckale. Die musikalische Umrahmung illustrierte auf das schönste den Bezug Mannheims und der rem zu Japan. Während ihrer Japanreise 1893 hatte die Mannheimer Mäzenin Anna Reiss ein Heft mit Koto-Liedern von der Toko Academy of Music erhalten. Sieben dieser Lieder hat sie ins Deutsche übersetzen und eine Klavierbegleitung dazu komponieren lassen und diese anschließend herausgegeben. Diese Lieder wurden auf Deutsch von der Sopranistin Katharina Göres vorgetragen, begleitet von den Japanerinnen Naoko Kikuchi (Koto) und Chikako Fujia (Klavier).

Am gleichen Tag fand zudem die Eröffnung der Begleitausstellung statt. Das Forum Internationale Photographie (FIP) präsentiert mit der Ausstellung „Ins Land der Kirschblüte" historische Aufnahmen aus Japan der Jahre um 1860/70, die zum Teil von den Mannheimer Geschwistern Carl und Anna Reiss während ihrer Japanreise 1893 angekauft worden waren. Die Bilder geben einen Einblick in den Alltag dieser Jahre in Japan.

Abb. 2
Der Bundespräsident eröffnet die Ausstellung, im Bildvordergrund das Stifterehepaar Engelhorn.

burg, jener Männer, die 1861 den Vertrag unterzeichneten. Die baden-württembergische Wissenschaftsministerin Theresia Bauer betonte in ihrer Rede den ausgezeichneten Ruf, den die rem auch außerhalb Baden-Württembergs genießen, und Mannheims OB Dr. Peter Kurz freute sich, dass die zuerst für Berlin geplante Ausstellung nun in Mannheim stattfinde, dies sei eine große Auszeichnung für das Museum.

Abb. 3
Der japanische Botschafter in Deutschland, Herr Dr. Takashiro Shinyo, trägt sich ins goldene Buch der Stadt Mannheim ein. Von links nach rechts: Prof. Dr. Alfried Wieczorek, Generaldirektor rem; Frau Theresia Bauer, Ministerin für Wissenschaft, Forschung und Kunst in Baden-Württemberg; Herr Dr. Peter Kurz, Oberbürgermeister der Stadt Mannheim; Herr Dr. Takashiro Shinyo und Herr Bundespräsident Christian Wulff

Claude W. Sui und Stephanie Oeben

Ins Land der Kirschblüte. Japanische Reisefotografien des 19. Jahrhunderts

8. November 2011 bis 3. Juni 2012 im Museum Zeughaus C 5

Mit der fotohistorischen Sonderausstellung „Ins Land der Kirschblüte" wirft das Forum Internationale Photographie der Reiss-Engelhorn-Museen im Jubiläumsjahr „150 Jahre Freundschaft Deutschland – Japan" einen besonderen Blick auf die Anfänge der Kulturbeziehungen zwischen diesen beiden Ländern.

Über 200 ausgewählte und teils noch nie gezeigte Aufnahmen laden ein, Japan im Spiegel der historischen Reisefotografie neu zu entdecken. Der Besucher wandelt auf den Spuren der Reisenden des ausgehenden 19. Jahrhunderts. Er folgt der damals typischen Reiseroute durch die japanische Inselwelt, einer Welt, die dank der rigorosen Abschottungspolitik des Landes erst spät in den Bereich des touristisch Möglichen rückte. Erst seit der Mitte des 19. Jahrhunderts lockte die Faszination für die japanische „terra incognita" ein gut betuchtes Großbürgertum in das sagenumwobene Land der Kirschblüte. Eine solche Reise unternahmen auch die Geschwister Carl und Anna Reiß. Die von ihnen dabei erworbenen Fotografien bilden einen wertvollen Bestandteil der Sammlungen historischer Fotografien in den rem.

Die Ausstellung führt den Besucher zu den größten Städten, den eindrucksvollsten Sehenswürdigkeiten sowie durch wildromantische Landschaften und eröffnet spannende Einblicke in das kulturelle Leben des Landes. Ergänzt werden die Fotografien durch ausgewählte Textpassagen aus zeitgenössischen Reiseberichten, die in ihrem soziohistorischen und kulturgeschichtlichen Kontext das europäische Japanverständnis zu dieser Zeit widerspiegeln.

Die ausgestellten Fotografien dokumentieren in eindrucksvoller Weise sowohl den Aufbruch Japans in die Moderne als auch den Fortbestand traditioneller Lebensweisen. Imposante Städteansichten zeugen von einer rasch fortschreitenden Industrialisierung und Urbanisierung. Im Gegenzug vermitteln die Fotografien von Teehäusern und kunstvoll angelegten Park- und Tempelanlagen einen faszinierenden Eindruck vom Facettenreichtum und dem Fortbestand traditioneller japanischer Kultur. Der Mensch und seine Lebenswelt (Abb. 1 und 2) bilden einen weiteren Schwerpunkt der Ausstellung. Inszenierte Studioaufnahmen porträtieren Vertreter verschiedenster Berufsstände. Die Fotografien zeigen Japaner als Akteure in Genreszenen wie auch in ihrem häuslichen Umfeld und belegen das enzyklopädische Interesse Europas am japanischen Alltagsleben.

Unter den exquisiten Exponaten befinden sich Aufnahmen von bedeutenden Pionieren der Fotografie wie Felice Beato, Baron Raimund von Stillfried,

Abb. 1
Zwei Sumoringer
Anonym
Um 1885

Ins Land der Kirschblüte. Japanische Reisefotografien des 19. Jahrhunderts

Abb. 2
Junge Frau mit Pfeife
Studioaufnahme
Kusakabe Kimbei
1880er Jahre

Blumenkunst und Kirschblüte: Ikebana-Präsentation im Rahmen der Kirschblütenausstellung

Ein reizvolles Wechselspiel zwischen der traditionellen japanischen Kunst des Blumenarrangierens, dem Ikebana, und den historischen Fotografien konnten die Gäste der Vernissage und die ersten Besucher genießen. Anlässlich der Eröffnung wurden zu zwölf ausgewählten Fotografien eigens arrangierte Ikebana-Gestecke (Abb. 3 und 4) präsentiert.

Kreiert wurden die filigranen Blumenkunstwerke, die in ihrem Farben- und Formenspiel immer wieder verblüffende Parallelen und interessante Korrespondenzen zu den Fotografien entdecken ließen, von Edeltraut Kokocinski, Ikebana-Meisterin I. Grades der Ohara-Schule in Tokio, und einigen Schülerinnen ihrer Studiengruppe. Kokocinski hat die hohe Kunst des Ikebana in Tokio erlernt, wo sie die Jahre von 1969 bis 1975 verbrachte. Über sechs Jahre war sie die Präsidentin der European Ohara Teacher Association (EOTA). Ihr Können zeigten die Ikebana-Meisterin und ihre Schüler, von denen viele schon seit über zwanzig Jahren dieser Leidenschaft nachgehen, in der Präsentation unterschiedlichster Blumenarrangements im Stile der Ohara-Schule. Auch die verwendeten Schalen und Gefäße, darunter kostbare Ochsenblutvasen und originale Seladon-Waren aus Japan, gaben einen authentischen Einblick in die komplexe Kunst des Ikebana, bei der Gefäße, Blüten, Pflanzen, aber auch Gehölze, Wurzeln und moderne Stilelemente zu einer stimmungsvollen Einheit verschmelzen.

Ikebana (frei übersetzt: „lebende Blumen") entwickelte sich in Japan seit dem 6. Jahrhundert n. Chr. aus dem buddhistischen Brauch des Blumenopfers. Im Blumenopfer spiegelt sich die Verehrung der Gottheiten durch den Menschen. Ursprünglich war das Arrangieren der Blumen ausschließlich Männern vorbehalten und wurde von den Mönchen in den Klöstern praktiziert. Später erwählte auch die gesellschaftliche Elite des Schwertadels, dem neben dem Shogun als ihrem hochrangigsten Mitglied die mächtigen Lehnsfürsten sowie die Samurai angehörten, zusammen mit der Kalligraphie das Ikebana als eine ihr gemäße Kunstform. Erst im Laufe der Jahrhunderte wurde das Ikebana breiteren Bevölkerungsschichten zugänglich und durfte auch von Frauen ausgeübt werden.

Adolfo Farsari, Tamamura Kozaburo und Kusakabe Kimbei, die die Entwicklung der Fotografie in Japan maßgeblich beeinflusst haben und deren Bilder für die fotografische Rezeptionsästhetik von Japan und seiner Kultur stilbildend wurden.

Als fototechnische Dokumente zeugen die aufwendig von Hand kolorierten Albuminabzüge von der qualitätvollen Japanfotografie des ausgehenden 19. Jahrhunderts, die die Farbfotografie ein ganzes Jahrhundert vor deren eigentlicher Erfindung vorweg zu nehmen scheint und daher bis heute so faszinierend wirkt.

Die Ausstellung präsentiert unter anderem auch ein seltenes privates Fotoalbum, das den Alltag einer deutschen Unternehmerfamilie in Japan abseits aller touristischen Vorgaben und gewählten Inszenierungen aus einer völlig anderen Perspektive zeigt. Als authentische Zeugnisse eröffnen die privaten Albumbilder einen besonderen sozio-historischen Einblick auf den deutsch-japanischen Kulturkontakt.

Claude W. Sui und Stephanie Oeben

Im Rahmen der Kirschblüten-Ausstellung, die als anerkannte Veranstaltung des Jubiläumsjahres „150 Jahre Freundschaft Deutschland – Japan" ganz im Zeichen der Freundschafts- und Handelsbeziehungen zwischen den beiden Ländern stand, thematisierte die Ikebana-Präsentation auf ihre ganz eigene Weise die Öffnung Japans nach dem Westen.

Als traditionelle Kunst hat sich das Ikebana in den einzelnen Epochen kontinuierlich weiterentwickelt. So zeigte die politische Umwälzung der Meiji-Restauration (1868) auch in ihr neue Wege auf. Japans tiefgreifender Wandlungsprozess brachte eigene Traditionen mit westlichen Einflüssen in Einklang. Durch den kulturellen Austausch Japans mit dem Westen wurden neben technischen Innovationen auch viele neue Pflanzenarten in die japanische Flora eingeführt, die von nun an zusammen mit den endemischen Blumen und Pflanzen in das Ikebana einflossen. Und die Öffnung Japans führte auch außerhalb des Landes seit dem Ende des 19. Jahrhunderts zu einem stetig steigenden Interesse an der Blumenkunst. Die Entstehung von eigenen Ikebana-Schulen war eine Folge dieser wachsenden Aufmerksamkeit. 1895 erfolgte die Gründung der Ohara-Schule, die die zweitälteste Ikebana-Schule Japans ist und noch heute zu deren bedeutendsten

Vertretern zählt. Nach wie vor legt diese Schule großen Wert auf Tradition und formelle Gestaltungsregeln, erlaubt dabei aber gleichzeitig freie und abstrakte Arrangements und die Aufnahme moderner Einflüsse. Ihr besonderes Stilmerkmal ist die freie und abstrahierende Rekonstruktion der Natur, bei der die Arrangements die Essenz einer natürlichen Landschaft im Kleinen darstellen. Auf diese Weise entstehen faszinierende Auseinandersetzungen mit der Natur und dem natürlichen Umraum.

Abb. 3 und 4
Ikebana-Gestecke in der Ausstellung „Ins Land der Kirschblüte"

Andrea Müller

Feierliche Schlüsselübergabe zur Einweihung des Museums Bassermannhaus für Musik und Kunst

Im Dezember 2011 wurde das Museum Basser-mannhaus für Musik und Kunst feierlich einge-weiht. Es vervollständigt den „Museumsreigen" der Reiss-Engelhorn-Museen.

Dr. Reinhard Koehler überreichte im Namen der Stifterfamilie Bassermann dem Generaldirektor der rem, Prof. Dr. Alfried Wieczorek, den Schlüssel zum Gebäude. In Zukunft sind hier Dauer- und Sonder-ausstellungen zu den Themen Musik, Kunst und Weltkulturen zu Hause.

Die Bassermann-Kulturstiftung Mannheim hat den Bau und die Einrichtung des Hauses finanziert und trägt mit ihrem Stiftungskapital die laufenden Kosten und das inhaltliche Programm des Muse-ums. Insgesamt setzt die Stiftung 13 Millionen Euro ein.

Das Haus bietet auf zwei Stockwerken 1.350 qm Ausstellungsfläche. Der Stifterfamilie Bassermann, die die Bassermann-Kulturstiftung Mannheim im August 2008 ins Leben rief, liegt besonders das Thema Musik am Herzen. Diesem Menschheits-thema widmet sich im neuen Gebäude die Ausstel-lung „MusikWelten" ab dem 11. Dezember 2011. Sie ergänzt die lebendige und vielfältige Musikszene der Stadt Mannheim um einen musealen Ort.

Oberbürgermeister Dr. Peter Kurz bedankte sich bei der Stifterfamilie und betonte die Bedeutung des Hauses und der Ausstellung: „Die Reiss-Engel-horn-Museen haben sich erfolgreich der Heraus-forderung gestellt, etwas an sich Unsichtbares und damit auf den ersten Blick auch „Unausstellbares" wie Musik zu präsentieren."

Für rem-Generaldirektor Prof. Alfried Wieczorek ist das neue Haus eine Bereicherung: „Das Museum Bassermannhaus für Musik und Kunst hat seinen Platz in der Musikstadt Mannheim gefunden, deren abwechslungsreiche und lebendige Musiktradition bis in die Gegenwart reicht."

Dr. Reinhard Koehler überreicht im Namen der Stifterfamilie den Schlüssel zum Museum Bassermannhaus für Musik und Kunst.
Von links nach rechts:
Dr. Peter Kurz, Ober-bürgermeister der Stadt Mannheim;
Prof. Dr. Alfried Wieczo-rek, Generaldirektor der Reiss-Engelhorn-Museen;
Dr. Reinhard Koehler, Vertreter der Stifterfami-lie Bassermann
Foto: rem, Carolin Breckle

Dank der Kooperation der rem mit dem Kunsthistorischen Museum Wien werden Kunstwerke wie diese Venus in den nächsten Monaten im Museum Zeughaus zu sehen sein. Die Ausstellung „Sammeln! Die Kunstkammer des Kaisers in Wien" beginnt am 26. Februar und dauert bis zum 2. September 2012.

Venus Urania oder Allegorie der Astronomie
Giambologna
Florenz
Um 1575
Bronze, vergoldet
KK 5893
Mit dieser Statuette schuf Giambologna, der Hofbildhauer der Medici, eine vollendete Umsetzung des für das 16. Jahrhundert wichtigen Prinzips der Mehransichtigkeit. Bei diesem wird eine Skulptur nicht mehr nur im Hinblick auf eine Schauseite gestaltet, sie soll vielmehr von jedem Blickwinkel aus – selbst von hinten – einen interessanten Anblick bieten. Die Komposition wird so erst durch das Betrachten von allen Seiten ganz erfasst.
Foto: Kunsthistorisches Museum, Wien

In der Ausstellung „Schä-
delkult" beschritten die
rem neue Wege.
Sie öffneten eine Vitrine
einer Szene-Modefirma
für deren Produkte und
zeigten so die Verbin-
dung ihres Ausstellungs-
sujets mit aktuellen
Trends und Themen.

Blick in die Fashion-
Vitrine „Schwarze Szene"
in der Ausstellung
Dekoration und Produkte:
XtraX Neu-Ulm

Impressum

Herausgeber

Hermann Wiegand

Alfried Wieczorek

Ulrich Nieß

Inhaltliche Konzeption

Claudia Braun

Wilhelm Kreutz

Ulrich Nieß

Hermann Wiegand

Wissenschaftliche Redaktion

Wilhelm Kreutz

Christoph Popp

Luisa Reiblich

Hanspeter Rings

Lektorat

Luisa Reiblich

Jutta Hitzfeld

Graphische Gestaltung

Luisa Reiblich

Autoren

Dr. Hans-Jürgen Buderer

Petra Castellaneta

Dr. Anja Gillen

Dr. Karl Heidenreich

Rumjana Ivanova-Kiefer

Dipl. rest. Annaick Kerucek

Prof. Dr. Hans-Erhard Lessing

Andrea Müller M.A.

Dr. Ulrich Nieß

Stephanie Oeben M.A.

Dr. Sebastian Parzer

Cornelia Rebholz M.A.

Dr. Hanspeter Rings

Dr. Andreas Schenk

Dr. Martin Schultz

Dr. Roland Schwab

Dr. Ralph Stephan

Dr. Harald Stockert

Dr. Claude W. Sui

Tanja Vogel M.A.

Prof. Dr. Alfried Wieczorek

Prof. Dr. Hermann Wiegand

Dieter Wolf

Produktion

Verlag Regionalkultur,

Heidelberg – Ubstadt-Weiher

– Basel

Druck

NINO Druck GmbH

Neustadt a. d. Weinstr.

Abbildungen

© Reiss-Engelhorn-Museen Mannheim (Fotograf Jean Christen oder rem-Archiv), und ISG Stadtarchiv Mannheim, wenn nicht ausdrücklich andere Rechteinhaber oder Fotografen benannt sind. Sollte es vorgekommen sein, dass Rechteinhaber nicht benannt sind oder nicht ausfindig gemacht werden konnten, bitten wir um entsprechende Nachweise die beteiligten Urheberrechte betreffend, um diese in künftigen Heften zu berücksichtigen oder/und im Rahmen der üblichen Vereinbarungen für den Bereich wissenschaftliche Publikationen abgelten zu können.

© 2012 Mannheimer Altertumsverein von 1859 – Gesellschaft der Freunde Mannheims und der ehemaligen Kurpfalz, Reiss-Engelhorn-Museen Mannheim und Stadtarchiv Mannheim - Institut für Stadtgeschichte

ISSN 0948-2784

ISBN 978-3-89735-736-5

Abbildung auf der Vorderseite: Kolorierte Rheinansicht der Stadt Mannheim, siehe S. 84

Abbildung auf der Rückseite: Die Bergstraße, siehe S. 62

Abbildung Seite 2: Bearbeitete Bildtafel aus „Benz. Lebensfahrt eines deutschen Erfinders", siehe S. 23

Für Publikationsanfragen wenden Sie sich bitte an das Redaktionsteam in den rem: Dr. Claudia Braun Luisa Reiblich Reiss-Engelhorn-Museen D 5, Museum Weltkulturen 68159 Mannheim